Allitera Verlag

Veröffentlichungen des Bayerischen Polizeimuseums
Herausgegeben von Ansgar Reiß
Band 3

REINHOLD FRIEDRICH, geboren 1944, lebt in München und studierte dort Geschichte, Germanistik und Erziehungswissenschaften. Seine bisherigen Veröffentlichungen beschäftigen sich mit den »Spuren des Nationalsozialismus im bayerischen Oberland« und den schwierigen Verhältnissen zwischen Bayern und Griechen unter »König Otto in Griechenland« (Allitera Verlag, 2015).

Reinhold Friedrich

Auf schiefer Bahn

Eine biografische Studie zum Einsatz bayerischer Polizisten im besetzten Polen 1939 bis 1950

Allitera Verlag

Originalauflage März 2020
Allitera Verlag
Ein Verlag der Buch&media GmbH München

Layout, Satz und Umschlaggestaltung: Johanna Conrad
Gesetzt aus der Stempel Garamond und der The Sans
Umschlagvorderseite: Militärische Schießausbildung in der Landespolizei, 1927 © privat
Printed in Europe · ISBN 978-3-96233-202-0

Allitera Verlag
Merianstraße 24 · 80637 München
Fon 089 13 92 90 46 · Fax 089 13 92 90 65

Weitere Publikationen aus unserem Programm finden Sie auf www.allitera.de
Kontakt und Bestellungen unter info@allitera.de

Inhalt

Vorwort

In der Geschichtsschreibung zum Zweiten Weltkrieg findet die Situation in den vom Deutschen Reich besetzten Gebieten besondere Aufmerksamkeit. Die Besatzungsherrschaft durch Wehrmacht, Polizei und zivile Behörden war in oft schrecklicher Weise einschneidend für die betroffene Bevölkerung. Sie in ihrer Struktur und Organisation zu verstehen sowie die Ereignisse ausführlich und abgesichert zu beschreiben, ist eine bleibende Herausforderung.

Reinhold Friedrich hat einen besonderen Zugang zu dieser Thematik gewählt. Er versucht, Leben und Tätigkeit eines Polizisten während der Besatzungszeit möglichst genau zu rekonstruieren. Und er erzählt ausführlich von der Nachgeschichte der Internierung, Verurteilung und schließlich Hinrichtung. Dieser Zugang vermittelt nicht nur ein sehr plastisches Bild, sondern ist auch geeignet, um konkret und differenziert über Handlungsspielräume und schuldhaftes Verhalten zu sprechen. Der Leser darf keine Schauer- und Sensationsgeschichte erwarten. Friedrich wartet nicht mit effektvollen Enthüllungen und nie gehörten Schicksalen auf. Es geht ihm nicht vornehmlich um das individuelle Drama, und er sitzt auch nicht zu Gericht über seinen Protagonisten. Das Gericht ist vielmehr bereits gelaufen. Während die Nachgeschichte sehr genau mit auf das Individuum bezogenen Dokumenten nachgezeichnet werden kann, bleibt das eigentliche Geschehen während der Besatzung Gegenstand einer möglichst präzisen und skrupulösen Annäherung. In der Suche nach dem Einzelnen arbeitet Friedrich die Strukturen der Besatzungsherrschaft zwischen Improvisation und erschreckender, tödlicher Konsequenz heraus.

Ich freue mich, dass wir den Band in die Publikationsreihe des Bayerischen Polizeimuseums aufnehmen können. Mit der Argumentation und Sichtweise vom Individuum her fügt er sich sehr gut in die Arbeit und Darstellungsweise des Museums. Er hilft uns, eine empfindliche Lücke zu schließen.

Januar 2020 — Dr. Ansgar Reiß
Direktor des Bayerischen Armeemuseums, Ingolstadt

Einleitung

Wie kurz die Zeit des Nationalsozialismus in Deutschland war, zeigt ein einfacher Vergleich. Die zwölf Jahre von 1933 bis 1945 entsprachen genau der damaligen Probezeit eines bayerischen Polizisten dieser Zeit. Auch andere Eckpunkte der individuellen Biografie des Josef F. zeigen eine deutliche Übereinstimmung mit den Wendepunkten der großen Geschichte.

So fiel der Beginn der nationalsozialistischen Herrschaft im Jahr 1933 zusammen mit der Übernahme in den regulären Polizeidienst als Wachtmeister bei der Schutzmannschaft in Augsburg. Der Kriegsbeginn 1939 markierte auf individueller Ebene den Laufbahnwechsel zur Geheimen Staatspolizei und die Abkommandierung zur Sicherheitspolizei ins Generalgouvernement Polen. Der Zusammenbruch Deutschlands 1945 bedeutete für Josef F. durch seine Inhaftierung gleichzeitig den persönlichen Bankrott. Die Wende der Weltpolitik ab 1947 brachte auch eine Wende der amerikanischen Besatzungspolitik, für Deutschland den Beginn des Wiederaufstiegs, für Josef F. die Auslieferung nach Polen.

Diese ausgeprägte Verbindung des individuellen Schicksals einer einzelnen Person mit den übergeordneten historischen Prozessen ist das Zentrum dieser Studie, nicht eine psychologisch oder soziologisch orientierte Einzelbiografie. Dass dabei die Rolle der bayerischen Polizei besondere Aufmerksamkeit erfährt, liegt an der biografischen Konstellation des Josef F., aber besonders auch an der Bedeutung der Polizei in der Entwicklung und Aufrechterhaltung des Herrschaftssystems der NS-Zeit. Individuelle und gesellschaftliche Prozesse waren eng verknüpft und bedingten sich gegenseitig. Der Weg dieses einfachen unpolitischen Laufbahnpolizisten der Weimarer Zeit führte in die Geheime Staatspolizei, eine der Säulen der nationalsozialistischen Herrschaft in Deutschland und in den im Krieg besetzten Gebieten. Eine Kontamination mit der SS-Organisation und den Auswüchsen der Besatzungs- und Rassenpolitik in Polen war fast zwangsläufig. Das betrifft auch die weitgehende Identifikation mit den nationalsozialistischen Verhältnissen, die sich mit den Erfolgen einstellte. Natürlich fiel bei den gegebenen Verstrickungen der Sturz 1945 tiefer aus als in der breiten Bevölkerung und bei den meisten Polizeibeamten. Gleichzeitig waren die folgenden Jahre in amerikanischen Internierungslagern keine Einzelerscheinung. Deren Insassen gingen in die Zehntausende, darunter waren viele ehemalige Angehörige der Sicherheitspolizei.

Das heutige historische Interesse beschäftigt sich nicht mehr ausschließlich mit den großen Fragen des Funktionierens des NS-Gesamtsystems, seiner Ziele, Organisationen und großen Namen. Biografische Ansätze erfolgen nicht mehr nur auf der Grundlage realer Lebensläufe. In sogenannten kollektiven Biografien werden synthetisch Jahrgangskohorten oder bestimmte Funktionsträger beschrieben ohne direkten Bezug zu konkreten Personen. Solche beziehen sich zum Beispiel auf die Jahrgänge nach 1905 oder die Funktionseliten in der NS-Bürokratie. Bahnbrechend waren Untersuchungen über die »Generation des Unbedingten« oder das »Führerkorps der Sicherheitspolizei«. Desiderat bleibt allerdings immer noch eine Einbeziehung der mittleren, vor allem aber der unteren Ränge. Ihre Einflussmöglichkeiten mögen zwar nicht so groß wie die der höheren Entscheidungsträger gewesen sein, waren aber wegen ihrer großen Zahl, der Flexibilität und Spielräume des Systems von kaum zu überschätzender Wichtigkeit. In diesem Sinn soll diese Studie einen Beitrag leisten, diese Lücke kleiner zu machen. Die meisten biografischen Informationen über die »normalen Polizisten« sind in der Regel zu selektiv und stammen fast ausschließlich aus den staatsanwaltschaftlichen Ermittlungen ab den späten 1960er-Jahren. Sie kommen über das Aufzählen der einfachen Lebensdaten kaum hinaus und erreichen selten mehr als den Umfang von wenigen Seiten.

Als Voraussetzung einer repräsentativen Biografie müsste erfüllt sein, dass die Laufbahn des Josef F. zeitlich synchron mit den wesentlichen Entwicklungen ablief. Zudem müsste sie zumindest für ihren polizeilichen Bereich typisch sein, das heißt, von einer großen Zahl von Kollegen geteilt worden sein und auch den üblichen Regeln, Laufbahngruppen, Prüfungen usw. entsprochen haben. Die zeitliche Einbettung der Laufbahn des Josef F. erfüllt in fast idealer Weise diese Anforderungen. Denn sein Jahrgang 1907 gehört genau zur Kerngruppe der Generation des Unbedingten, also der jungen Leistungsträger des NS-Systems, die den Ersten Weltkrieg bewusst, aber noch nicht als Soldaten erlebt hatten. Ob auch ein inhaltlich gesehen typischer Lebensweg vorlag, ist schwerer zu beurteilen. Dazu wären außer den üblichen biografischen Grunddaten weitere, möglichst objektivierbare Informationen nötig. Auch das ist in hohem Maß gegeben. Josef F.s Laufbahn ist durchgehend durch zuverlässige Quellen dokumentiert. Dies betrifft auch schwer zugängliche Bereiche wie den Dienst bei der Sicherheitspolizei in Polen, den Aufenthalt in den amerikanischen Internierungslagern oder die Strafverfolgung in Polen. Es gibt keine undokumentierte Lücke.

Grundlage dafür sind umfangreiche und meist unveröffentlichte Aktenbestände. Die Akten des bayerischen Innenministeriums zur Schutzmannschaft Augsburg aus den Jahren 1933/34 im Bayerischen Hauptstaatsarchiv gewähren einen Einblick in die Zustände der Übergangszeit in den nationalsozialistischen Polizeiapparat des einfachen Polizeidienstes in Augsburg. Aus derselben Quelle lassen sich für die späteren Jahre detaillierte Einblicke gewinnen, wie durch Prüfungen und andere Lenkungen jungen Beamten der Weg von der gewöhnlichen Polizei in Gestapo, Sicherheitspolizei und SS gewiesen wurde. Die Sippenakte des SS-Rasse- und Siedlungshauptamt mit ihren diversen Fragebögen aus den Beständen des Bundesarchivs Berlin macht die komplizierten Vorgänge des Übergangs zwischen Polizei und SS durchschaubar. Die umfangreichsten Aktenbestände zum Leben des Josef F. sind in Polen zu finden. Im Instytitut Pamieci Narodowej (IPN), dem Institut für Nationales Gedenken, lagern die Akten der Strafverfolgung von Josef F. in Polen. Dort befindet sich auch sein deutscher Personalakt während der Tätigkeit bei der Sicherheitspolizei der Jahre 1939 bis 1943 im Distrikt Krakau. Selbst die umfangreichen Schriftstücke der amerikanischen Militärverwaltung aus der Internierungszeit im Lager Dachau in englischer Sprache befinden sich dort in Warschau. Einen Einblick in die Dienstwelt von Josef F. in Polen gewährt die veröffentlichte Sammlung deutscher Strafurteile JNSV aus dem Umkreis seiner Dienststellen und persönlich bekannten Kollegen, die sich später vor deutschen Gerichten verantworten mussten. Nicht direkt aktenmäßig greifbar ist lediglich die Tätigkeit von Josef F. bei der Gestapoleitstelle in München. Doch auch hierzu existieren Aussagen von Kollegen anlässlich eines posthumen Spruchkammerverfahrens des Jahrs 1952. Dessen Akten befinden sich im Staatsarchiv München. Sie bieten auch noch andere Ergänzungen zum Leben von Josef F.

Dass das Private und Singuläre aus dem Lebensweg des Josef F. etwas unterbelichtet erscheint, hat sicher zu einem erheblichen Teil methodische Gründe. Ziel ist ja das Herausarbeiten des Typischen und Repräsentativen eines einfachen Polizeibeamten im Kontext seiner Gruppe und seiner Zeit. Eine intensivere Einbeziehung des Privaten ist auch aus ganz einfachen Gründen kaum möglich. Denn eine dafür nötige Überlieferung fehlt fast völlig. Es existieren weder Tagebuchaufzeichnungen noch ein privater Briefverkehr. Lediglich einige wenige Briefe an seine Frau aus der Zeit im Dachauer Internierungslager sind vorhanden. Auch eine mündliche Überlieferung ist wegen der speziellen Lebensumstände kaum greifbar. Die Eltern und die einzige Schwester sind früh verstorben und eine weitere Verwandtschaft gab es nicht. Eine Verwurzelung in einer bestimmten örtlichen Umgebung bestand aus beruflichen Gründen nicht. Die polizeiliche Laufbahn war geprägt von Versetzungen, Kommandierungen und Lehrgängen an verschiedensten Orten. Auch die Verheiratung änderte daran wenig. Eine im Jahr 1943 geschlossene Ehe war eine Kriegsehe und geprägt vom Takt der Urlaube und kurzen Treffen. Selbst diese waren dann mit der Inhaftierung nicht mehr möglich. Von den sieben

Ehejahren lebte das Paar nur gute zwei Jahre zusammen. Es hätte also auch bei besserer Überlieferungslage aus dem privaten Bereich nicht all zu viel zu berichten gegeben.

Einige für Josef F.s Biografie bedeutende und gar nicht typische singuläre Ereignisse sind dagegen greifbar. Es handelt sich um Vorfälle nach der Verhaftung durch die amerikanischen Behörden in den ersten Internierungswochen. Ohne diese denunziatorischen Anzeigen und unter fragwürdigen Umständen erfolgten Geständnisse wäre später eine Auslieferung nach Polen kaum erfolgt. Hier unterscheidet sich der Lebensweg erheblich von dem der meisten Kameraden. Deren große Mehrheit fand nach höchstens zwei Jahren Internierung zurück ins normale bürgerliche Leben und auch in die Reihen der Polizei. Relativ wenige wurden später in der Bundesrepublik vor Gericht gestellt und dort gar nicht oder wohlwollend verurteilt. Lediglich eine sehr geringe Zahl gelangte per Auslieferung in die besetzten Länder, in denen sie tätig gewesen waren, und wurde nach den dort geltenden Normen gerichtlich belangt. In diesem einzigen, aber für ihn selbst sehr bedeutsamen Punkt ist die Biografie von Josef F. überhaupt nicht repräsentativ. Er war auch kein Einzelfall. Immerhin wurden allein aus der amerikanischen Besatzungszone im Jahr 1947 fast 900 Personen nach Polen ausgeliefert. Gemessen an der Zahl der in Polen während des Kriegs tätigen Deutschen war das eine geringe Zahl.

Es ist deshalb nicht verwunderlich, dass sich Josef F. als Opfer vorkam. Dieses Gefühl teilte er mit der Mehrheit der Deutschen außerhalb und innerhalb des Lagers. Für die dort einsitzenden ehemaligen Gestapobeamten war es unmittelbar erlebbar. Sie hausten in den Baracken und schliefen in den Bettverschlägen des ehemaligen Konzentrationslagers. Die Opfer, die sie früher dorthin gebracht hatten, waren inzwischen befreit und sie selbst an ihrer Stelle hinter dem Stacheldraht. Die Übergänge zwischen Opfern und Tätern waren fließend geworden.

Die Lebensgeschichte des Josef F. im ersten Kapitel mit dieser prekären Lebenssituation beginnen zu lassen, erscheint durchaus sinnvoll. Sie markiert seinen Wendepunkt im Leben.

Ansonsten geschieht die Darstellung chronologisch.

Im zweiten Kapitel wird der Ablauf der regulären polizeilichen Laufbahn dargestellt. Sie reicht von den Anfängen des Jahres 1926 bei der kasernierten Landespolizei, über die Tätigkeit bei der Augsburger Schutzpolizei ab dem Jahr 1933 bis zur Übernahme in die Gestapo und die Tätigkeit in deren Münchner Leitstelle ab 1943. Besondere Aufmerksamkeit erfährt die Beziehung zwischen Sicherheitspolizei und SS. Schlüssel dabei ist die Frage der sogenannten Dienstrangangleichung.

Das dritte Kapitel behandelt den vierjährigen Einsatz von Josef F. bei der

Sicherheitspolizei im besetzten Polen an verschiedenen Dienstorten, unter anderem als Leiter einer Außenstelle. Er war dort örtlich und zeitlich im Zentrum der Abwicklung des Holocausts. Ob und wie die örtliche Sicherheitspolizei und die Zivilverwaltung darin involviert waren, bedarf einer besonders sorgfältigen Untersuchung.

Im letzten Kapitel geht es um die Abwicklung der Auslieferung durch die Amerikaner und die Strafverfolgung durch die polnischen Behörden. Dies schließt eine Auseinandersetzung mit den polnischen Justizgepflogenheiten und Strafnormen ein.

Besonderer Dank gilt den polnischen Kollegen des Instytitut Pamieci Narodowej (IPN) in Warschau für die Bereitstellung des umfangreichen Aktenmaterials ihres Archivs und Frau Marisya Wepner für die Hilfe bei der Übersetzung und vielen anderen Polen betreffende Angelegenheiten.

Kapitel 1
Im Internierungslager

Verhaftung und Internierung

Der 24. Mai 1945 war wohl der schwärzeste Tag im bisherigen Leben des Josef F. An diesem Tag gegen 20 Uhr wurde er in seiner Wohnung in Landshut von einem Kommando der U.S. Army verhaftet. Sein Dienstort als Kriminalsekretär und SS-Sturmscharführer war eigentlich in München. Er arbeitete in der Gestapoleitstelle im Wittelsbacher Palais in der Brienner-Türkenstraße. Zu dieser Zeit war der Krieg in München aber längst vorbei. Die 7. US-Armee war dort bereits am 30. April einmarschiert und die Mitarbeiter hatten sich abgesetzt. Sie wussten natürlich, dass ihnen nichts Gutes bevorstand, und versuchten, irgendwie unterzutauchen, mit falschen Papieren, oft in ländlichen Rückzugsgebieten oder in der Wehrmacht. In der ohnehin von Bomben schwer getroffenen Zentrale wurden keine Personalunterlagen zurückgelassen und so hofften viele, darunter Josef F., irgendwie davonzukommen.

Natürlich wussten die Beamten in der bayerischen Geheimdienst- und Polizeizentrale auch, dass die Amerikaner gezielt nach Personen fahndeten, die sich im Machtapparat des NS-Staates kompromittiert hatten, und dass sie wohl dazu gehörten. Die amerikanische Armee suchte gezielt und mithilfe von Fahndungslisten und Handbüchern nach Personen, die sie aus dem Verkehr ziehen wollte. Kaum jemand aber konnte oder wollte sich vorstellen, wie konsequent, bürokratisch aufwendig und ruppig man dabei vorgehen würde.

Der ARREST REPORT[1] am 24. Mai, unterschrieben von einem 1st Lt. Spitzel, also einer niedrigen Offizierscharge, nennt als ausführende Einheit das CIC Detachment 970/32 APO 403 der U.S. Army und als Grund des Arrests »Gestapo Agent SS Sturmscharführer. F. is suspected of being a War Criminal (See attached slip)«. Er soll in das »Civilian Internment Camp No 5« eingeliefert werden. Als Identitätsdokument wird lediglich ein »Sparbuch 23115« angeführt, auch kein anderes ins Camp mitzuführendes Eigentum.

Einige Aspekte in diesem kurzen Report bedürfen einer kurzen Einführung beziehungsweise Erläuterung.

Die Rolle der U.S. Army war zentral und allgegenwärtig. Die deutsche Wehrmacht hatte am 8. Mai kapituliert und nach der Verhaftung der Regierung Dönitz am 23. Mai war auch für die letzten Deutschen der Krieg endgültig zu Ende. In der Berliner Erklärung der alliierten Siegermächte erfuhren sie zwei Wochen später, wie es weiter gehen sollte. Darin erklärten deren Oberbefehlshaber, dass sie die oberste Regierungsgewalt übernommen hätten. Deutschland werde in vier Besatzungszonen aufgeteilt und jeder Oberbefehlshaber übe in seiner Zone die oberste Gewalt aus. Bayern lag im Bereich der amerikanischen Zone. Für sie erfolgte ab Ende September der Aufbau einer eigenen Behörde, des Office of Military Government for Germany (US), abgekürzt OMGUS. Nach dem bald zu erfolgenden Beginn der Demobilisierung der amerikanischen Armeen sollte diese Behörde die Verwaltung des besetzten Landes übernehmen und in Abstimmung mit der US-Regierung auch die Perspektiven für die zukünftige Entwicklung aufzeigen. Es ist also nicht verwunderlich, dass die Verhaftung nicht von einem deutschen Richter, sondern von einem amerikanischen Offizier angeordnet wurde.

Zunächst galten als Leitlinien »No Fraternisation, Denazification und Reeducation«, also eine harte Linie der Besatzungspolitik. Die Deutschen sollten spüren, was sie angerichtet oder unterstützt hatten. Jeder, der im NS-System eine bedeutendere Rolle gespielt hatte, sollte diese harte Hand zu spüren bekommen, nicht nur aus Selbstschutzgründen der Besatzungsarmee. Wichtigstes Instrument war dabei der automatische Arrest, das bedeutet die Verhaftung von bestimmten Personengruppen ohne Prüfung des Einzelfalls. Anhand eines vom westalliierten Oberkommando SHAEF schon im April 1945 herausgegebenen »Arrest Categories Handbooks – Germany« sollten in allen drei Westzonen, also auch der amerikanischen, Besatzungsoffiziere entscheiden, wer automatisch verhaftet und in ein Internierungslager verbracht werden sollte. Der Personenkreis war genau definiert. Im Wesentlichen waren es die Ortsgruppenleiter und Funktionäre der NSDAP und ihrer Unterorganisationen ab Kreisebene, die Führer und Offiziere der SS, SA, HJ, Teile der Waffen-SS, das Personal der deutschen Geheimdienste, die Sicherheitspolizei mit Gestapo und SD ab dem Rang eines Kriminalsekretärs, höhere Beamte der Kriminal- und Ordnungspolizei, auch alle Staatsbeamten des höheren Dienstes, die seit dem März 1933 berufen worden waren. Dieses Handbuch führte jeder CIC-Mitarbeiter als eine Art Dienstanweisung mit sich. Allein die angeführte Zugehörigkeit zur Gestapo im Rang eines Kriminalsekretärs erfüllte also die Anforderungen für den Arrest des Josef F., unabhängig davon, dass noch ein zweiter Grund vorhanden war, der Verdacht auf Kriegsverbrechen.

Die Durchführung der Verhaftungen war Sache des CIC. Dieses Counter Intelligence Corps, der Geheimdienst der amerikanischen Armee, hatte vielfältige

Aufgaben und war im Verlauf des Kriegs zu einer verzweigten, dezentral agierenden Organisation von erheblicher Größe und Bedeutung geworden: »Das 970ste CIC wuchs von einer kleinen Truppe zu einer vernetzten Organisation von 2500 Offizieren und Mannschaften, die eine umfassende Mission hatte, um die Interessen der Vereinigten Staaten auf dem europäischen Kriegstheater gegen Spionage, Sabotage und subversive Aktivitäten zu schützen, um die Reorganisation der ehemaligen feindlichen Geheimdienste und Sicherheitspolizeien zu verhindern und um erfasste Kriegsverbrecher, Verdächtige und Zeugen zu lokalisieren und zu fassen. All dies war zusätzlich zur noch andauernden Arbeit mit dem Aufspüren und Verhaften von Personen der automatischen Arrest-Kategorien zu tun.«[2] Der Hinweis auf die laufende Arbeit mit dem automatischen Arrest ist verständlich, denn sie hatte ein erhebliches Volumen. Allein bis zum Dezember 1945 wurden 117512 Personen[3] interniert. Trotz der Entlastung durch den ausbleibenden Widerstand vonseiten der deutschen Bevölkerung war die Personalsituation beim CIC immer sehr gespannt. Die Rückführung der Truppen nach Amerika lief an, Ersatz war wegen der hohen Anforderungen, vor allem der nötigen Deutschkenntnisse, nicht leicht zu bekommen. Pannen und Missverständnisse waren an der Tagesordnung, wenn auch selten so krass wie in folgenden Beispielen.[4] Ein Kreissägenbesitzer wurde offenbar wegen des Wörtchens »Kreis« für einen hohen NS-Funktionär auf Kreisebene gehalten und in ein Internierungslager eingeliefert. Bis solche Missverständnisse korrigiert werden konnten, dauerte es oft Monate. Denn die amerikanischen Stellen, besonders das CIC, schenkten in der Regel weder Bittgesuchen noch Unschuldsbeteuerungen Beachtung. Verhaftung hatte Priorität vor Untersuchung. Das ist einesteils verständlich, weil sie gewohnt waren, angelogen zu werden, andererseits bitter für die Betroffenen. Ein Bauer wollte von der Begleitmannschaft eines Gefangenentransports ins Lager Garmisch in deren Lastwagen mitgenommen werden. Aus Jux lieferten die Boys ihn gleich mit ab. Bis man ihm Gehör schenkte, dauerte es fünf Monate, bis er entlassen wurde weitere drei.

Mit Ablauf des ersten Jahres der Besatzung normalisierte sich die Situation etwas und ein erheblicher Teil der Internierten wurde entlassen oder ab 1947 in geordnete Spruchkammerverfahren übergeleitet. Die große Zeit des CIC war vorbei. Ohnehin stellte sich bald heraus, dass sich die Militärbehörden wohl zu viel vorgenommen hatten. Denn die Internierungen waren nicht die einzige wichtige Aufgabe. Es sollten noch alle Kriegsverbrechen bestraft sowie eine Einwirkung ehemaliger Nationalsozialisten auf das neu zu schaffende gesellschaftliche und politische Leben verhindert werden. Demokratisierung und Entnazifizierung waren die Schlagworte.

Dafür wurde mit einem riesigen bürokratischen Aufwand ein Fragebogen entwickelt und verteilt. Bis zum März 1946 wertete eine eigens dafür geschaffene »Special Branch« der OMGUS-Behörde 1,26 Millionen von 1,39 Millionen ausgegebenen Exemplaren dieses Fragebogens aus. Jeder Bewerber für eine öffentlich relevante Stelle hatte die 131 Fragen zu beantworten.

Auch Josef F. füllte später im Internierungslager diesen Bogen aus. Er wird hier vollständig wiedergegeben, zeigt exemplarisch Inhalt und Form der beschriebenen Fragebogenaktion und gibt gleichzeitig eine Einführung in die Lebenssituation des Inhaftierten. Die in Blockschrift geschriebenen Eintragungen des Befragten sind kursiv gedruckt.

»Military Government of Germany Fragebogen

A. Persönliche Angaben

1. Für Sie in Frage kommende Stellung: *leer*
2. Name *F. Josef*
3. Andere von Ihnen benutzte Namen oder solche, unter denen Sie bekannt sind *Friedl*
4. Geburtsdatum *27. April 1907*
5. Geburtsort *Ingolstadt*
6. Größe *1,70m*
7. Gewicht *68kg*
8. Haarfarbe *dunkelbraun*
9. Farbe der Augen *graue*
10. Narben, Geburtsmerkmale und Entstellungen *keine*
11. Gegenwärtige Anschrift *Landshut Nikolastrasse 23/II*
12. Ständiger Wohnsitz *Landshut Nikolastrasse 23/II*
13. Art der Ausweiskarte *Kennkarte?*
14. Wehrpaß-Nr. *nein*
15. Reisepaß-Nr. nein
16. Staatsangehörigkeit *deutsch*
17. Religion *gottgläubig*
18. Welcher Kirche gehören Sie an? *zur Zeit keiner*
19. Haben Sie je offiziell oder inoffiziell Ihre Verbindung zu einer Kirche aufgelöst? *ja 1941*
20. Falls ja, geben Sie Einzelheiten und Gründe an.
Austritt aus kath. Kirche wurde vom Staat gefordert
21. Welche Religionsangehörigkeit haben Sie bei der Volkszählung 1939 angegeben? *kath.*

22. Führen Sie alle Vergehen, Übertretungen oder Verbrechen an, für welche Sie je verurteilt worden sind, mit Angabe des Datums, des Orts und der Art *keine*

B Grundschul- und höhere Bildung
(auszufüllender Kasten)

Volksschule Landshut, 8 Jahre,	*1913–21,*	*Zeugnis*
Fortbildungsschule Landshut,	*1921–1922,*	*Zeugnis*

25. Welchen deutschen Studentenburschenschaften haben Sie je angehört? *keiner*
26. In welchen Napola, Adolf-Hitler-, NS-Führungsschulen oder Militärakademien waren Sie Lehrer? *keiner*
27. Haben Ihre Kinder eine der obengenannten Schulen besucht? *nein*

C. Berufs- und Handwerksprüfungen
(28. auszufüllende Tabelle)

Gesellenprüfung für Schlosser	*Landshut*	*bestanden*	*1925*
3 Fachprüfungen für Polizeibeamte	*Eichstätt*	*bestanden*	*1927*
	Fürstenfeld-bruck	*bestanden*	*1931*
	Fürstenberg	*bestanden*	*1941*

D. Chronologische Aufzählung jeglicher Hauptanstellungen und des Militärdienstes
(29. auszufüllende Tabelle)

1931–1932	*Polizeischule Fürstenfeldbruck*	*Polizeiwachtmeister*	*Kursteilnehmer*
1932–1933	*Pol.Amt Speyer*	*Polizeiwachtmeister*	*Probedienstzeit*
1933–1939	*Schutzpolizei Augsburg*	*Polizei-Rev.-Oberwachtmeister*	*Verkehrsposten Streifendienst*
1939	*Gestapo Augsburg*	*Krim.Ober-assistent*	*Sachbearbeiter Probedienstzeit*
1939–1942	*Sipo-Jaroslaw*	*Krim.Oberass.*	*Sachbearbeiter, Abordnung nach Polen*
Aug.–Dez 1941–	*Sipo-Schule Fürstenberg*	*Krim.Oberass.*	*Kursteilnehmer Fachprüfung*
1942–Aug 1943	*Stalowa Wola*	*Kriminalsekretär*	*Leiter*
1943–Okt.1943	*Krakau*	*Kriminalsekretär*	*Sachbearbeiter*

Nov. 1943–1945	*Gestapo München*	*Kriminalsekretär*	*Rückkommandierung nach München, Sachbearbeiter*

30. Waren Sie vom Militärdienst zurückgestellt? *Ja*
31. bis 35. entfällt, betrifft Militärdienst
36. Haben Sie in der Militärregierung oder Wehrkreisverwaltung irgendeines der von Deutschland besetzten Länder, einschließlich Österreich und Sudetenland gedient? *ja*
37. Falls ja, geben Sie Einzelheiten über Ihre Ämter und Pflichten, sowie Ort und Zeitdauer Ihres Dienstes an.
Von 1939 bis 1943 in Polen bei Gestapo in Jaroslaw, Stalowa-Wola und Krakau
38. Sind Sie berechtigt militärische Orden und andere Militärauszeichnungen zu tragen? *ja*
39. Falls ja, geben Sie an, was Ihnen verliehen wurde, das Datum, der Grund und Anlaß für die Verleihung.
Kriegsverdienstkreuz II. Klasse im Jahre 1942

D. Mitgliedschaften

(40. auszufüllende Tabelle)

41. NSDAP *ja* *1937* – gegenwärtig *keine*
42. Allgemeine SS *ja* *1940* – gegenwärtig *Sturmscharführer*
43. bis 54 *keine*
55. NSV *ja* 1936 – gegenwärtig *keine*
56. bis 90. *keine*
91. Reichskolonialbund *ja* *1937–1940* *keine*
92. Reichsluftschutzbund-. *ja* *1938–1940* *keine*
93. bis 95. *keine*
Bemerkung *Die genauen Eintrittsdaten in der NSDAP und SS sind mangels Unterlagen nicht bekannt.*
96. bis 105. entfällt
106. Waren Sie Mitglied einer politischen Partei vor 1933? *nein*
107. Falls ja, welcher? *keiner*
108. Welche politische Partei haben Sie in der Novemberwahl 1932 gewählt? *Bayerische Volkspartei*
109. Und im März 1933? *NSDAP*
110. Waren Sie seit 1933 Mitglied einer verbotenen Oppositionspartei oder -gruppe? *nein*
111. bis 116. entfällt

E. Mitgliedschaft oder Nebendienst in anderen Organisationen

(117. auszufüllende Tabelle)

1926–1933	*Bayerische Landespolizei*	*Polizeiwachtmeister*	*Truppendienst*
1933–1939	*Schutzpolizei*	*Revieroberwachtm.*	*Einzeldienst*
1939–1945	*Gestapo*	*Krim.Sekretär*	*Außendienst*

G. Veröffentlichungen und Reden

118. Geben Sie auf einem Extrabogen die Titel und Verleger an.
keine

H. Einkommen und Vermögen

(119. auszufüllende Tabelle)

Besoldung nach den Richtlinien der Reichsbesoldungsordnung. Zuletzt glaublich A 7a als Krim.sekretär

120. Ihnen oder unmittelbaren Angehörigen ihrer Familie gehörender Grundstücks- oder Hausbesitz
Schwiegereltern zweistöckiges Miethaus
121. Haben Sie oder ein unmittelbarer Angehöriger Ihrer Familie jemals Besitz erworben, welcher anderen Personen aus politischen, rassischen oder religiösen Gründen entzogen wurde?
nein
122. entfällt
123. Waren Sie jemals Verwalter oder Treuhänder für jüdischen Besitz?
nein
124. entfällt

I. Reisen oder Wohnsitz im Ausland

(125. auszufüllende Tabelle)

Polen	*Nov. 1939- Okt.1943*	*Dienstliche Versetzung zur Dienstausübung bei der Sicherheitspolizei*

126. bis 128. entfällt
129. Haben Sie jemals, und falls ja, in welcher Rolle in der Zivilverwaltung in einem der von Deutschland eingegliederten oder besetzten Gebiete gedient?
ja, bei der Sicherheitspolizei in Polen.
130. Falls ja geben Sie Einzelheiten an über Ihr Amt, Ihren Pflichtenkreis sowie Ort und Zeitdauer des Dienstes.
von 1939–1942 in Jaroslaw 1942–1943 in Stalowa-Wola und zuletzt 3 Monate in Krakau von August 1943 bis Oktober 1943

131. Kenntnis fremder Sprachen und Grad der Vollkommenheit
keine

F. Josef, 6. Januar 1946«[5]

»Der Fragebogen« hieß auch ein autobiografisch orientierter Roman Ernst von Salomons. Er erschien 1951 im Rowohlt-Verlag und war der erste Bestseller der jungen Bundesrepublik. Der Fragebogen der Militärregierung bot dabei das formale Gerüst, nach dem der Autor, oft in sarkastisch überspitzter Form der Beantwortung, sein bisheriges Leben darstellte. Salomon, eine schillernde Figur aus dem Spektrum der republikfeindlichen Szene der Weimarer Republik, lässt sich schwer einordnen und fassen. Er war ein wegen Verwicklung in den Mord an Außenminister Rathenau verurteilter Rechtsterrorist, hatte aber auch später Kontakte zum Widerstand der »Roten Kapelle« gegen den Nationalsozialismus. Vor allem teilte er dessen Antisemitismus nicht, im Gegenteil. Er war im wörtlichen Sinne Philosemit. Seine jüdische Lebensgefährtin Ille Gotthelft brachte er mit trickreichen Schwindeleien gut durch die NS-Zeit, immer an ihrer Seite. Die literarische Qualität des »Fragebogens« ist unbestritten.[6] Unbesehen seiner politischen Einschätzung ist der Roman auf jeden Fall eine wichtige zeitgeschichtliche Quelle.

Im Lager Natternberg

Josef F. war schon zwei Wochen im Internierungslager Natternberg, im US-Militär-Sprachgebrauch IEC 5, als Salomon dort mit seiner Gefährtin Ille eingeliefert wurde. Ob es sich wirklich um eine Verwechslung handelte, wie ihm zu seiner Entlassung nach mehr als einem Jahr im September 1946 beschieden wurde, mag dahingestellt sein. Eher konnte das CIC mit solch einer, sich gängigen Maßstäben entziehenden Figur wenig anfangen, man sah sie als Sicherheitsrisiko an. Dafür war für den automatischen Arrest die Kategorie »Security Threats« vorgesehen, eine Art Vorbeugehaft.

Durch die genauen Schilderungen Salomons sind die äußeren Umstände im Lager Natternberg gut bekannt. Andere Quellen existieren kaum. Briefeschreiben und Postempfang waren nicht erlaubt. Die OMGUS-Bürokratie war erst im Entstehen, es wurde viel improvisiert, das CIC hatte das Sagen. Viele Angehörige der Internierten wussten in den ersten Monaten nicht, wo ihre Verwandten waren und wie es ihnen ging.

Natternberg ist ein kleiner Ort, heute Ortsteil, bei Deggendorf. Dieser hat seinen Namen vom Natternberg, einem auffälligen einzelnen Bergrücken über der Donau. Das Lager selbst lag außerhalb des Orts und war ursprünglich für eine Abteilung des Reichsarbeitsdienstes eingerichtet worden. Salomon und Josef F. waren für eine längere Zeit gleichzeitig im Lager, hatten sich also sicher gesehen, aber kaum näher gekannt. Sie lebten nicht zusammen in einer Stube. Denn Salomon beschreibt alle seine Stubengenossen und nennt auch ihre Namen.

Die etwa 4000 Häftlinge wohnten in 14 Baracken, elf großen und drei kleinen. Eine kleine Baracke hatte drei Stuben mit je 42 Mann. Für Frauen gab es zwei Baracken mit eigener Umzäunung. Das Leben war extrem beengt. Ursprünglich waren als Belegung nur 16 Mann vorgesehen. Nun schliefen die Männer in dreistöckigen Betten. Außer zwei langen Tischen mit entsprechenden Bänken gab es keine Einrichtung. Für Schränke oder Ähnliches war weder Platz noch Notwendigkeit. Die Männer und Frauen hatten nur die Bekleidung, in der sie hergebracht worden waren, und auch sonst nichts Privates.

Von außen wirkte das Lager geordnet und aufgeräumt. Es war ein Geviert von ungefähr 400 m Seitenlänge, mit Stacheldraht eingezäunt und vier Wachtürmen an den Ecken. Die graugrünen Baracken standen um den Appellplatz herum. Er bildete die Mitte des Lagers und bot die einzige Möglichkeit für einen Auslauf.

Die amerikanischen Soldaten auf den Türmen konnten das Lager leicht überblicken, es gab kaum tote Winkel. Der Lagerbetrieb selbst war in deutscher Hand und militärisch organisiert: Vom amerikanischen Lagerkommandanten bestimmte Lagerführer und Barackenälteste organisierten den Betrieb straff. Meist wurden erfahrene Offiziere mit englischen Sprachkenntnissen ernannt, in diesem Fall ein österreichischer Artillerieoffizier. Besondere Maßnahmen gegen Fluchtversuche gab es kaum, sie waren offensichtlich kein besonderes Problem. Wenn doch, erfolgten dann drastische Maßnahmen, zum Beispiel Zählappelle. Dazu musste die gesamte Belegschaft sprichwörtlich bis zum Umfallen auf dem Appellplatz nach Blöcken geordnet ausharren. Das dauerte bis zu sechs Stunden.

Die Zusammensetzung der Belegschaft des Lagers war bunt gemischt. Wie es nach den Vorgaben für den automatischen Arrest zu erwarten war, stellten ehemalige Funktionäre der NSDAP und deren Mitläufer einen erheblichen Teil: Die Hauptgruppe bildeten die niederbayerischen Ortsgruppen- und Kreisleiter, aber auch Ärzte, Juristen und andere Honoratioren. Sie hatten sich durch Beitritt zur allgemeinen SS eher Vorteile erhofft, als dass sie besonders überzeugte Träger des Systems waren. Auf sie blickt Salomon mit sichtlicher Verachtung. Wirkliche harte und einflussreiche Nationalsozialisten in Spitzenpositionen waren ebenso wenig zu finden wie die Machtelite im Sicherheitsapparat des NS-Systems. Als einziger Prominenter konnte der ehemalige

Führer des Bundes Oberland Friedrich Weber gelten. Er marschierte beim Hitlerputsch an dessen Seite, war mit ihm zusammen verurteilt worden und in Landsberg eingesessen. Eine wirklich wichtige Rolle spielte er aber später nicht mehr. Josef F. war zwar als Beamter in der Gestapo-Zentrale ein Teil des Repressionssystems gewesen und hatte dabei auch im besetzten Ausland gewirkt, aber gemäß seinem Rang als Kriminalsekretär und SS-Sturmscharführer nur als kleines Rädchen.

Überzeugend waren für Salomon dagegen die Vertreter der Kirchen, vom Kardinal Faulhaber bis zum Ortspfarrer. Sie bewiesen für ihn, den überzeugten Antiamerikaner, eine einfache Solidarität mit den Inhaftierten. Fragen von Schuld und Verwicklung spielten dabei offensichtlich keine Rolle. Kardinal Faulhaber besuchte demonstrativ das Lager, dessen Insassen bis vor Kurzem noch zum Großteil mehr oder weniger überzeugte Kirchengegner gewesen waren. Die Pfarrer halfen mit unterschiedlichsten Mitteln, die Kontaktsperre zwischen den Inhaftierten und ihren Familien zu unterlaufen, durch Herausschmuggeln von Briefen und anderen Überträgerdiensten.

In der Bevölkerung galt Natternberg als Prügel- und Hungerlager. Dass ein Lager dieser Größe und nach solch kurzer Zeit seiner Einrichtung Probleme mit der Versorgung der Internierten haben würde, war zu erwarten. Zudem war es ein allgemeines Problem, mit dem auch die übrige Bevölkerung, besonders in den Städten zu kämpfen hatte. Es ist aber gesichert, dass die Zustände in ähnlichen Einrichtungen, zum Beispiel im nahe gelegenen Lager Regensburg[7], deutlich schlechter waren, zumindest in den Anfangsmonaten. Dort wurde ein Lager bei laufendem Betrieb auf der grünen Wiese errichtet. In Natternberg und dem Lager in Dachau, von dem noch zu berichten ist, war dagegen die Lagerinfrastruktur bereits vorhanden. Hier musste niemand im Freien schlafen, seine Notdurft in Löchern verrichten oder verhungern.

Anders stand es mit dem Prügeln. Denn dass dies im Lager Natternberg, zumindest in den ersten Wochen nach Eröffnung, an der Tagesordnung war, ist vielfach bezeugt, unter anderem durch einen Brief des Josef F. an seine Frau. Er wurde bei einem späteren Spruchkammerverfahren vorgelegt und als Teil der Akten archiviert.[8] Es handelt sich offenbar um eine erst nach der Verlegung ins Internierungslager Dachau Ende Juni 1946 verfasste Mitteilung. Sie wurde als sogenannter schwarzer Brief herausgeschmuggelt und ihre Authentizität von der Spruchkammer bestätigt, nicht zuletzt wegen glaubwürdiger zusätzlicher Zeugenaussagen.

Es ist nur ein Blatt des Briefs vorhanden, die Seiten 5 und 6:

»[…] wie es mir bei meiner Vernehmung am 10. August 45 in Natternberg erging. Ich wurde von einem bzw. 2 [unleserlich] den vernommen. Ich kann dir nur sagen schrecklich. Mit welchen Gefühlen ich zur Vernehmung ging, kannst du dir denken, zumal mir bekannt war, daß ein großer Teil meiner Vorgänger nach ihrer Vernehmung ins Revier eingeliefert wurde, so wurden sie zugerichtet. Im Laufe der Vernehmung, die im Grunde genommen eine [unleserlich] Prügelei war, wurde ich gefragt, wie viele Juden u. Polen ich geschlagen hatte u. wie und womit ich sie geschlagen hätte. Als ich das verneinte, setzte wieder ein Hagel voll Schläge ins Gesicht u. Faustschläge in den Magen ein, wobei mir erklärt wurde, daß ich sooft zur Vernehmung käme und geprügelt werde, bis ich es gestanden hätte. In diesem Zustand mußte ich noch auf den Boden knien u. mit beiden Händen rechts und links ein schweres Gewicht heben, worauf ich immer wieder einen Kinnhaken erhielt. Erst als ich nicht mehr konnte, gab ich unter diesem unaussprechlichen Zwang, ich konnte kaum noch aufstehen, in Anbetracht der unaufhörlichen Schläge, in dieser Zwangslage zu, mehrere male mit der Faust geschlagen zu haben, obwohl es gar nicht war [!] ist. Aber glaube mir ..., ich konnte nicht anders, es war schrecklich. Draußen setzte er eine kurze Erklärung auf, in der er das niederschrieb u. zwang mich zur Unterschrift. Obwohl ich mich noch immer widersetzte u. die Unterschrift verweigerte half alles nichts. Er schrieb auch hinein in die Erklärung, auf meine Veranlassung seien etwa 15 Polen ins KZ Auschwitz gekommen u. dort verbrannt worden. Also alles durch Zwang u. fürchterliche Schlägen [!] erpreßt u. unwahr. Nach dieser Vernehmung war ich so verschwollen durch die Schläge, daß ich nicht mehr aus dem Gesicht u. aus den Augen sah. Der rechte Kieferknochen war verletzt, so daß ich nicht mehr beißen konnte. Ist nur gut, daß es seinerzeit während der Hunger [?] nichts zum beißen gab. Ging 4 Tage nicht aus der Baracke. Nach 14 Tagen wurde das Schlagen eingestellt u. es kamen andere Vernehmungsbeamte. Daraufhin reichte ich eine Erklärung ein u. erklärte meine seinerzeitige Unterschrift für nichtig, da die Aussage durch Zwang u. Schläge erpreßt wurden [!] und unwahr sind. Seit dieser Zeit habe ich aber nichts mehr erfahren, wurde auch nicht mehr vernommen. Was nun kommt, weiß ich nicht, jedenfalls mit dieser Erklärung können sie nichts anfangen.«

Die Beschreibung der Räumlichkeiten, die Zahl der Verhörer, die Art des Vorgehens bis hin zur Schlagtechnik der Verhörenden decken sich bis ins Detail mit der Schilderung bei Salomon.[9] Auch Salomon wurden mehrere Zähne ausgeschlagen. Ein deutlicher Unterschied bestand offensichtlich in der Motivation. Denn im Fall Salomons war es eigentlich kein Verhör, eher eine Art Begrüßung oder Initiationsritus im Lager. Alle aus dem Transport Salomons kamen bei ihrer Einlieferung an die Reihe. Von späteren Schlägen schreibt

Salomon nichts. Josef F. dagegen hatte wohl mehrere Verhöre zu bestehen, das erste schon am 19. Juli, wie ein handschriftlicher Zettel[10] des CIC-Vernehmers Waldemar Zabiega zeigt. Bei Salomon und seinen Mitgefangenen waren es zwei amerikanische junge Offiziere in Uniform gewesen. Weitere in den Akten der Militärbehörden als »confidential« eingestufte Hinweise auf die Vorgänge sind vorhanden und decken sich mit dem Inhalt des Briefs.[11] Sie bestätigen, dass Ziel der Vernehmung eine Unterschrift unter einem Geständnis war.

> »Ich der unterschriebene F. Josef erkläre hiermit dass während ich in Polen in der Gestapo Alle Abt. war (1939–43) ich beim Verhör der Verhafteten diese mit Händen und Füssen geschlagen habe. Meine Spezialaufgabe bestand darin Polen zu suchen die im Besitz von Waffen oder Rundfunk waren. Die verhafteten wurden nachher durch mich ins Montelupi (Gefängnis in Krakow) geschickt wo sie entweder erschossen oder ins KZ Lager geschickt wurden. Ich wusste, dass sie dort entweder Hungers starben oder ermordet wurden, um nachher im Krematorium verbrannt zu werden. Ich erinnere mich an ca 50 Fälle in denen ich Verhaftete ins Gefängnis brachte.
>
> Interrogator's signature — F. Josef
> (W. Zabiega) — (F. Josef)
> Waldemar Zabiega
> Civilian Interrogator
> CI Staff Internment Camp 5«[12]

Auch der Widerruf mit Begründung ist im selben Akt erhalten. Da der Brief frühestens im Juli 1946 geschrieben wurde, bedeutet der Hinweis auf nicht erfolgte Vernehmungen, dass Josef F. seit dem August fast ein Jahr lang nicht mehr vernommen wurde. Man ließ also die Sache vorerst auf sich beruhen. Offensichtlich gab es Wichtigeres zu tun, die Kapazitäten der Vernehmer reichten nicht aus oder es gab noch andere Gründe. Sicher war ein solcher Grund, dass eine Umorganisierung beziehungsweise Spezialisierung der Internierungslager bevorstand. Für alle Verdachtsfälle auf »War Crimes« sollte nur noch das Lager Dachau zuständig sein, wo inzwischen ohnehin eine Reihe von Prozessen begonnen hatte. So wurde auch Josef F. am 28. Juni 1946 in dieses Lager verlegt. In Natternberg war sein Fall nicht mehr weiter behandelt worden.

In Dachau

Das Lager Dachau, oder besser das dortige Lagersystem, hatte ganz andere Dimensionen als das überschaubare Natternberg. Im ehemaligen Konzentrationslager mit der daneben liegenden SS-Kaserne waren unterschiedlichste Einrichtungen versammelt. Auch die Zahl der Häftlinge war deutlich höher. Zwischen September 1945 und Mai 1946 lebten immer zwischen 20000 bis 22000 Internierte in den verschiedenen Lagerteilen.[13] Die Belegungszahlen in den einzelnen Bereichen schwankten erheblich. So wurde der im ersten Jahr wichtigste Bereich, der »SS-Compound«, auch unter den Namen »Cage 1« oder »Freilager« bekannt, ab März 1946 weitgehend aufgelöst. Bis dahin waren dort bis zu 13000 Personen, vor allem SS-Angehörige und NS-Funktionäre, interniert. Er wurde dann mit der Bezeichnung »CIE 29« durch ein Durchgangslager mit eigener Spruchkammer und unter deutscher Verantwortung ersetzt. Ein weiterer wichtiger Lagerteil diente der Entlassung von Kriegsgefangenen, die aus den USA rückgeführt wurden. Besondere Bedeutung hatte der »War Crimes Enclosure« nicht nur wegen der hohen Zahl der Häftlinge. Er war seit Juli 1946 das einzige Kriegsverbrecherlager der US-Zone und wuchs wegen der Verlegungen aus anderen Lagern sprunghaft an: Die Zahl

Lager Dachau, unmittelbar nach der Einnahme durch US-Truppen

der Inhaftierten stieg von 5000 im März 1946 auf 11 000 im August an und hielt sich bis Anfang 1947 auf dieser Höhe. Zu ihnen gehörte Josef F. Auch die Bezeichnung »Inhaftierter« statt »Internierter« ist korrekt. Denn spätestens seit den Verhören in Natternberg wurde er nun als »War Crimes Suspect« geführt, verdächtig an Kriegsverbrechen beteiligt gewesen zu sein. Als solchen hatte man ihn hierher gebracht, das CIC reichte ihn weiter an das »Dachau Detachement 7708 der War Crimes Group« der U.S. Army. Die »War Crimes Group« war eine Unterbehörde des OMGUS, also ein Teil der amerikanischen Militärgerichtsbarkeit mit Hauptsitz in Dachau. Sie sollte Kriegsverbrechen aller Art, besonders gegen Amerikaner aufklären und ahnden.

Dieser Lagerteil hatte die in der Öffentlichkeit bekannteste Funktion des Dachauer Lagerkomplexes. Hier residierte der US-Militärgerichtshof, der die Dachauer Prozesse durchführte. Es ging nicht mehr um die von Einzelverantwortung unabhängigen Kategorien des automatischen Arrests, wie zum Beispiel Gestapo- oder SD-Zugehörigkeit. Es sollten konkrete Einzeltatbestände in geordneten gerichtlichen Verfahren aufgeklärt und gesühnt werden.

Schon der erste Dachauer Prozess »United States of America v. Martin Gottfried Weiss et. al.« war ein Signal. Er dauerte vom 15. November bis zum 13. Dezember 1945. Dabei wurden 40 ehemalige Mitglieder der Mannschaft des Konzentrationslagers Dachau angeklagt und alle für schuldig befunden. 28 der 36 zum Tode Verurteilten hängte man im Mai 1946 im Kriegsverbrechergefängnis in Landsberg. Dem Dachau-Hauptverfahren folgten noch 121 Folgeprozesse mit circa 500 Beschuldigten. Damit war Dachau neben Nürnberg mit dem dortigen internationalen Gerichtshof das Zentrum der strafrechtlichen Ahndung der deutschen Kriegsverbrechen des Zweiten Weltkriegs durch die Alliierten. Bis dieses bereits im Frühjahr 1944 begonnene »War Crimes Trial Programm« der Amerikaner dann im Juni 1948 auslief, hatte es beträchtliche Dimensionen erreicht: Sein Mitarbeiterstand stieg auf bis zu 1200 Personen und 1922 Angeklagte mussten sich vor der amerikanischen Gerichtsbarkeit in Dachau verantworten. Natürlich sprach man angesichts eines solchen historisch bisher einmaligen Vorgehens von Siegerjustiz. Eines der Dachauer Verfahren, der sogenannte Malmedy-Prozess, führte sogar in der amerikanischen Öffentlichkeit zu kontroversen Diskussionen, besonders über fragwürdige Vernehmungsmethoden. In diesem Fall wurden deshalb die verhängten Todesurteile nicht vollstreckt. Trotzdem hingen nun diese Prozesse wie ein Damoklesschwert über den Köpfen der Inhaftierten des »War Crimes Enclosure«.

Insgesamt ist der Kenntnisstand über das Internierungslager Dachau und seine Insassen ausgeprägt und genügend gesichert. Hervorzuheben sind die vielfältigen Akten des OMGUS unter anderem mit den Weekly Security

Reports des CI Screening Staff[14], die Berichte der Lagerseelsorger[15] und die Akten des Bayerischen Staatsministeriums für Sonderaufgaben.[16]

Deshalb wird auf die allgemeinen Bedingungen des Lagerlebens in allen seinen räumlichen Teilbereichen und zeitlichen Differenzierungen in der Folge nicht mehr genauer eingegangen. Es interessieren hier nur der »War Crimes Enclosure« in der Zeit der Anwesenheit von Josef F., also vom Juni 1946 bis zum Dezember 1947.

Dabei wird versucht, diesen örtlichen und zeitlichen Bereich strikt aus der Perspektive des persönlichen Erlebens des Josef F. zu rekonstruieren, wie sie sich aus den Briefen an seine Familie erschließen lässt. Eine erhaltene recht umfangreiche Sammlung der Briefe des Josef F. an Frau und Familie macht dies möglich.

Briefe waren der wichtigste und in den meisten Fällen auch einzige Weg der Verständigung der Internierten mit der Außenwelt. Nur in wenigen Sonderfällen konnten sie persönliche Treffen wahrnehmen, ebenso selten Informationen mündlich weitergeben. Hier ist zu beachten, dass die Restriktionen im Sonderlager, wie der »War Crimes Enclosure« unter den Inhaftierten genannt wurde, im Vergleich zum Freilager besonders ausgeprägt waren. Jede einzelne Baracke des Sonderlagers umgab ein hoher Stacheldrahtzaun, der jeden Kontakt unmöglich machte. Eine Arbeitserlaubnis gab es ebenso wenig wie andere Kontaktmöglichkeiten mit der Außenwelt, die viele im Freilager, besonders die Mitarbeiter der Lagerverwaltung, durchaus hatten. Josef F. jedenfalls hat seine Familie seit seiner Verhaftung nicht mehr sehen können und auch sonst keinen direkten Kontakt zur Welt außerhalb gehabt.

Wie jede andere Form der amerikanischen Militärverwaltung war auch die schriftliche Kommunikation streng bürokratisiert. Es gab eigene Adressen- und Codesysteme für die technische Abwicklung der Post der US-Armee. Als ein Teil davon wurde auch die Lagerpost abgewickelt. Alle Briefe mussten auf Formularen der U.S. Army geschrieben werden, die offensichtlich für deren gesamten Einsatzbereich galten. Die Anweisungen darauf waren mehrsprachig und sogar mit asiatischen Schriftzeichen versehen. Ein solches Briefformular der WD AGO Form 19-4 vom Januar 1945 durfte nur auf der Vorderseite beschrieben werden, benötigte keinen Briefumschlag und beließ für den Eintrag des Schreibers nur 19 Zeilen. Bei einer Schreiberlaubnis von einem Brief pro Monat noch im Juli 1946 konnte deshalb nicht sehr viel mitgeteilt werden. Ab November waren es dann zwei Briefe, erst ab April 1947 wöchentlich ein Brief und eine Postkarte.

Die Häftlinge konnten unbeschränkt Post empfangen, ab dem August auch Pakete. Allerdings klappte im Verlauf des Jahres 1946 der Empfang noch wenig. Weihnachtspost war an Neujahr noch nicht da, manchmal kamen sieben Briefe gleichzeitig, manchmal wochenlang gar keine, Pakete waren beschädigt oder verschwanden ganz. Solche Mängel dürften der Überlastung des Systems zuzuschreiben sein. Alle Pakete wurden untersucht, ebenso die ein- wie ausgehenden Briefe. Jeder der erhaltenen Briefe trägt den Stempel eines »War Crimes Censor« mit seiner Nummer. Damit mussten beim Personalstand von 12 000 Inhaftierten im Sonderlager im Sommer 1946 pro Monat an die 12 000 Briefe gelesen und bearbeitet werden, ab November schon 24 000 und im Frühjahr des Jahres 1947 fast 100 000, wenn alle Inhaftierten von ihrem Schreibrecht Gebrauch gemacht hätten. Die meisten werden geschrieben haben, wie das Beispiel des Josef F. zeigt:

»Am nächsten Sonntag folgt wieder ein offizieller Brief. Du wirst schon gemerkt haben, da ich immer sonntags schreibe. Gehe um ½ 9 Uhr in die Kirche, wenn ich dann zurückkomme wird noch ein wenig gebummelt bis zum Essen u. Nach mittags wird dann immer geschrieben. Ich könnte auch werktags schreiben, aber aufgeben kann ich die Post nur Sonntag abend u. so warte ich mit dem Schreiben immer bis zuletzt, weil ich dann eine evtl. eingehende Post von dir noch mitbeantworten kann. Leider lassen sie uns z. Zt. so lange auf Post warten. [...] Nun will ich für heute zum Schlusse kommen. Schreibe jetzt genau 4 Stunden.«[17] Man spürt an dieser Stelle eines inoffiziellen Briefes die geradezu existenzielle Bedeutung des Schreibens in der fast ereignislosen, einförmigen Welt der Internierten des Sonderlagers.

Zumindest für das Sonderlager wurde auch die Zensur der eingehenden Post sehr streng gehandhabt und so fiel ein zusätzlicher, erheblicher Arbeitsaufwand an. Im Grunde war dies längerfristig nicht sinnvoll und auch nicht zu leisten. Dies ist ein weiteres Beispiel – die Fragebogenaktion und der automatische Arrest wurden bereits angesprochen – wie gut gemeinte, aber schlecht konzipierte Aktionen der Militärverwaltung letztlich mehr Schaden als Nutzen anrichteten: Zuerst wurde mit Höhepunkt im Frühjahr 1947 die Korrespondenz vieler Tausender Verdächtiger überwacht und zensiert, dann fast zur selben Zeit beschlossen, die »War Crimes Suspects« ohne weitere Bearbeitung den deutschen Behörden zur Entnazifizierung zu übergeben oder sie an interessierte geschädigte Länder auszuliefern. Das Lager wurde dann in letzter Konsequenz sinnlos und bald auch aufgelöst.

In der Literatur wird dieser eklatante Wechsel der amerikanischen Entnazifizierungspolitik fast ausschließlich mit politischen Erwägungen im Zusammenhang des Ost-West-Gegensatzes und der sich daraus ergebenden neuen Deutschlandpolitik der USA gesehen. Das mag ein wichtiger Aspekt sein. Aber es dürfen die bereits von Anfang an vorhandenen Schwächen im Konzept und in der Durchführbarkeit der amerikanischen Entnazifizierungspolitik nicht unterbewertet werden. Denn in der Regel hat man sich zu viel vorgenommen und danach nicht realistisch korrigiert. So standen die vielen in den Fragebögen und Zensurvorgängen enthaltenen Informationen den deutschen Gerichten nicht zur Verfügung oder konnten von den überlasteten Spruchkammern nicht entsprechend verwertet werden. Zum Beispiel waren im späteren Spruchkammerverfahren des Josef F. viele präzise Informationen aus dem Fragebogen, der 1946 in Natternberg erhoben wurde, offensichtlich noch 1950 nicht zugänglich. Ein neu erstellter eigener Bogen ersetzte ihn und enthielt deutliche Fehler und Fehleinschätzungen, besonders zur SS-Laufbahn und Tätigkeit in Polen. Dem riesigen Aufwand entsprach letztlich kein entsprechender Nutzen. Schaden aber richtete er durchaus an.

Die Betroffenen fühlten sich ungerecht behandelt, vor allem wenn sie die Gründe für die Zensur nicht durchschauen konnten. Das betraf vor allem das Lager Dachau, weil hier grundsätzlich durch die Konzentration der »War Crimes Suspects« und die besondere Ausprägung der deutschen Lagerleitung günstige Voraussetzungen für ein Fortbestehen eines NS-Biotops bestanden. In Natternberg war der deutsche Lagerleiter noch ein ehemaliger Offizier gewesen. In Dachau befand sich die Lagerleitung dagegen in der Hand hochrangiger Nationalsozialisten, die ein »enges soziales Netz knüpften und auf die weiteren Stellenbesetzungen Einfluss nahmen«.[18] Es waren dies der ehemalige Gauleiter von Tirol und Vorarlberg Franz Hofer, der Gauleiter und Reichsstatthalter der Steiermark Dr. Siegfried Uiberreither, der frühere Kreisleiter von Mörs Dr. Karl Bubenzer und andere mehr. Sie gingen strategisch vor und erzeugten ein Klima, das den ohnehin spärlichen Versuchen der Amerikaner zur Reeducation streng zuwiderlief. Es wurde sogar offen versucht, auf die anlaufenden Spruchkammerverfahren Einfluss zu nehmen. Die amerikanischen Inspekteure, die die Lager regelmäßig besuchten, wussten durchaus von diesen Missständen, schritten aber nicht ein. Es galt die Maxime, nicht einzugreifen, solange die Disziplin im Lager gewährleistet und die Fluchtrate niedrig war.

Die Amerikaner sahen mehr von außen ins Lager hinein, als dass sie darin waren. Sogar die Bewacher an den Zäunen waren Deutsche, wobei bekannt war, dass sich diese wegen ihrer niedrigen Bezahlung häufig bestechen ließen.

Deutsche Lagerleitung hieß, dass die straff militärisch orientierte Grundeinteilung der Häftlinge in Regimenter und Bataillone auf sie ausgerichtet war. Sie hieß auch, dass alle bürokratischen und ökonomischen Leistungen über sie erfolgten. In einem Bericht des Bayerischen Innenministeriums an die Militärregierung vom 18. April 1946 steht über das Lager Dachau:

»Bezeichnend dafür ist die Tatsache, dass alle wichtigen Schlüsselstellungen und Ämter in der Lagerverwaltung, so zum Beispiel die Proviantverteilung, die Essensausgabe, die Bearbeitung der Personalien, die Prüfung der

Entlassungsanträge usw. durchweg in den Händen ehemaliger SS-Führer und Amtsträger sind. Sie halten nicht nur engste Kameradschaft untereinander, sondern schikanieren und bedrohen sogar diejenigen Inhaftierten, die auf Grund der Kollektivverhaftungen als Beförderte (zum Beispiel höhere Beamte) keine Aktivisten waren, und ferner solche, die sich inzwischen zur demokratischen Weltanschauung durchgerungen haben.«[19] Die alten Kameraden in der Lagerleitung hatten zunehmend mit dem harten Kern zu tun, der aus dem Automatischen Arrest verblieben war. Denn ein großer Teil der Inhaftierten war inzwischen durch Amnestieaktionen und Erleichterung bei den Erfassungskategorien freigekommen. Ab August 1947 gibt es dazu zuverlässige Zahlen: Von den 548 Insassen im Zivilinterniertenlager / Freilager im September waren fast alle, nämlich 540, durch den automatischen Arrest hierher gekommen: davon 440 wegen Zugehörigkeit zur SS, acht zum SD, 24 zur Gestapo, dazu noch 37 politische Leiter.[21] Man kann also zu Recht, wie oben

Lager Dachau, War Crime Branch der U.S. Army

geschehen, von einem NS-Biotop sprechen. Der Lagerseelsorger Pater Roth, ein intimer Kenner des Lagers, hatte in diesem Milieu natürlich einen schweren Stand und urteilt mit drastischen Worten:

> »Sie anerkennen objektive, auch schwerste Vergehen gegen die menschlich-christliche Moral überhaupt nicht als Schuld, sondern entschuldigen auch schwerste Vergehen als ›Notwendigkeit unter den gegebenen Umständen‹. Diese Tatsache ist so grauenhaft, dass kaum ein Gefangener seine tatsächliche Schuld zugibt. Meineide sind an der Tagesordnung. Dadurch wird bewirkt, dass die Behörden von vornherein keinem glauben, auch den wirklich Unschuldigen nicht, sodass es auch zur Verurteilung Unschuldiger kommen kann. Sie [die Gefangenen] sind auf eine geradezu irrsinnige ›Kameradschaft‹ hingedrillt. Es gilt als eine höchste Kameradschaftspflicht, den vor Gericht nicht anzugeben, von dem man Vergehen weiß, um die man bei Gericht als Zeuge verlangt wird.«[21]

Wenn Pater Roth von »Gericht« sprach, meinte er damit die anlaufenden Spruchkammerverfahren mit ihren relativ harmlosen »Sühnemaßnahmen«. Umso mehr treffen seine Worte natürlich auf die 2000 Häftlinge in dem »War Crimes Enclosure«/Sonderlager zu, für die es oft um Leben und Tod ging.

Es herrschte kein Klima, das einer wie auch immer gearteten Aufarbeitung der NS-Vergangenheit zuträglich war. Es begünstigte aber den Zusammenhalt der Inhaftierten, die Distanz zu den amerikanischen und gerade neu entstehenden deutschen Behörden. Es konterkarierte auch die Bemühungen um Aufklärung von Vorwürfen und Verbrechen. Dieser sollten die Zensurmaßnahmen eigentlich dienen, nicht nur Schikane sein, die es zu unterlaufen galt. Natürlich hatte die Übergabe der Lagerleitungen in wie auch immer geartete deutsche Hände für die Besatzungsarmee auch Vorteile, ökonomische und administrative. Denn sie sparte sich den Aufbau und den Unterhalt einer eigenen Lagerverwaltung. Vor allem aber war es in der Anfangszeit möglich gewesen, das Programm der pauschalen Internierungen mit seinen riesigen Betroffenenzahlen durchzuziehen, ohne in chaotische Zustände zu versinken.

Unterzieht man die offiziellen Formularbriefe, zum Beispiel den vom 20. April 1947 einer inhaltlichen Sichtung, zeigt sich schnell, dass ihr individueller Informationswert gering war, nicht nur wegen der wenigen zur Verfügung stehenden Zeilen. Sie bestehen zu einem erheblichen Teil aus Klärungen der laufenden Kommunikation (»Vielen herzlichen Dank für Paket Nr. 25 u. deine lieben Briefe vom 27. u. 30.3. sowie vom 7. u. 12.4.47. Besonders herzlichen Dank für deine Geburtstagswünsche u. das schöne Lichtbild von dir u. R.«), unverdächtigen Einlassungen über das Aussehen der abgebildeten Personen (»genau betrachtet kann man jetzt auch eine gewisse Ähnlichkeit mit dir feststellen, besonders um Augen, Mund und Nase [...]«), stereotypen Klagen über die Situation (»aber mir wäre halt weitaus lieber, wenn ich dir jetzt einmal etwas besonders erfreuliches mitteilen könnte, aber in diesem Punkt rührt sich immer noch nichts«) und Bitten um bestimmte Sendungen (»Vergesse bitte nicht im Paket eine Schreibfeder und Nähgarn mitzuschicken.«). Im Grund waren die Briefe austauschbar und sollten eher bloße Lebenszeichen sein.

Schwarze Briefe

Ganz anders war dies bei den inoffiziellen Briefen, im Jargon der Häftlinge »schwarzen Briefen«. Sie wurden am offiziellen Briefweg vorbei unter Umgehung der Zensur aus dem Lager geschmuggelt. Für die Internierten im Sonderlager war dies besonders schwer, weil kein direkter Kontakt zu den Personen im Freilager bestand, zumindest bis zum Abriss der internen Stacheldrahtzäune im April 1947.

Wie vier solcher Briefe zeigen, muss es aber doch zu gewissen Zeiten möglich gewesen sein.

Die wichtigste Voraussetzung dafür war das beschriebene Netzwerk der alten Kameraden, innerhalb dessen Bekanntschaften aufgefrischt oder neu geknüpft werden konnten. Eine besondere Rolle spielte die Gruppe der ehemaligen Gestapoangehörigen. Es handelte sich um die überschaubare Zahl von etwa 20 Männern, von denen sich mehrere aus ihrer Dienstzeit in der Münchner Brienner Straße gut kannten. Sie werden in den Briefen namentlich erwähnt. Einige davon kümmerten sich nach ihrer Entlassung noch um Josef F.s Frau und stellten sich im Spruchkammerverfahren als wohlwollende Zeugen zur Verfügung. Josef F. wusste auch immer, wo gerade im komplizierten Lagersystem ihr Platz war. Das betraf auch Verlegungen in andere Lager und Auslieferungen ins Ausland. Eine Schlüsselstellung hatten die Arbeitskommandos und die ehemaligen Gestapobeamten. Die erste Gruppe konnte das Lager zumindest zeitweise verlassen und so mit Personen von außerhalb zusammenkommen. Die zweite war von ihrer dienstlichen Tätigkeit her geschult und gewohnt im konspirativen Umgang.

Diesen Geist schilderte Pater Roth zutreffend und er missbilligte ihn deutlich. Und doch hätte sich ohne ihn und seine Kollegen das System der illegalen Kommunikation nicht etablieren können. Schlüssel war die Lagerkirche, die SS-Angehörige im Bereich des Freilagers errichteten und in der die Sonntagsgottesdienste stattfanden. An diesen konnten auch Insassen des Sonderlagers teilnehmen. »Durch den Umstand, daß wir nun auch die im Freilager befindliche Kirche besuchen dürfen, ist uns die Möglichkeit gegeben, durch den Kirchenbesuch das Freilager zu betreten u. auf diese Weise komme ich eben 2 mal wöchentlich mit Rudl zusammen.«[22] Schon im August 1946, also kurz nach der Ankunft in Dachau, ist Josef F. wieder in die katholische Kirche eingetreten. Er war zwar katholisch getauft, später aber ausgetreten. Im Zuge des Wiedereintritts bekam er die Erlaubnis zum Kirchgang und zum befristeten Aufenthalt im Freilager. Dort traf er auch den Überbringer seiner schwarzen Briefe und erwähnte ihn sogar namentlich. Angst, dabei erwischt zu werden, bestand offensichtlich nicht. Ob die Seelsorger um die Umstände wussten und den Kirchgang gezielt zum Wiederheranführen ihrer verlorenen Schafe an die Kirche nutzten oder ob sie wirklich so naiv und unwissend waren, kann schwer entschieden werden. Immerhin ist auch möglich, dass von Josef F. bei seiner Aufnahme in die SS der Kirchenaustritt verlangt wurde, wie er das in seinem Fragebogen angegeben hatte, und er das wieder rückgängig machen wollte. Es sprach dann nichts dagegen die anderen Vorteile des Kirchgangs zu nutzen.

Die »schwarzen Briefe« unterscheiden sich schon äußerlich deutlich von den offiziell erlaubten und sind auf Anhieb nicht leicht zu lesen. Das liegt weniger an der verwendeten deutschen Schreibschrift als an dem Bemühen auf dem zur Verfügung stehenden Platz möglichst viel unterzubringen. Josef F. schrieb mit Tinte und spitzer Feder auf Bögen karierten Kanzleipapiers, das er sich irgendwie beschaffen konnte. Zum Transport wurden die DINA4 Bögen vierfach gefaltet, einer sogar achtfach, was sie zu kleinen handlichen Briefchen machte. Jeder Zentimeter wurde ausgenutzt, die Bögen sind oben und unten, rechts und links ganz ohne Rand und ohne Absätze beschrieben.

Im Gegensatz zu den spärlichen Mitteilungen der Formularbriefe bestand eine große Themenvielfalt. Zu erwarten waren die Vertraulichkeiten eines jungen Paares, das erst gute zwei Jahre verheiratet war, sich aber inzwischen genau so lange nicht mehr sehen und sprechen konnte. Es dominierten aber die wirklich brennenden, existenziellen Probleme. Sie konnten oder sollten in der zensierten Post nicht angesprochen werden.

Die wichtigsten Beispiele dafür sind:

Warum genau war er hier? Was hatte er weiter zu erwarten? Wie konnte eine gemeinsame Zukunft aussehen? Gab es eine berufliche Perspektive? Wie sah die Welt draußen aus? Konnte ihm seine Familie materiell helfen? Konnte sie etwas in seiner besonderen Problemlage für ihn tun?

Daneben bestehen Fragen allgemeinen historischen Interesses, die eventuell aus der unmittelbaren Perspektive eines Beteiligten gestellt oder überprüft werden könnten:

Kann man die in der Literatur beschriebenen Umstände der Lagerverwaltung, der Lebensbedingungen im Lager usw. bestätigen oder ergänzen? Wie spiegelt sich der Gang der Welt außerhalb des Lagers in der Erlebenswelt der Internierten. Dies betrifft vor allem die politische Entwicklung in Bayern und die Frage der Bewältigung des Nationalsozialismus.

Relativ einfach, weil bestätigend, fällt die Antwort für den Komplex der allgemeinen Bedingungen aus:

> »Der Aufenthalt im Lager wäre jetzt, von der seelischen Belastung abgesehen, soweit ganz erträglich, denn eine Reihe von Erleichterungen sind in der letzten Zeit eingetreten. So wurden beispielsweise in den letzten Wochen alle Drahtzäune innerhalb des Sonderlagers abgerissen, sodaß wir uns nicht mehr wie bisher in großen abgeschlossenen Käfigen befinden, sondern uns innerhalb des Sonderlagers von Baracke zu Baracke frei bewegen können. Vorher konnte man ja nicht mal von einer Baracke zur anderen gehen u. hatten fast keinen Auslauf. Früher wäre das unmöglich gewesen. Auch mit dem Briefverkehr ist es besser geworden, nachdem wir nun neuerdings wöchentlich 2 mal schreiben dürfen. Seit Weihnachten habe ich Gott sei dank auch einen Strohsack u. liege daher nicht mehr auf den blanken Brettern. Auch mit dem Essen ist es etwas besser geworden, ohne Zuwendungen zwar noch reichlich knapp, aber wenn man immer ein wenig zum Zusetzen hat, dann geht es schon, den Notständen der heutigen Zeit Rechnung tragend. Großzügig sind sie seit einiger Zeit vor allen Dingen in der Tabakzuteilung, denn da leiden wir überhaupt keinen Mangel mehr. Ich kann tatsächlich z.Zt. soviel rauchen als ich will, denn die Zuteilung ist reichlich. Den wahren Grund für diese Großzügigkeit kann man sich nicht erklären. Auch die Seifenzuteilung ist ordentlich u. es bleibt mir jetzt immer noch welche übrig. Es fehlt aber wie gesagt bei diesen Dingen nur die Möglichkeit des Hinausbringens. An Wollsachen habe ich sonst nichts mehr, was ich abgeben könnte. Die heimgeschickten Sachen stammen alle noch aus dem Lager Natternberg. Bekleidungsmäßig, natürlich alles Uniformstücke, bin ich auch ganz gut versorgt.«[23]

Das gleicht anderen Beschreibungen des Lageralltags, die von einfachen, aber nicht allzu unerträglichen Lebensbedingungen berichten. Zuweilen entstand draußen sogar der Eindruck, die Internierten seien besser versorgt, als die breite Bevölkerung, zumindest was besonders umkämpfte Versorgungsgüter wie Seife und Tabak angeht. Denn in den ersten beiden Nachkriegsjahren herrschte in weiten Teilen der Bevölkerung die blanke Not, nicht nur bei den Flüchtlingen und Ausgebombten. Alle lebenswichtigen Lebensmittel und verschiedenste Gebrauchsgüter konnten nur über Lebensmittelkarten und Bezugsscheine bezogen werden. Die anvisierte Kalorienmenge im Lager von etwa 1700 Kalorien pro Person und Tag fiel nicht geringer aus als für einen Normalverbraucher in der Zivilbevölkerung. Oft scheint es umgekehrt gewesen zu sein, wie etwa ein Artikel in der Süddeutschen Zeitung vom 30. Dezember 1947 moniert. Dass die Häftlinge trotzdem nicht auf Rosen gebettet waren, zeigen die Hinweise auf die äußerst einfachen Schlafbedingungen und die schlechte Versorgung mit Kleidung, meist alten Uniformstücken. Aus anderen Briefstellen geht hervor, dass es zeitweise sogar möglich war außer Briefen auch Tabak, Kleidungsstücke und anderes aus dem Lager herausbringen zu lassen.

Schwieriger, zumindest auf der Grundlage der vorliegenden Briefe, ist zu eruieren, wie die Welt von außen ins Lager kam und aufgenommen wurde. Im Bericht des Innenministeriums war ja von Personen die Rede, die sich zur »demokratischen Weltanschauung durchgerungen hatten«. Und in der Tat war in den Jahren von 1946 bis 1947 in dieser Richtung sehr viel geschehen. Zwar stand die Gründung eines neuen deutschen Staates noch bevor, aber auf der Ebene der Länder hatten die Alliierten, zumindest in den Westzonen, eine demokratische Entwicklung forciert. Zur Zeit des Briefs im April 1947 waren in Bayern bereits grundlegende administrative und politische Fakten geschaffen worden. Zuerst amtierten von den Amerikanern ernannte Ministerpräsidenten samt Ministerien und nachgeordneten Behörden. Nach den Wahlen zur verfassunggebenden Versammlung im Juni 1946 existierten seit Dezember 1946 eine neue, durch Volksentscheid legitimierte Bayerische Verfassung und eine gewählte Regierung unter dem CSU-Politiker Hans Ehard. Alles stand noch unter dem Vorbehalt der Sieger, aber immerhin gab es funktionierende demokratische Strukturen: Mit dem »Gesetz zur Befreiung vom Nationalsozialismus und Militarismus« vom März 1947 ging auch die Entnazifizierung in bayerische Hände über. Das führte zur Etablierung der Spruchkammern und letztlich zur Auflösung der Internierungslager. In den Briefen wird kein Wort darüber verloren. An Unkenntnis dieser Vorgänge kann das nicht gelegen haben. Denn in einem der Formularbriefe berichtet Josef F., er erhalte die »Neue Zeitung«. Die »Neue Zeitung« war die erste und bedeutendste Zeitung in Nachkriegsdeutschland und erschien in München, herausgegeben und gefördert von der Besatzungsmacht. Sie berichtete seriös und umfangreich gerade über die politischen Vorgänge. Dass diese in der Korrespondenz mit seiner Frau nicht auftauchten, kann nicht unbedingt als Desinteresse oder Ablehnung der Demokratisierung verstanden werden. Wie noch zu zeigen sein wird, war Josef F. auch früher vor dem Umsturz zum Nationalsozialismus und längere Zeit danach nicht politisch engagiert gewesen. Er wählte die BVP, hing also dem bürgerlich-konservativen Mainstream in Bayern an.

Unabhängig vom politischen Interesse bestand aber durch diese Lektüre ein genaues Wissen um die Abwicklung der Strafverfahren im Zusammenhang mit der Verfolgung der Kriegsverbrecher. Hier war er sehr interessiert und auch wohl informiert:

> »[...] vor 5 Tagen ging wieder einmal nach längerer Unterbrechung ein kleiner Häftlingstransport nach Frankreich ab, also eine jener Maßnahmen, die mir immer am meisten Sorge bereiten. Ich bin überzeugt, daß auch noch Transporte in andere Länder gehen u. diese ewige Unsicherheit macht mich naturgemäß am meisten fertig. Ich glaube bestimmt, daß der ganze Verein hier jetzt aufgeteilt wird u. in spätestens 4 Monaten sich das Lager auflöst. Also entweder Auslieferung, einen Prozeß hier, Frei- oder deutsches Lager, oder eine Entlassung. Am wenigsten wird bei mir das letztgenannte zutreffen, während von den 3 übrigen jede Möglichkeit eintreten kann. Jetzt stell dir also vor, jetzt soll ausgerechnet ich zu jenem kleinen Haufen zählen, der als am meisten verbrecherisch bezeichnet wird, und nur deshalb, weil man mich in so gemeiner, niederträchtiger Weise falsch beschuldigt hat.«[24]

Was meint er mit »ausgerechnet ich«? Wohl, dass er als politisch zurückhaltender Mensch und Beamter, nun bei denen gelandet ist, die die Zeche bezahlen sollen. An anderer Stelle schrieb er: »Ich war gewohnt zu arbeiten u. war so gewissenhaft bzw. so dumm, um mich auch bloß einen Tag meiner 20jährigen Dienstzeit krank zu melden. Dafür habe ich jetzt den gerechten Lohn in Form von Stellungsverlust und Eingesperrtsein u. dazu noch nicht einmal wissen wie lange. So sieht also die gerechte Welt aus.«[25] Hier ist Sarkasmus gepaart mit Naivität. Auch der Krieg und seine Begleiterscheinungen waren für ihn nur ein leidvolles Verhängnis, nicht auch eine Frage von Schuld und Sühne: »Hermandl tut mir so leid, ich befürchte selbst, daß er nicht mehr am Leben ist, denn sonst müßte doch mal wenigstens ein Lebenszeichen kommen. Der arme Junge, es ist schrecklich, welches unsägliche Leid der Krieg über die Menschen gebracht hat. Es gibt fast keine Familie, die nicht irgendein Leid zu tragen hat.«[26]

Was Pater Roth der kritisierten Gruppe der uneinsichtigen Internierten vorgeworfen hat, nämlich »Vergehen gegen die menschlich-christliche Moral überhaupt nicht als Schuld, sondern [...] als ›Notwendigkeit unter den gegebenen Umständen‹ zu sehen«, trifft also durchaus auch auf Josef F. zu. Dies betrifft seine Sicht der allgemeinen Ereignisse und Umstände genauso wie eine mögliche individuelle Schuld, die ihn in seine missliche Lage gebracht hat.

Die praktischen Fragen der individuellen Schuld beschäftigen ihn dagegen sehr intensiv. Denn die Auslieferung nach Polen fürchtet er wie nichts anderes. Das hat damit zu tun, dass 1947 die harte Linie der amerikanischen Deutschlandpolitik längst aufgegeben worden war und er sehr wohl wusste, dass eine bloße Tätigkeit in der Münchner Gestapo bei seinem niederen Dienstrang kein großes Problem mehr sein würde: Ein bekannter Kollege nach dem anderen kam ins Freilager oder wurde zu Spruchkammerverfahren ins Lager Regensburg abgeschoben, nur er nicht. Er erhielt auch keine Arbeitserlaubnis:

> »Da stimmt doch etwas nicht. Du kannst dir denken [...], wie mich das alles beunruhigt, ohne daß ich allzu pessimistisch denke, aber als Kriminalist sehe ich eben die ganze Sache mit anderen Augen an, wenn man bedenkt, wie schwer man mich verleumdet u. beschuldigt hat. Ich bin felsenfest davon überzeugt, daß ich, wenn das nicht der Fall wäre, entweder überhaupt nicht nach hier gekommen, od. zumindest in einem der letzten Transporte wieder in ein deutsches Lager gekommen wäre. Dies ist also alles nur die Folge dieser falschen Beschuldigung u. Denunzierung, die man mir ein gebrockt hat. Und was kann man dagegen tun, so viel wie nichts.«[27]

Wahrscheinlich glaubte Josef F. wirklich, seine missliche Lage sei nur auf falsche Beschuldigungen und Denunzierung zurückzuführen. Folglich wollte er Gelegenheit zur Richtigstellung haben. Das erpresste Geständnis im Lager Natternberg hatte er bereits dort widerrufen. Seitdem war in dieser Sache nichts geschehen. Von der anderen, von ihm Verleumdung genannten Sache, wusste er nichts Genaues, eigentlich nur, dass seine Verhaftung nach dem Untertauchen im Mai 1945 auf einen Hinweis aus dem Bekannten- oder Verwandtenkreis erfolgte. Diese Person wollte anonym bleiben und war im Besitz eines Brautbildes, das den Bräutigam in SS-Uniform zeigte. Sie gab es mit einem Vermerk auf der Rückseite und einem Zettel an das CIC weiter. Erhebliche Teile der illegalen Korrespondenz sind Mutmaßungen über diesen Informanten gewidmet, ohne zu einem Ergebnis zu kommen. Denn ein Zwischenfall im Lager hatte die möglichen Beweismittel vernichtet.

> »Die Sache war so. – Um besonders diesen bestimmten fragwürdigen Zettel zu sichern u. die Aufschrift auf der Rückseite des Brautbildes zu verdecken, verklebte ich in hohler Ausführung die gesamte Rückseite des Bildes, in dem ich vorher den Zettel hineinschob, so daß er zwischen Bildrückseite und dem aufgeklebten Papier steckte. Auf diese Weise war also alles ver-

Brautbild, Teil der Identifizierung durch das CIC

deckt u. ich hatte also nur noch ein gewöhnliches Photo, das ich jetzt bedenkenlos zu meinen übrigen Bildern legen könnte, dies habe ich auch getan, bis eines Tages wieder einmal eine Kontrolle war, bei der alles durchstöbert wurde. Als wir nach der Durchsuchung wieder in die Baracke gehen durften, gewahrten wir vor dem Ofen mehrere zerrissene Photos, hauptsächlich Bilder, welche Personen in SS Uniformen darstellten u. als ich auch meine Bilder durchging, mußte ich das Fehlen unseres Brautbildes feststellen. Alle anderen waren da, die Sache war also so, daß einer der durchführenden Amis, der auf die SS schlecht zu sprechen ist, alle gefundenen Bilder von Personen in SS-Uniform verbrannte. Beweis, Teile zerrissener Bilder vor dem Ofen. Auf diese Weise gingen mir also diese beiden Sachen verloren u. es ärgert mich sehr, denn der Einfall mit der Schriftprobe wäre kein schlechter Gedanke gewesen u. vor allen Dingen beweiskräftig. Nun aber scheint das letzte Beweismittel vernichtet zu sein u. das ist deshalb um so mehr bedauerlich.«[28]

Wie sich später herausstellte, war die Person Informant des CIC, danach Beisitzer einer Spruchkammer und Mitglied der Verwandtschaft der Ehefrau. Diese erfuhr die genaueren Umstände eher als ihr Mann und stellte ihren Cousin bei einer öffentlichen Verhandlung im August 1947 zur Rede. Weil sie ihn dabei als »gemeinen Kerl« beschimpfte, musste sie sich schriftlich entschuldigen und die Anwaltskosten übernehmen, um eine Strafanzeige zu vermeiden. Dies erscheint deshalb bedeutsam, weil der Vorfall zeigt,[29] wie tief die Auseinandersetzungen um die Bewältigung der NS-Zeit sogar in die engsten familiären Beziehungen eingriffen. Josef F.s Schwiegervater hat seit dieser Zeit mit seiner einzigen Schwester, der Mutter des Informanten, nie mehr ein Wort gesprochen.

Die Information an das CIC enthielt außer dem Hinweis auf die Tätigkeit bei der Gestapo als Hauptsturmführer auch die Behauptung, Josef F. habe als Mitglied eines Sonderkommandos in Lemberg, wie er sich stolz gerühmt habe, die Aufgabe gehabt, insgesamt 500 Russen, Polen und Juden durch Genickschuss zu töten.[30] Die Angabe des Dienstgrades war übrigens falsch. F. hatte keinen Offiziersrang, also konnte das Wissen des Informanten nicht sehr ausgeprägt sein.

Es ist nicht sicher, ob der Ehefrau der gesamte Inhalt und die Tragweite dieser Anschuldigung bekannt waren. Der Beschuldigte wurde dagegen schon am Tage seiner Verhaftung damit konfrontiert und bestritt, jemals in Lemberg gewesen zu sein. Das wurde auf der Notiz vermerkt, ebenso, dass es sich um einen zuverlässigen Informanten handele.

Aus der Aktenlage mit einem umfangreichen Bestand von Originaldokumenten in englischer Sprache, einschließlich einzelner Notizzettel ist ersichtlich, dass zur Klärung der Vorwürfe nichts unternommen wurde. Außer den allgemeinen Aufnahmeroutinen, wie dem Ausfüllen von Meldebögen, fand keine weitere Bearbeitung statt, besonders keine neuen Vernehmungen zur Sache. Das war nicht ungewöhnlich: »Ich habe wohl die Möglichkeit ein Gesuch zwecks Vernehmung einzureichen, aber die Sache ist zwecklos, nachdem hier schon wiederholt bekanntgegeben wurde, daß eingereichte Gesuche nicht bearbeitet, sondern nur zu den Akten geschrieben werden u. dort eben solang liegen bleiben, bis der Betreffende mal zur Vernehmung kommt.«[31]

Eine erste oberflächliche Vernehmung erfolgte erst am 10. Oktober 1946 durch die War Crimes Group, die den Fall vom CIC übernommen hatte. Der dabei ausgefüllte standardisierte Fragebogen nahm nicht mehr als die bisher schon bekannten Daten auf und ging nicht weiter auf die erfolgten Anschuldigungen ein. Darauf geschah Monate lang nichts weiter. Im Januar beschloss der sich hingehalten fühlende und sichtlich genervte F. die Initiative zu ergreifen. Der Zeitpunkt war günstig, denn es bestand gerade die Möglichkeit für ihn, unkontrollierten Kontakt aufzunehmen. Er wollte dazu seine Frau gewinnen und schrieb:

> »Nun kommt das wichtigste. Das Hauptthema, das ich heute mit dir besprechen möchte. Erschrecke nicht, es ist nichts schlimmes, lese alles genau durch, überlege und urteile dann. Nach reiflicher Überlegung komme ich zu dem Entschluß, in meiner Sache irgend etwas zu unternehmen, denn ich habe das Gefühl, sonst komme ich von dem Sauladen hier überhaupt nicht los. Ich unterbreite dir dafür folgenden Plan – Fahre bitte in den nächsten Tagen od. in einer Woche nach Dachau und bitte den Vernehmungs- u. Untersuchungsrichter der ›War Krimes‹ Dienststelle / sprich ›work Krims‹ vorgeführt zu werden. Dies ist ohne weiteres möglich u. du wirst auch vorgelassen. Erkläre diesem Herrn zuerst ganz kurz, dass du ihn in Sachen deines Mannes um Auskunft u. Rat bitten würdest. Bringe dann vor, daß ich am 20.5.45 festgenommen, ins Internierungslager Natternberg u. am 28. Juni 46 nach Dachau verbracht wurde. Durch einen Bekannten von mir, ich denk da beispielsweise an Giergl [?] von Freising, der mit mir in Natternberg auf einer Stube lag u. inzwischen längst entlassen ist, hättest du erfahren, daß ich im August 45 in Natternberg vernommen worden sei u. zwar sei ich beschuldigt worden Polen geschlagen zu haben. Den Namen Giergl brauchst du ja nicht zu nennen, das ist ja nicht wichtig, die Hauptsache ist ja nur, daß du sagen kannst, du weißt es von einem entlassenen Kameraden, damit er nicht sagen kann, ja woher wissen sie denn das, sie haben doch ihren Mann noch nicht gesprochen u. daß ich das nicht

schreiben konnte, weiß er auch. Oder du sagst du hast es von einer Frau, die ihren Mann der mit mir früher in N. beisammen war und jetzt im Spruchkammerlager Regensburg ist, während der Sprecherlaubnis erfahren. Nimm einen der beiden erwähnten Fälle her, welcher dir am günstigsten erscheint. Erzähle ihm dann, ich hätte diesem Kameraden gegenüber geäußert, dass es sich vermutlich [!] um eine Denunzierung handelt, denn es entspreche nicht den Tatsachen, aber ich sei bei dieser Vernehmung in Natternberg so erbärmlich geschlagen worden, daß ich unter dem Druck dieses Zwanges, entgegen diesen Tatsachen eine diesbezügliche Erklärung unterschreiben mußte. Sonst wüßtest du nichts [!] u. du würdest um Auskunft bitten, was nun eigentlich los sei. Du kannst das also ruhig sagen, daß ich geschlagen wurde, denn erstens entspricht es den Tatsachen u. 2. sage ich es ihm ja auch, wenn ich wieder einmal vernommen werde. Das wäre also alles, was du eben sinngemäß zu sagen hättest. Nun was meinst du dazu? Ich bin der Ansicht im schlimmsten Fall kann er dich abspeisen u. sagen, wenn sie wissen wo ihr Mann ist u. warum er da ist, dann genügt es ja, er muß eben warten, bis sein Fall weiterverhandelt wird u. du kannst gehen. Aber es kann leicht sein, daß er sich doch den Akt kommen läßt, Einsicht nimmt oder dich wieder vorlädt u. dir eine Auskunft gibt, oder was das wichtigste wäre, daß der Akt eben mal wieder aufgegriffen wäre u. ich vernommen werde. Dann hätten wir wenigstens mal zumindest erreicht, daß der Akt nicht verstaubt, die Sache behandelt wird u. die Sache läuft. Irgendetwas muß und wird er dir auch sagen. Denn das Recht, daß du dich als meine Frau um deinen Mann kümmerst u. erkundigst wird er dir nicht vorenthalten u. absprechen können. Erreichen wir wirklich gar nichts, dann haben wir wenigstens die Genugtuung u. die Gewißheit, daß wir alles getan haben, was z.Zt. überhaupt nur irgend wie möglich ist. Dann heißt es eben abwarten u. Tee trinken. Es erhebt sich nämlich die Frage, ob es tatsächlich das Richtige ist, gar nichts zu unternehmen und bloß zu warten, ich glaube nicht.«[32]

Eine große Schwierigkeit bestand in der Möglichkeit der Rückmeldung. Denn der Kanal der »schwarzen Briefe« war nur in der Richtung nach außen offen und das immer nur für kurze Zeit, wenn überhaupt. Es folgte deshalb eine exakte Anweisung für die Frau, wenigstens ein Minimum an Information weiterzuleiten.

»Nun, du kannst dir denken, daß es mich natürlich riesig interessieren würde, was man dir, wenn du in Dachau warst, alles gesagt hat. Dies im einzelnen mitzuteilen, wird natürlich nicht möglich sein. Aber ein bischen was kann ich doch erfahren, wenn du folgendes machst: Ersuche Anni nach deiner Rückkehr aus Dachau, sie möchte Rudl brieflich etwa folgendes, je nach dem Ergebnis in Dachau mitteilen: ›Für Onkel Sepp konnte ich nichts unternehmen, oder erreichen‹ od. ›steht die Sache gut‹, od. nicht gut‹ od. ›ist wenig Fortschritt‹. Du verstehst mich schon gell. Daß also in groben Zügen gut, mittel od. schlecht zum Ausdruck kommt. Rudl weiß schon Bescheid. Nachdem aber auch ich nicht weiß, wie lange mein derzeitiger schwarzer Briefweg noch offen steht, will ich vorsorglicherweise mit dir eine Vereinbarung treffen, um dir gegebenenfalls im Falle der Versiegung im Wege des offiziellen Briefverkehrs Nachricht zukommen zu lassen. Wir wollen annehmen, ich würde auf deine Vorstellung hin vernommen werden, so ist es doch wichtig, dir das Ergebnis mitzuteilen. Ich würde dann von einer Krankheit schreiben u. zwar im üblichen Gradverhältnis wie oben ›gesund‹, ›leicht‹, ›mittel‹ od ›schwer krank‹. Das bedeutet dann also nicht, daß ich wirklich krank bin. Sollte ich tatsächlich krank sein, so schreibe ich schon ausführlicher was mir fehlt etc. u. gehe nicht mit einem Satz darüber hinweg. Diese Abmachung soll ja nur eine Notlösung sein, falls ich noch schwarz schreiben kann, werde ich dir natürlich alles ausführlicher schreiben. Aber durch diese Abmachung erhältst du wenigstens im Notfalle ein klein wenig Bescheid in dieser Sache. Und nun noch eine kleine Abmachung. Da ich annehme, daß du, falls du nach Dachau fährst, ein kleines Päckchen mitbringst, so lege bitte 1 Feuerstein bei. Es ist für mich das Zeichen, daß du da warst u. ich weiß fast sogar den Tag, an dem du hier warst. Da ich ferner nicht weiß, ob die wöchentlichen Briefe alle noch eintreffen u. falls ja, wenn sie mal kommen, so möchte ich jetzt doch mal gern wissen, ob du das Päckchen u. das Geld erhalten hast. Lege daher 2 weitere Steine bei, wenn das Paket ankam u. 4 weitere, wenn das Geld schon eingetroffen ist. Wenn du also kommst u. Paket und Geld ankam, müssen 7 Steine im Paket sein. Kam etwas nicht an, dann die entsprechende Anzahl Steine weniger. Solltest du überhaupt nicht nach Dachau kommen zwecks Vorsprache, so lege zum Zeichen in einem der nächsten Postpakete eine einzelne Kartoffel bei. Du wirst sagen, jetzt brauche ich bald einen eigenen Kalender, um mir all diese Stichpunkte aufzunotieren, damit ich nichts durcheinander bringe. Du hast recht, aber es ist die einzige Möglichkeit, um sich einigermaßen zu verständigen, nachdem eine andere Möglichkeit nicht offen steht. Ein weiteres Zeichen auszumachen über den Erhalt dieses Briefes ist nicht nötig, da ich ja die Feuersteine auf jeden Fall erhalte u. dann weiß ich ja, daß dieser Brief ankam.«[33]

Auslieferung nach Polen

Ob diese in bester nachrichtendienstlicher Manier erfolgten Anweisungen zu einer Vorsprache der Ehefrau führten, ist nicht bekannt, es gibt keine Spuren oder Hinweise im nächsten Brief zwei Monate später. Erfolg hatte sie sicher nicht. In diesem Brief schlug Josef F. einen anderen Weg vor, allerdings mit viel weniger Enthusiasmus und Optimismus. Seine Frau sollte als nächsten Versuch einen Rechtsanwalt einschalten, von dem sie sich schon hatte beraten lassen. Der riet wohl zu einem schriftlichen Gesuch. Frau Emmi F. schrieb daher am 15. April 1947 in korrekter, geschäftsmäßiger Form:

»An den
Untersuchungs- und Vernehmungsbeamten der War Crimes
Lager Dachau

Mein im Betreff genannter Ehemann wurde am 26.6.1946 vom Lager Natternberg nach Dachau in das Sonderlager verlegt. Aus der Schilderung eines ebenfalls in Natternberg inhaftierten – zwischenzeitlich entlassenen Kameraden meines Mannes entnehme ich, dass die Überführung in das Sonderlager Dachau das Ergebnis der Vernehmung in Natternberg im August 1945 war. Bei dieser Vernehmung wurde meinem Manne unter Anwendung von Gewalt ein Geständnis abgepresst, welches er zwar einige Tage später, als eine neue Vernehmungskommission ins Lager Natternberg kam, widerrief, aber bis heute nichts erfolgte.
Im Vertrauen auf die Gerechtigkeit erlaube ich mir als Ehefrau Sie zu bitten, die Angelegenheit meines Mannes einer erneuten Prüfung zu unterziehen, denn

1. hat er damals die Angaben bei der Vernehmung in Natternberg nur deshalb gemacht, um den Misshandlungen nicht noch weiter ausgesetzt sein zu müssen,
2. hat er sich bestimmt in keiner Weise je etwas zu Schulden kommen lassen, was gegen das Gesetz der Menschlichkeit verstoßen hätte, geschweigedenn ein Kriegsverbrechen begangen,
3. der ihm zur Last gelegte Dienstgrad bei der SS war kein Dienstgrad, den er sich im Dienste der SS erworben hatte, sondern es handelt sich hierbei lediglich um eine ›Dienstgradangleichung‹, die bei Beamten der Polizei stets vorgenommen wurde,
4. die Dienstleistung bei der Gestapo war keine freiwillige, sondern er wurde 1939 von der Schutzpolizei zur Gestapo kommandiert.

Ich möchte meine Bitte wiederholen und darf wohl die Hoffnung haben, dass nach Prüfung der Sache mein Mann entlassen werden kann.
Hochachtungsvoll«[34]

Das Schreiben folgte den Vorgaben des Ehemanns im Brief vom Januar und auch der Beratung des Rechtsanwalts, der in den Punkten 3 und 4 die gängigen Entschuldigungen der belasteten Polizeibeamten in den Spruchkammerverfahren empfahl.

Das Schreiben wurde, wie man den Internierten mitgeteilt hatte, zu den Akten genommen, aber nicht weiter bearbeitet. Auch eine Wiederholung des Gesuchs im September hatte keinen Erfolg.

Inzwischen hatte sich die Lage für Josef F. entscheidend verändert. Dass keine weiteren Vernehmungen, auch nicht auf das Gesuch der Ehefrau hin, erfolgten, lag nicht an der Überlastung oder den sonstigen Gepflogenheiten der »War Crimes Group«. Es war eingetreten, was Josef F. als schlimmste Entwicklung befürchtet hatte. Sein Fall wurde Gegenstand von Auslieferungsverhandlungen zwischen der amerikanischen Armee und der Republik Polen, vertreten durch eine eigene »Polnische Militärmission für die Aufklärung von Kriegsverbrechen in Europa«. Die zuständige Dienststelle befand sich in Augsburg, also nicht weit von Dachau, dem entsprechenden Zentrum der amerikanischen Bemühungen. Polen war schon 1943 Gründungsmitglied der UNWCC der »United Nations War Crimes Commission«, einem Verband von 17 Staaten auf Initiative der Westalliierten. Sie organisierte eine zentralisierte Fahndung von Kriegsverbrechen und bemühte sich um eine Entwicklung von Standards bei deren Verfolgung. Es gelang, ein zentrales, staatenübergreifendes Fahndungsregister zu organisieren, das »Central Registry of War Crimes and Security Suspects«, kurz CROWCASS. Unter der Nummer 139136 auf der List No. 7, Page 139 war auch Josef F. eingetragen, »wanted for murder«.[35] Diese Listen wurden laufend ergänzt und gingen im polnischen Fall schon auf Recherchen vor Kriegsende zurück.

Damit war der Fall auf eine neue, andere Ebene gehoben, nicht mehr die der automatischen Verfolgung von NS-Belasteten und die von Denunzierungen und mit rüden Methoden herbeigeführten Geständnissen. Dies lässt auch die fehlende Bereitschaft zu Vernehmungen in Dachau in einem anderen Licht erscheinen. Denn die Bearbeiter der »War Crimes Group« dürften schon früh erkannt haben, dass für den Fall Josef F. Polen zuständig war. Die möglichen Opfer waren Polen und auch der mögliche Tatort Polen. Eine Aufklärung wäre unter den gegebenen Umständen ohnehin kaum möglich gewesen. Also ließ man die Finger davon und wollte Zeit gewinnen. Denn es mussten erst die rechtlichen und administrativen Voraussetzungen für Auslieferungen geschaffen werden. Und einen so stark Beschuldigten wollte man auch nicht ohne Weiteres laufen lassen. Dass das keine Vermutungen sind, zeigen einige kurze Einträge in die Akten, zum Beispiel im Oktober 1946 bei der Erstbefragung durch die »War Crimes Group«: »Do not release, of possible interest to Polish authorities«[36], im Dezember 1946: »Extradition to Poland pending«[37] und am 8. Januar 1947 »is of interest to Poland and it is expected, that extradition proceedings will be instituted«.[38] Man wartete also auf die Klärung der Bedingungen für Auslieferungen. Der Vorstoß der Ehefrau nach dem Brief vom Januar 1947 hatte bei diesem Stand der Verhältnisse keine Chance, noch weniger das Gesuch mithilfe des Rechtsanwalts vom April des Jahres.

Denn schon am 4. April lag das erste Auslieferungsersuchen der polnischen Militärmission vor. Dieses Ersuchen wurde am 7. Juli mit gleicher Begründung wiederholt. Das Formular enthielt auch eine Art Vertrag über die Bedingungen der Auslieferung des Josef F. Die Amerikaner sollten das Recht haben, ihn zurückzufordern, wenn nicht innerhalb von sechs Monaten ein Prozess angestrengt würde. Das war keine Spezialvereinbarung, sondern eine Standardklausel im Formblatt für Auslieferungen aus der amerikanischen Besatzungszone.[39] Beigelegt war auch ein neuer »Wanted Report« für die Eintragung oder Aktualisierung im Fahndungsregister CROWCASS.

Zwischen diesen beiden Terminen fand die von Josef F. lang herbeigesehnte Vernehmung statt, allerdings nicht so, wie von ihm gedacht.

Am 12. Juni wurde er im Lager Dachau von einem Leutnant der polnischen Militärmission vernommen. Eine deutsche Schriftführerin fertigte ein Protokoll an,[40] das in deutscher Sprache die Hauptpunkte anführte, über die gesprochen wurde. Die amerikanische Seite hatte den Stand ihrer eigenen Informationen weitergegeben, sie bildeten das Gerüst der Vernehmung: Vor allem sollte F. zu den Behauptungen des CIC-Informanten über die Teilnahme an einem Sonderkommando in Lemberg sowie zum Geständnis vor dem CIC-Vernehmer in Natternberg über die Misshandlung von Polen in Krakau Stellung nehmen. Er beschrieb die Umstände des Verhörs in Natternberg ausführlich, vor allem, wie seine Unterschrift unter Schlägen erzwungen wurde, und widerrief seine damalige Aussage noch einmal. Auch den Vorwurf der Teilnahme an Erschießungen in Lemberg stritt er ab, mit dem kurzen Hinweis, niemals dort gewesen zu sein. Relativ ausführlich berichtete er über seine dienstlichen Aufgaben im Generalgouvernement in den Jahren 1939 bis 1943. Er schilderte seine Tätigkeiten als Sachbearbeiter beziehungsweise Dienststellenleiter, die mit verbotenem Waffen- und Rundfunkbesitz, Kennkartenfälschungen und der Führung der polnischen Offizierskartei zu tun hatten. An allen seinen Einsatzorten habe er »sich nichts zu Schulden kommen lassen«. Die Schriftführerin gab die Aussagen wörtlich in Ich-Form wieder, auch die Namen von Vorgesetzten. Mit einer Ausnahme konnte der Verhörte keine polnischen Zeugen anführen. Umgekehrt stand dem Verhörer außer den überlassenen CIC-Akten kein eigenes Material zur Verfügung. Für die Begründung im Auslieferungsantrag »Subject is responsible for mistreatment, atrocities and murder of many Polish nationals«[41], unterschrieben vom Leiter der Militärmission im Range eines Colonel, konnte diese Vernehmung also keinen konkreten Beitrag leisten.

So hätte F. eigentlich ruhigen Gewissens nach Polen kommen können, wie er es einmal gegenüber einem ehemaligen Kameraden aus der Abteilung »Abwehr« der Gestapo in München äußerte. Dieser schilderte vor der Spruchkammer ein Gespräch im Lager Dachau: »Ich sagte ihm, dass er doch sehen müsse, dass er mit Sicherheit an Polen ausgeliefert werde, da das Auslieferungsverfahren so stark organisiert sei, dass es ganz gleich sei, ob man Huber oder anders heiße. Er wies dieses Ansinnen entrüstet zurück mit den Worten: ›Das würde ich mir ansehen.‹«[42]

Er vertraute dabei auf die juristischen Schwächen der Vorwürfe, vor allem die stattgefundene Gewaltanwendung beim Verhör und fehlende Zeugen. Vielleicht war ihm auch bekannt, dass der schwerste Vorwurf, die Erschießungen in Lemberg, auch in Polen kaum würde aufgeklärt werden können. Inzwischen befand sich Lemberg-Lwów außerhalb des Einflussbereichs der polnischen Behörden. Es gehörte seit seiner Befreiung nicht mehr zum polnischen Staatsgebiet, es war Teil der Sowjetunion geworden. Diese und die USA waren inzwischen von Kriegsverbündeten im Zuge des Kalten Kriegs zu Konkurrenten und Gegnern geworden. Die Sowjetunion beteiligte sich auch nicht an den gemeinsamen Bemühungen um die Aufklärung der Kriegsverbrechen, weder in der Organisation UNWCC noch an der Erstellung der CROWCASS-Listen. Das waren alles schlechte Voraussetzungen für eine erfolgreiche Zusammenarbeit bei der juristischen Aufarbeitung derartiger Vorwürfe.

Wie chaotisch selbst die bisherige Zusammenarbeit bisweilen ausfiel, zeigen Probleme im Umgang mit den Fahndungslisten. Josef F. gab beim Ausfüllen des Fragebogens im Januar 1946 auf die Frage Nr. 3 »Andere von Ihnen benutzte Namen oder solche, unter denen Sie bekannt sind« an: »Friedl«. Das war sein Ruf- oder Spitzname im Kameraden- und Freundeskreis und erst später in München sein Deckname im Außendienst der Gestapo. Im Lauf der Zeit wurde dazu in den routinemäßig erstellten »Detention-Reports« ein Vorname gesetzt und auch der Name etwas verändert: »Josef Friedl, Friedrich Friedl oder Friedel«. Später fügte man den Akten eine CROWCASS-Liste hinzu, in der ein Josef Friedl mit Einsatzort in Lemberg[43] verzeichnet war. Dieser wurde nun als Zweitname für ein und dieselbe Person behandelt, ungeachtet der Tatsache, dass dieser »Friedl« dort in der Zivilverwaltung, Abteilung Bauwesen eingesetzt war und auf die Liste in seiner Eigenschaft als Ortsgruppenleiter geraten war. Gemeinsam war außer dem gleichen Namen nur eine mutmaßliche Beziehung zu Lemberg. Eine solche banale Verwechslung oder Unachtsamkeit konnte, anders als im bereits geschilderten Fall eines Kreissägenbesitzers, fatale Folgen haben. Es ging immerhin um Mordvorwürfe. Die Sorglosigkeit der amerikanischen Bürokratie im Umgang mit solchen Fehlleistungen war kein gutes Zeichen für den Auszuliefernden. Denn die »War Crimes Group« gab mit seinen Papieren auch das ominöse Geständnis weiter, ohne sich noch einmal damit beschäftigt zu haben. Immerhin vertuschte man nicht, dass es unter Gewaltanwendung entstanden war und dass es vom Vernommenen widerrufen wurde.

Die Übergabe des Gefangenen an den Leiter der polnischen Militärmission ist für den 13. November 1947 dokumentiert, erfolgte tatsächlich aber schon Wochen früher. Zu diesem Zeitpunkt waren bereits große Teile des Lagers Dachau in deutsche Verwaltung übergegangen, das gesamte Lager bestand noch bis zum August 1948.

Anmerkungen zum Kapitel 1

1 IPN Rz 357/87 t.2, Strona 9. Im Institut für Nationales Gedenken (Instytut Pamieci Narodowej IPN) Warschau befindet sich unter der Signatur IPN RZ-357-87 t2, III K 327/48 und IPN GK 184/551 ein Aktenbestand fast ausschließlich in englischer Sprache, der offensichtlich aus den Beständen der amerikanischen Militärverwaltung aus der Zeit 1945 bis 1947 stammt und zusammen mit dem Häftling den polnischen Behörden übergeben wurde.
2 Christa Horn, Die Internierungs- und Arbeitslager in Bayern 1945–1952, Frankfurt 1992, S. 36, Übersetzung des Verfassers.
3 Gabriele Hammermann, Das Internierungslager Dachau 1945–1948, in: Dachauer Hefte 19, Dachau 2003, S. 48–70
4 Horn 1992, S. 40f.
5 IPN Rz 357/87 t2, Strona 43ff.
6 Siehe zum Beispiel Frankfurter Rundschau vom 30.3.2011: Rüdiger Ahrens, Die Verhunzer des Nationalsozialismus.
7 Alfred Klose, Das Internierungs- und Arbeitslager Regensburg 1945–1948, www.heimatforschung-regensburg.de [zuletzt geöffnet am 21.1.2018].
8 StA München, SpkA K454, Blatt 42. Ein größerer Bestand an Briefen aus der Zeit von 1946 bis 1947 aus dem Lager Dachau befindet sich in Privatbesitz, handschriftlich, meist einseitig auf Formularpapier der US-Militärverwaltung, zusätzlich fünf unzensierte Briefe von größerem Umfang.
9 Ernst von Salomon, Der Fragebogen, Reinbek 1951, S. 674
10 IPN s.o. Strona 28
11 Zum Beispiel IPN, s.o. Strona 34, 35
12 IPN, s.o. Strona 62
13 Hammermann 2003, S. 56ff.
14 Zum Beispiel vom 28.8.1947, im Institut für Zeitgeschichte, OMGUS 15/124-1/7
15 Zum Beispiel Pater Roth, Seelsorgebericht Juni bis August, 2.10.1946, im Archiv des Erzbistums München und Freising, Nachlass Faulhaber, Bd. 8533
16 Zum Beispiel Bd. 2060, Internierungs- und Arbeitslager Dachau, Sachbearbeiter Hottner für Ernährung, 20.8.1957 im Bayerischen Hauptstaatsarchiv
17 Brief vom 26.1.1947
18 Hammermann 2003, S. 55
19 BayHStA München, OMGBY, 10-108-3/5, zitiert bei Hammermann 2003, S. 66
20 IfZ OMGUS 15/124/1-3, zitiert bei Hammermann 2003, S. 58f.
21 Pater Roth, Seelsorgebericht Juni, 7.7.1947, Archiv des Erzbistums München Freising. Nachlass Faulhaber, Bd. 6187, zitiert bei Hammermann 2003, S. 61
22 Brief vom 22.4.1947
23 Brief vom 22.4.1947
24 Brief vom 22.4.1947
25 Brief vom 7.4.1947
26 Brief vom 26.1.1947
27 Brief vom 7.4.1947
28 Brief vom 7.4.1947

29 9.8.1947, Vorgang in privatem Besitz
30 IPN s.o. Strona 10
31 Brief vom 26.1.1947
32 Brief vom 26.1.1947
33 Brief vom 26.1.1947
34 IPN s.o. Strona 8
35 IPN s.o. Strona 67
36 IPN s.o. Strona 22
37 IPN s.o. Strona 20
38 IPN s.o. Strona 23
39 IPN s.o. Strona 66
40 IPN s.o. Strona 34/35
41 IPN s.o. Strona 66
42 StA München, SpkA 454
43 Umfangreicher Bestand an Karteikarten des Archivum Glowneji Badania Zbrodni Hitlerowskich w Polske beim IPN Warschau

Kapitel 2
Ein ganz normaler Polizist?

Landespolizei und Schutzpolizei

Der 30. Januar 1933 war der Tag, an dem Adolf Hitler als Reichskanzler vereidigt wurde. Er steht für die Übernahme der Macht im Deutschen Reich durch die Nationalsozialisten. Ein weniger freundlicher und mehr gebräuchlicher Ausdruck dafür ist Machtergreifung. Josef F. erlebte diesen Tag in Speyer, wo er seine Probedienstzeit bei der Bayerischen Landespolizei ableistete. Zu den Einsatzgebieten der Landespolizei gehörte vor allem die Aufrechterhaltung der Ordnung im öffentlichen Raum, wenn diese gezielt und massiv bedroht war. Und zu regeln gab es in diesen Tagen viel. Denn die Nationalsozialisten feierten ihren Triumph überall im Reich auf den Straßen bis in die Nacht. In Speyer war die NSDAP bis dahin weniger erfolgreich geblieben und bei den Reichstagswahlen im November 1932 nicht über 25 Prozent der Stimmen gekommen. Diese Stadt hatte eine starke sozialdemokratische und kommunistische Anhängerschaft. Der Fackelzug der SA und des Stahlhelms, mit dem Hitlers Regierungsantritt am 1. Februar gefeiert wurde, führte zwar provokativ durch die Hochburgen der SPD und KPD, aber es kam zu keinen nennenswerten Zwischenfällen. Die Polizei hatte weniger zu tun, als die Presse befürchtet hatte.[1] Allerdings hatte die Staatspolizei in der Nacht vorher Versuche der KPD verhindert, einen Generalstreik zu organisieren.

Die Tage des Polizeiwachtmeisters Josef F. in der Landespolizei und damit auch in Speyer waren zu diesem Zeitpunkt ohnehin gezählt. Denn er wurde ab Juni zur Schutzpolizei in Augsburg versetzt. Es war eine unruhige Zeit gewesen, mit vielen Versetzungen, Kommandierungen und Lehrgängen. Zuerst erfolgte 1926 eine Art militärische Grundausbildung von neun Monaten Dauer in Landshut, danach 1927 der Besuch der Polizeivorschule in Eichstätt. Nach praktischen Einsätzen unter anderem in München und Ludwigshafen gelang Josef F. dann 1929 seine erste feste Anstellung als »Polizeianwärter-Unterwachtmeister und Polizeibeamter mit Grundvergütung von RM 1410«. Er kam zum Ausbildungsdienst nach Speyer mit einer Probedienstzeit von acht Jahren. 1930 wurde sein Jahresgehalt bis zur Vollendung des achten Dienstjahres auf 1800 RM erhöht. Das Herzstück der Ausbildung eines Polizeibeamten in Bayern ist bis heute der Besuch der Polizeischule in Fürstenfeldbruck. Dieser damals neunmonatige Lehrgang erfolgte im Jahr 1931. Er bildete zusammen mit dem Abschluss der Probedienstzeit in Speyer die Voraussetzung dafür, dass Josef F. im Dezember 1934 als Polizeioberwachtmeister ins Beamtenverhältnis mit der Besoldungsgruppe 8b, 2200 RM berufen wurde. Schon im Jahr vorher war er der Schutzmannschaft in Augsburg zugewiesen worden, also von der Landespolizei zur Schutzpolizei übergetreten. Seine Dienstzeit bei der Landespolizei dauerte insgesamt acht Jahre, Grund genug, sie etwas genauer zu betrachten.

Obwohl die Landespolizei seit 1928 offiziell als Schutzpolizei bezeichnet wurde, hatte sie einen ganz anderen Charakter als die wirkliche Schutzpolizei. Sie war eine kasernierte Truppe, die speziell für die Bekämpfung von Aufständen dienen sollte. Diese Zwitterstellung zeigte sich in vielen Bereichen. Zum Beispiel waren die Dienstgradbezeichnungen der Offiziere wie beim Heer, die der Mannschaften und Unteroffiziere wie bei der Polizei. Die Offiziere kamen ohnehin fast vollständig aus den Reihen der alten Armee und entsprechend fielen Geist, Ausbildung und Ausrüstung aus. Notwendig erschien die Aufstellung einer solchen Truppe nach den negativen Erfahrungen mit Aufständen von rechts und links. Die gewählte bayerische Regierung des sozialdemokratischen Ministerpräsidenten Hoffmann wurde 1919 von den militärischen Kräften der Räteregierung aus München vertrieben und konnte die Stadt nur mit der Unterstützung von Freikorps und Reichswehr unter fragwürdigen Bedingungen zurückgewinnen. Noch problematischer erwies sich die Lage beim Kapp-Lüttwitz-Putsch 1920. Denn bei diesem Versuch von rechtskonservativen Kreisen, die neue Republik zu beseitigen, waren Teile der offiziellen Armee beteiligt. Deren Mehrheit schaute zu und ließ die Regierung im Stich, unter dem Motto des Chefs des Heeresamts von Seeckt: »Truppe schießt nicht auf Truppe.« Zur Aufstellung dieser neuen Polizeitruppe trugen auch die einschränkenden Bestimmungen des Art. 162 des Versailler Vertrags bei. Sie gestanden dem neuen deutschen Staat nur eine Höchstzahl von 100 000 Soldaten zu. Natürlich konnten die Truppen in Polizeiuniform als eine Umgehung dieser Bestimmung verstanden werden. Denn allein die bayerische Landespolizei zählte auf ihrem Höhepunkt 1923/24 über 17 000 Mann. Die Siegermächte protestierten deswegen 1925 in einer sog. Entwaffnungsnote. Diese führte 1928 zu verschiedenen Änderungen in einem neuen Polizeibeamtengesetz. Die offensichtlichste davon war die irreführende Bezeichnung Schutzpolizei. Insgesamt änderte sich die Situation seitdem auch dahin, dass die Landespolizei immer mehr als ein Reservoir für neu einzustellende Polizeibeamte angesehen wurde. Josef F. war solch ein typischer Fall.

Polizeibeamte mit dieser Vorgeschichte hatten eine spezifische Prägung

Josef F. im Landshuter Ausbildungsbataillon der Landespolizei 1926, rechts unten

erlebt. So konnte der gelernte Schlossergeselle mit einem einfachen Volksschulabschluss inzwischen stenografieren, geläufig Maschine schreiben und sicher formulieren. Das breite Leistungsspektrum in der Eignungsprüfung aus dem Jahr 1938, auf die noch einzugehen sein wird, beruhte auf der Ausbildung dieser Zeit. Gleichzeitig erfolgten eine militärische Ausbildung durch kriegserprobte Vorgesetzte und der Erwerb einer spezifischen Mentalität, wie sie durch solche Vorgesetzte vermittelt wird. Auch der spezielle Charakter dieser Polizeitruppe gehörte dazu: im Grunde eine Institution zur Verhinderung von Revolution und Putsch unter der Führung kaiserlicher Offiziere, aber im Rahmen eines republikanischen politischen Systems. Sie war damit ein Verband, der ähnlich der Reichswehr dieser republikanischen Staatsform innerlich reserviert, wenn auch loyal gegenüber stand. Diese Loyalität zeigt sich beim Hitler-Putsch 1923. Dieser kann sicher nicht als linke revolutionäre Bewegung bezeichnet werden, gegen die mancher der Landespolizeioffiziere als ehemaliger Freikorpskämpfer ganz gerne geschossen hätte. Aber obwohl der Abgott der reaktionären Rechten, der ehemalige kaiserliche General Ludendorff mit Hitler zusammen in der ersten Reihe marschierte und viele ehemalige Freikorpskameraden hinter ihm, ließ sich die Landespolizei einsetzen und schoss den Zug zusammen. Dabei wurden vier Landespolizisten getötet. In gewisser Weise ist es paradox, dass gerade vier Landespolizisten die ersten Todesopfer durch Kugeln von Nationalsozialisten waren.

Eine andere nicht minder wichtige Prägung erfolgte durch die interne Organisation dieser Ausbildung. Häufige Versetzungen, Kasernierung, lange Probezeiten und Unsicherheiten bei gleichzeitig mäßiger Bezahlung waren sicher nicht förderlich für die Realisierung der Zukunftswünsche eines jungen Erwachsenen. Zumindest wurden Frustrationstoleranz und Geduld trainiert. Ein weit weniger negatives Bild ergibt sich, wenn man die äußeren Zeitumstände einbezieht. Denn für einen erheblichen Teil der Mitglieder der entsprechenden Alterskohorten war die Lage deutlich schlechter. Denn diese jungen Männer hatten Ausbildung, Berufsfindung, Familiengründung in den späten 1920er- und frühen 1930er-Jahren zu bewältigen. Ihre Lebensbedingungen und Entwicklungsmöglichkeiten litten stark unter den Folgen von Inflation und Währungsreform, der Weltwirtschaftskrise und den hohen Arbeitslosenquoten. Die Krisen der späten Weimarer Republik und der Aufstieg des Nationalsozialismus sind eng mit diesen Problemen verbunden. Angesichts dessen mag die »Ochsentour« der Polizeiausbildung mit ihren finanziellen und persönlichen Einschränkungen für die Polizisten durchaus als attraktiv empfunden worden sein. Sie hatten ja den Vergleich mit den Entbehrungen und existenziellen Bedrohungen von vielen Altersgenossen außerhalb des sicheren Polizeihafens.

Die Dienstzeit in Augsburg währte insgesamt sechs Jahre, sogar neun Jahre, wenn man die Jahre der Abordnung nach Polen mitrechnet. Denn sein offizieller Dienst- und Wohnort blieb Augsburg. Es gab auch bis 1939 keine Beförderungen, weiteren Lehrgänge oder Wechsel in der Diensttätigkeit mehr. Josef F. tat den üblichen Dienst der Schutzpolizei, war also mit Streifen- und Revierdienst beschäftigt, auch als Verkehrsposten. Ein Dienst wie man ihn sich bis heute bei einem jungen Beamten in einem Polizeirevier vorstellt. Auch das Privatleben folgte den üblichen Bahnen: Bezug einer kleinen Wohnung in der Augsburger Innenstadt, Fotografieren als ein bescheidenes Hobby, Freizeit im Kreise der Kameraden, zum Beispiel Baden in den Lechauen. Eine feste Beziehung ist nicht dokumentiert. Zur Routine gehörten auch regelmäßige Besuche bei den Eltern in Landshut, so lange diese lebten. In der Dienststelle ging es ebenfalls eher geruhsam zu.

Natürlich war zu erwarten, dass die Veränderungen im politischen und gesellschaftlichen Bereich ihre Spuren im Leben der Beamten wie in der Polizeidienststelle hinterlassen würden. Es war ja die Zeit, in der die Weichen für die Umgestaltung des gesellschaftlichen und politischen Lebens in eine nationalsozialistische Diktatur gestellt wurden. In einem Gleichschaltungsprozess wurden alle repräsentativen Volksvertretungen von den Gemeinderäten über Stadträte, Landtage bis zum Reichstag in Einparteienvertretungen umgewandelt. Das betraf auch Augsburg. Von den 50 Ratssitzen fielen bei den Gemeindewahlen im Dezember 1929 noch 17 an die Bayerische Volkspartei (BVP), 14 an die Sozialdemokraten, vier an die Kommunisten, drei an die Nationalsozialisten und zwei an die Liberalen. Im April 1933 wurde im Zuge der Gleichschaltung der Rat neu gebildet mit nunmehr 14 Sitzen für die NSDAP, elf für die BVP, neun für die SPD und zwei für die DNVP. Im Laufe des folgenden Monats wurden alle SPD-Räte ausgeschlossen und im August bestand der Stadtrat nur noch aus 34 Nationalsozialisten und zwei Vertretern der DNVP.[2] Im September musste der Oberbürgermeister Otto Bohl von der BVP zwangsweise in Pension gehen und dem Nationalsozialisten Josef Mayr Platz machen. Dieser blieb bis zum Kriegsende Oberbürgermeister in Augsburg.

Augsburg besaß als Industrie- und Handelsstadt eine starke Gewerkschaftsbewegung und eine florierende jüdische Gemeinde. Am 2. Mai besetzte die SA das Gewerkschaftshaus und verhaftete alle Funktionäre. Prominente Sozialdemokraten wie der Reichstagsabgeordnete Josef Felder flohen ins Ausland, KPD und SPD wurden in mehreren Verhaftungswellen zerschlagen. Es war die Zeit, in der die Konzentrationslager ausgebaut wurden, in denen die Verhafteten für kurze oder längere Zeit verschwanden.

Die Augsburger jüdische Kultusgemeinde zählte im Jahr 1933 1250 Mitglie-

Militärische Schießausbildung in der Landespolizei, Eichstätt 1927

der. 650 setzten sich vor Kriegsende ins Ausland ab, der Rest fiel der Deportation zum Opfer. Begehrt war auch das jüdische Vermögen, zum Beispiel große Textilbetriebe wie Kahn & Arnold oder das Warenhaus der Gebrüder Landauer. Sie wurden arisiert, das heißt enteignet und an deutsche Interessenten weitergegeben.

Diese Beispiele ließen sich weiter fortführen. Hier genügt es, darauf hinzuweisen, dass hinter der Fassade des Aufschwungs der frühen nationalsozialistischen Zeit auch schon vor der offensichtlichen Gewaltherrschaft viel Böses geschah. Die Augsburger jubelten, wie fast alle Deutschen und gerade hier war einiges geboten. Denn im Zuge der Aufrüstung profitierte die Stadt, in der kriegswichtige Betriebe bestanden und wuchsen. Die Dieselmotoren von MAN waren ebenso wichtig für Wehrmacht und Marine wie die Kampfflugzeuge der Messerschmidt-Werke für die Luftwaffe. Der Führer kam gern und ließ sich feiern.

Nicht zu vergessen ist die Eintrittswelle in die NSDAP, die zu diesem Zeitpunkt erfolgte. Sie führte bis 1935 zu einer Verdreifachung der Mitgliederzahl in Bayern, obwohl schon seit Mai 1933 eine Aufnahmesperre verfügt worden war. Sie blieb jahrelang in Kraft, um die Schwemme der Opportunisten zu regulieren. Diese im Parteijargon ironisch als »Märzveilchen« oder »Märzgefallene« Bespöttelten hatten unter den alten Parteimitgliedern für Unruhe gesorgt. Motivation für den Mitgliederanstieg war auch Angst vor Sanktionen bis hin zur Entlassung, besonders bei den Beamten und Angestellten des Öffentlichen Dienstes. Echte Begeisterung für die neue Bewegung, wie sich der Nationalsozialismus selbst bezeichnete, bestand natürlich auch.

Zu diesem Kreis gehörte Josef F. nicht. Aus dem amerikanischen Fragebogen des Jahres 1946 geht hervor, dass er bei den Märzwahlen 1933 zwar für die NSDAP gestimmt hatte, vorher aber BVP-Wähler gewesen war. Auch sonst drängte er sich nicht in die NS-Organisationen. Seine Mitgliedschaften beim Reichsluftschutzbund, der Nationalsozialistischen Volksfürsorge und dem Reichskolonialbund ohne Funktionen zeigen lediglich eine Randstellung im dichten NS-Organisationssystem und erfolgten zudem ebenso spät wie sein Parteibeitritt. Die Eintragungen im »Berlin Document Center« bestätigen, dass er bei seinen Angaben 1946 nicht schwindelte. Er versuchte, nicht eine Anwärterschaft zur Umgehung der Aufnahmesperre zu erreichen. Auch seinen Kirchenaustritt schob er lange auf und begründete ihn mit dienstlichen Zwängen.

Das passt alles zu seiner gesamten biografischen Situation, die sich wie der Musterfall eines typischen BVP-Wählers ausnimmt.

Die BVP kann man getrost als die staatstragende bayerische Partei der Weimarer Zeit ansehen: Die Wählerschaft war bürgerlich mit einem Schwerpunkt

Josef F. als Mitglied einer katholischen Jugendgruppe, dritte Reihe von unten, Dritter von rechts

von ländlich-katholischen Stammwählern. Deshalb traf sie auch der ab 1930 beginnende Aufschwung der NSDAP nicht so hart wie die anderen bürgerlichen Parteien. Sie ging aus allen Wahlen in Bayern dieser Zeit als stärkste Kraft hervor und war an allen Regierungen beteiligt. Außer dem dezidierten Katholizismus und Föderalismus gehörte zu ihrem Kern eine harte Ablehnung der Sozialdemokratie und natürlich der Kommunisten. An ihrem rechten Rand grenzte sie sich weniger stark ab, gehörte aber 1919 zur Weimarer Koalition in der Nationalversammlung, die für den ersten demokratischen deutschen Staat eintrat.

Diese politische Einstellung passte genau zum sozialen Milieu des Elternhauses. Der Vater war als Beamter in der Militärverwaltung auch im neuen Staat übernommen worden und leistete seinen Dienst bis zur Pension im Proviantamt Landshut. Sein letzter Dienstgrad war Proviantsamtsoberlagermeister. Die Familie wohnte in einer Dienstwohnung im Proviantamt im Kasernenviertel der Stadt. Josef F. hatte also das Uniformtragen und kasernenmäßige Leben nicht erst bei der Landespolizei kennengelernt, er war damit aufgewachsen. Seine zielgerichtete Berufswahl, nämlich nach einer Lehre nicht den gelernten Beruf aufzunehmen, sondern schnellstmöglich bei der Polizei anzufangen, ist sicher mit Rat und Zustimmung des Vaters erfolgt.

Sozialisation im Elternhaus, Ausbildung und Beruf gingen also Hand in Hand. Eine Resistenz gegen den Nationalsozialismus oder gar bewusste Ferne lässt sich aber daraus kaum ableiten, eher eine gewisse Tendenz zum Unpolitischen.

Bei den Augsburger Polizisten war diese Haltung sicher weit verbreitet. Zumindest unter den Jungen hatten die meisten ähnliche Karrieren bei der Landespolizei hinter sich. Sie teilten kaum die radikalen, in Augsburg durchaus vorhandenen Tendenzen der Nationalsozialisten und Kommunisten. In den Polizeidienststellen selbst war zumindest vorerst von dem neuen Wind wenig zu merken. Die äußeren Organisationsformen blieben ebenso bestehen wie der Personalstand. Die Einflussnahme der NSDAP erfolgte zunächst über eine gezielte Personalpolitik an der Spitze. Heinrich Himmler gelangte schnell an die Schlüsselpositionen des Polizeiapparates. Schon am 1. April 1933 wurde er zum »Politischen Polizeikommandeur Bayerns« ernannt und baute die »Bayerische Politische Polizei« auf. Mithilfe seines engen Mitarbeiters Reinhard Heydrich bekam er bald die Verfügung über diesen zur Durchsetzung der Macht wichtigsten Polizeiapparat. Er wurde später nach preußischem Vorbild in Geheime Staatspolizei umbenannt. Schon wenige Wochen nach der Machtergreifung trat die sogenannte Reichstagsbrandnotverordnung in Kraft. Sie blieb bis zum Ende der NS-Herrschaft in Kraft und setzte die traditionellen bürgerlichen Grundrechte außer Kraft. Verhaftungen und Gewahrsam waren unter Umgehung der Justiz nunmehr möglich. Die Gestapo konnte ohne richterliche Anordnung Schutzhaftbefehle verfügen. Diese Maßnahmen dienten in den ersten Monaten vor allem dazu, die Kader der Kommunisten und Sozialdemokraten aus dem Verkehr zu ziehen und einzuschüchtern. Die Zahl der Betroffenen war so groß, dass ein eigener Lagertyp außerhalb der bisherigen Justizpraxis aufgebaut wurde. Im Jahr 1935 befanden sich immer zwischen 7000 und 9000 Häftlinge in sieben solchen Lagern. Diese Konzentrationslager wurden ebenso wie die Verhaftungen selbst durch die SA, die größte Massenorganisation der NSDAP betrieben. Es war ein Sonderbereich außerhalb der bisherigen staatlichen Justiz- und Polizeistellen entstanden. Nominell unterstand die bayerische Polizei, auch ihr politischer Teil, aber weiterhin einer Abteilung im bayerischen Innenministerium.

Formell hatte sich also auch in der Augsburger Schutzpolizei nichts geändert und die neuen und erfolgreichen Terrormaßnahmen fanden außerhalb ihres Einflusses statt.

Das mag beschwichtigend klingen, heißt aber nicht, dass die Polizisten nichts mitbekommen hätten. Nur in ihrem dienstlichen Bereich hatten sie nichts damit zu tun, solange sie nicht als Mitglieder der SA handelten oder in der politischen Polizei tätig waren. Die vorbereiteten Listen als Grundlagen für die Verhaftungsaktionen waren noch in der Weimarer Zeit erstellt worden. Feindbild der politischen Polizei war auch dort die kommunistische Revolution gewesen.

Diese Einschätzung der Situation in der bayerischen Polizei lässt sich durchaus aktenmäßig erhärten. Im Bayerischen Hauptstaatsarchiv ist ein umfangreicher Bestand von Akten des Innenministeriums erhalten, darunter auch von der Schutzmannschaft in Augsburg aus den Jahren 1933/34.[3] Es bestehen im Schriftverkehr weiter die bekannten Routinen. Absender und Adressaten sind fast ausschließlich Abteilungen im Innenministerium und in der Regierung von Schwaben sowie die Polizeidirektion Augsburg. Die Vorgänge betreffen meist Anstellungen, Ernennungen, Versetzungen, Teilnahme an Lehrgängen, auch einige Disziplinarangelegenheiten üblicher Art, zum Beispiel regelwidriges Verhalten eines Polizeibeamten bei einer Wohnungsdurchsuchung. Aus dem Rahmen fallen nur zwei Vorgänge, die spezifisch für die Übergangsjahre nach der Machtergreifung und politischen Inhalts sind.

Der erste Vorgang bezieht sich auf einen ministeriellen Erlass sämtlicher Staatsministerien zur »Beförderung von Beamten, die sich um die nationale Erhebung besonders verdient gemacht haben«. Ein Polizeioberwachtmeister aus Augsburg wollte den Erlass für sich nutzen und stellte ein Gesuch auf vorzugsweise Beförderung. Er stützte dieses durch mehrere Gutachten. Eines davon kam von der Gauleitung.

> »Nationalsozialistische Deutsche Arbeiterpartei
> Gauleitung Schwaben, Amt für Beamte, Augsburg den 28. Juli 1934
> An die Polizeidirektion Augsburg.
>
> Das Gesuch des Pg. Heinrich Dietrich, Polizeioberwachtmeister, um vorzugsweise Beförderung gemäß der Bekanntmachung sämtlicher Staatsministerien vom 8.6.34 Nr. I 26197 wird von der Gauleitung, Amt für Beamte, wärmstens befürwortet. Die Tatsachen seiner hervorragenden Tätigkeit für den Durchbruch der nationalen Erhebung ergeben sich aus den beiliegenden Gutachten des Gaugeschäftsführers, Pg. Eichenmüller, des Gauamtsleiters der NSBO, Pg. Aschka und des Ortsgruppenleiters, Pg. Nowotny, sowie aus dem Gesuch des Dietrich selbst, das vollinhaltlich bestätigt wird.
> Dietrich bietet jederzeit dafür die Gewähr, daß er auch weiterhin vorbildlich und erzieherisch im Sinne der nationalsozialistischen Weltanschauung wirken wird.
> Es wird dringend gebeten Dietrich für eine Vorzugsbeförderung in Vorschlag zu bringen und diese kleine Anerkennung seiner Verdienste alsbald auszusprechen.
>
> Heil Hitler gez. Wagner«[4]

Einesteils spricht das Gesuch, vor allem die Existenz des Ministerialerlasses, dafür, dass die NSDAP recht schnell versuchte, ihre Klientel zu bedienen. Vor allem vor dem Hintergrund der Beitrittswelle, die bei den »alten Kämpfern« für Unruhe gesorgt hatte. Der Antragsteller war solch ein »alter Kämpfer«, wies auf seine langjährige Mitgliedschaft in der NSDAP und beim Bund Oberland hin. Auch beim Marsch auf die Feldherrnhalle 1923 war er dabei. Der Ton des Schreibens ist geschäftsmäßig bürokratisch, fordert eher ein Recht ein, als dass er um einen Gefallen bittet.

Auf der anderen Seite steht die Bearbeitung des umfangreich angelegten Gesuchs und sein Ergebnis vonseiten der Polizei. Denn eine schnelle Erledigung erfolgte ebenso wenig wie eine erhoffte Beförderung. Nach zwei Monaten kam der Bescheid der Regierung von Schwaben: Es gab lediglich eine Abkürzung der Wartezeit um ein Jahr, eine Beförderung zum Polizeihauptwachtmeister sollte erst zum April 1936, also in zwei Jahren, erfolgen.

Das kann als ein klares Signal verstanden werden. Die Polizei musste sich fügen, tat das aber in einer fast schon renitenten Art. In der Dienststelle dürfte sich schnell herumgesprochen haben, dass es sich, zumindest bei den Beamten der unteren und mittleren Ränge, nicht lohnte aus Opportunitätsgründen in die Partei einzutreten. Wenn ein wirklicher »alter Kämpfer« mit Mühe und großer Unterstützung von außen gerade ein Jahr Wartezeit erlassen bekam, konnte ein »Märzveilchen« kaum etwas erwarten, auf jeden Fall keine große Karriere außerhalb der Prüfungen, Beförderungszeiten und Laufbahnverordnungen.

Völlig anders lag der zweite Fall. Hier ging es um den ehemaligen Augsburger Polizeihauptwachtmeister Steiner. Er war schon seit 1919 verbeamtet und nach einem Disziplinarurteil 1931 entlassen worden. Der Beamte befand sich zur Zeit des Vorgangs im Konzentrationslager Dachau in Schutzhaft, als dezidierter Gegner der Nationalsozialisten, der sich beim Reichsbanner Schwarz-Rot-Gold engagiert hatte. Der Reichsbanner als Massenorganisation von SPD und Gewerkschaften wurde 1924 gegründet, um die Republik gegen rechte und linke Anfeindungen zu verteidigen, auch in offenen Auseinandersetzungen auf der Straße. In Bayern unter den BVP-Regierungen hatte das Reichsbanner einen schweren Stand und wurde immer wieder offen und versteckt behindert. In diesem Zusammenhang dürften auch Steiners Inhaftierung und Disziplinarverfahren gestanden haben. In dem 1933 aktuellen Vorgang ging es um die Klärung der Pensions- und Versorgungsansprüche des bereits entlassenen Polizisten. Der Schlussbescheid der Regierung ging ausdrücklich noch einmal auf die Rechtmäßigkeit der Entlassung ein:

> »Bei dem strafentlassenen Steiner sind die Voraussetzungen des §4 des Gesetzes zur Wiederherstellung des Berufsbeamtentums vollkommen gegeben. Seit 1932 hat er als Mitglied des Reichsbanners Schwarz-Rot-

Gold in einer Weise gegen die nationale Erhebung gearbeitet, daß er keine Gewähr dafür bietet, daß er heute jederzeit rückhaltlos für den nationalen Staat eintreten würde. Die Politische Polizei Bayerns spricht sich in ihrem Gutachten vom 11.8.1933, ebenso die Kreisleitung der NSDAP, in ihrem Gutachten vom 12.8. und die Polizeidirektion Augsburg in ihrer Äußerung vom 13.8.1933 für die Anwendung der Kannvorschrift des §4 aus. Die Anwendung dieser Vorschrift auf St. dürfte daher veranlaßt sein. Eine Auswirkung auf die Höhe seines Unterhaltsbeitrags ergibt sich allerdings nicht.

Gez. [unleserlich]«[5]

Die Aussagen dieses Bescheids sind unter verschiedenen Gesichtspunkten bezeichnend. So wird zum Beispiel klar, dass sich die Bayerische Politische Polizei schon sehr früh von den neuen nationalsozialistischen Machthabern benutzen ließ, wenn sie nicht grundsätzlich in dieser Frage schon jeher konform war. Es ging ja gegen einen »Roten«. Es wird auch darauf hingewiesen, dass es sich beim entscheidenden §4 des neuen Berufsbeamtengesetzes um eine Kann-Vorschrift handelt, also ein Ermessensspielraum bestand. Deshalb die vorsichtige Formulierung: »Die Anwendung [...] dürfte daher veranlaßt sein.« Der Text des Gesetzes §4 lautet: »Beamte, die nach ihrer bisherigen politischen Betätigung nicht die Gewähr dafür bieten, daß sie jederzeit rückhaltlos für den nationalen Staat eintreten, können aus dem Dienst entlassen werden.« Der Bescheid zitierte das Gesetz wörtlich und stellte auch klar, dass die im §4 ebenfalls geregelte Versorgung in solchen Fällen keine Kann-Vorschrift war. Da Steiner zur Zeit seiner Entlassung bereits mehr als zehn Dienstjahre abgeleistet hatte, standen ihm zwei Drittel des regulären Ruhegeldes samt Hinterbliebenenversorgung zu. Der Bescheid war also recht defensiv, stellte zwischen den Zeilen klar, dass er keinen Konflikt mit der Front aus NSDAP, politischer Polizei und Polizeiverwaltung wollte. In der Frage der Versorgungsbezüge war er solidarisch mit dem entlassenen Polizisten.

Für die Stimmung unter den Augsburger Polizisten muss der Vorgang allerdings wie eine Bombe eingeschlagen haben. Denn es wurde klar, dass alle Beamten, die eine den Nationalsozialisten nicht genehme aktive politische Betätigung ausgeübt hatten oder noch ausüben wollten, gefährdet waren entlassen zu werden. Und das, auch wenn sie wie Steiner nur kleine Nummern waren. Das Damoklesschwert der Entlassung hing seit der Einführung dieses Gesetzes am 7. April 1933 über allen Beamten. In einer Durchführungsverordnung vom Mai 1933 wurden als Betroffene ausdrücklich Richter, Lehrer, Hochschullehrer und Notare benannt. Der Polizei war man sich offenbar sicher, denn Polizisten wurden nicht ausdrücklich angeführt.

Die Fälle Steiner und Dietrich zeigen die ambivalente Lage, in der sich die Polizei in der frühen NS-Zeit befand. Einesteils war sie noch eine kompakte, insgesamt loyale Gruppe, die nicht gewillt war, sich von außen kommenden Opportunisten überfremden zu lassen. Ordnung sollte Ordnung bleiben. Andererseits musste man sich der Gefährdung bewusst werden, was geschah, wenn man den neuen Machthabern nicht folgte oder sie gar bekämpfte! Auch wurde erkennbar, dass die Politische Polizei wohl die Einfallspforte für die Veränderungen im eigenen Apparat war.

Josef F. und seine Kameraden in der Augsburger Schutzpolizei mit ihrer traditionellen und konventionellen Einstellung gegenüber der neuen radikalen nationalsozialistischen Bewegung stellten zumindest in den ersten Jahren keine Einzelfälle oder Ausnahmen dar. Zwar hatte die NS-Propaganda die Säuberung des Polizeiapparates angekündigt, die Realität sah anders aus, wie neuere Forschungen zeigen. Ein gutes Beispiel ist Preußen, das mit Abstand die meisten Polizisten im Reich beschäftigte. Hier wurden bis zum Februar 1934 über 1000 Beamte der gesamten Polizei entlassen. Das ist eine imponierende Zahl. Aber ein Blick auf die prozentualen Anteile zeigt, dass dieses eine vergleichsweise geringe Rate war: »Bei den Offizieren der Schutzpolizei waren es 7,3 Prozent, bei den Wachtmeistern 1,7 Prozent. Innerhalb der Kriminalbeamtenschaft waren es 1,5 Prozent.«[6]

Der Weg zur Gestapo

Auch die nächsten Jahre änderten an diesen Zuständen wenig, vor allem im individuellen Bereich des Josef F. Er wurde einmal befördert und nach acht Jahren ins Beamtenverhältnis übernommen. Das war insgesamt eine routinemäßige Laufbahn und die Probezeit immer noch nicht zu Ende. Auch die äußeren Lebensverhältnisse in der Augsburger Provinz blieben unverändert. Ab 1937 setzten deutliche Veränderungen ein, zuerst der Beitritt zur NSDAP. Dann erfolgten Schritte zum Wechsel in eine andere Polizeisparte, die Kriminalpolizei. Ob hier die Motivation in besseren Karriereaussichten lag, Josef F. nur einem gängigen Trend folgte oder von der Dienststelle her Förderung oder gar Druck in dieser Richtung erfolgte, kann nicht genau festgestellt werden. Wahrscheinlich bestand eine Mischung dieser Faktoren. Zumindest der Eintritt in die Partei war zu diesem Zeitpunkt der Außerkraftsetzung der Mitgliedersperre ein massenhaftes Phänomen. Die Mitgliederzahl der NSDAP im Reich stieg vom Mai 1937 um 1,5 Millionen auf 3,9 Millionen bis zum Ende des Jahres 1938. Außerdem wuchs der Druck auf die Beamtenschaft stetig. Inzwischen musste für jede Beförderung oder Anstellung über die Mitgliedschaft in der Staatspartei Auskunft gegeben werden. Die Anwärter wussten sehr wohl, was das bedeutete. Denn die Nationalsozialisten hatten aus der deutschen Republik einen Einheitsstaat unter ihrer Führung gemacht. Alle ehemaligen Parteien waren verboten worden oder hatten sich aufgelöst. Das Gesetz zur Sicherung der Einheit von Partei und Staat vom Dezember 1933 machte die NSDAP zur Körperschaft des öffentlichen Rechts und gab ihr umfangreiche Sonderrechte, besonders eine eigene Justiz und einen Sitz ihrer Vertreter in der Regierung. Die am Beispiel Josef F.s beschriebene Sozialisation der jungen Polizeibeamten war nicht so, dass eine besondere Affinität zum Nationalsozialismus bestanden hätte, aber in der Regel wohl auch keine besondere Aversion. Besonders dann nicht, wenn keine ausgeprägte Resistenz wie die Einbettung der Familie in ein dichtes Industriearbeitermilieu oder eine katholische Landgemeinde vorlag.[7] Bei Josef F. und den meisten anderen war das nicht der Fall. So wich früher oder später die bisherige, durch das bürgerlich-konservative Milieu des Elternhauses und den Korpsgeist der Landespolizei gespeiste, Distanz einer freundlicheren Einstellung.

Auch hatten sich die Aufgaben der Partei seit der sogenannten Kampfzeit deutlich geändert. Sie war von einer politischen Kampforganisation zur Erringung der Macht zu einem Instrument ihrer Erhaltung geworden. Dazu brauchte sie die Polizei, besonders den Teil, der nun Sicherheitspolizei hieß.

Bei einer Eignungsprüfung für den einfachen Vollzugsdienst der Sicherheitspolizei, die im Oktober 1938 bei der Kriminalpolizeileitstelle in München abgehalten wurde,[8] stammten allein sieben von 21 Kandidaten der Schutzpolizei aus der Schutzmannschaft in Augsburg. Die dortige Staatspolizei-Stelle hatte sie als Bewerber gemeldet. Josef F. war darunter. Der Meldebogen fragte genau nach der Zugehörigkeit zur Partei und ihren Gliederungen, auch nach dem Eintrittsdatum. Bei dieser Prüfung waren nur sechs Zivilanwärter, also Quereinsteiger, zugelassen worden. Zwei davon bestanden die Prüfung nicht, während von den 21 Schutzpolizisten nur einer durchfiel. Die Sicherheitspolizei legte also durchaus Wert auf Qualität und Professionalität, zumindest in der Zeit ihres Aufbaus. Es ist inzwischen vielfach dargestellt worden, dass die Rede von einer hohen Zahl unqualifizierter Quereinsteiger bei der Sicherheitspolizei nicht den Tatsachen entspricht, wenigstens soweit sie die unteren und mittleren Ränge betrifft.[9] Junge Polizeibeamte hatten also gute Chancen auf Karriere und Abwechslung in neuen Berufsfeldern. Außerdem wussten die Bewerber, dass sie im Falle einer Anstellung als Kriminaloberassistenten übernommen werden würden. Das entsprach einem Hauptwachtmeister bei der Schutzpolizei. Damit war der Wechsel zur Sicherheitspolizei indirekt mit einer Beförderung verbunden. Zumindest traf das auf Josef F. zu, der Oberwachtmeister war. Voraussetzung war eine positive Haltung gegenüber dem neuen Regime.

Dass diese gefordert und überprüft wurde, konnte den Prüfungsteilnehmern nicht entgangen sein. Denn die Meldung der Prüfungsergebnisse an die anstellenden Behörden vermerkte ausdrücklich, dass eine SS-Fähigkeit vorlag. Sie war sogar ein herausragendes Kriterium bei der Selektion. Denn von den sieben abgelehnten Bewerbern schieden drei wegen ihrer nicht genügenden Leistungen und vier wegen fehlender SS-Fähigkeit aus. Es sei angemerkt, dass diese SS-Fähigkeit lediglich die Erfüllung von Voraussetzungen bedeutete, die die SS an ihre Bewerber stellte. Mit einer Bereitschaft dazu hatte das zwar nichts zu tun, es konnte aber ein Kriterium sein, für welche Sparte der Sicherheitspolizei die Bewerber in Betracht kamen.

Dem steigenden Druck zur Konformität und Kooperation waren nicht nur die ausgesetzt, die wie die beschriebenen jungen Bewerber von sich aus Vorteile aus der neuen politischen Situation ziehen wollten. Die Zahl der aktiven Nationalsozialisten war immer noch im Steigen und die Organisationsverhältnisse änderten sich seit Mitte des Jahrzehnts deutlich. Damit stieg auch für die älteren Beamten die Wahrscheinlichkeit, mit einem überzeugten Nationalsozialisten oder strebsamen Opportunisten als Vorgesetzten oder Kollegen auskommen zu müssen. Auch das Ausmaß und der Druck der Organisation wuchsen ständig.

Diese Änderungen in den Organisationsverhältnissen werden meist unter den Stichworten »Verreichlichung« und »Entstaatlichung« zusammengefasst. Die Verreichlichung bedeutet einen Jahre dauernden Prozess, der im Wesentlichen mit der Berufung des Reichsführers der SS, Heinrich Himmler, zum Chef der deutschen Polizei abgeschlossen war. Dieser Erlass Adolf Hitlers vom Juni 1936 markiert das Ende der Polizeihoheit der Länder. Damit endete auch die Selbstständigkeit der bayerischen Polizei endgültig. Sie hatte noch eine untergeordnete Bedeutung im Organisationsablauf, aber alle wesentlichen Entscheidungen fielen inzwischen in Berlin. Die Hauptstadt des Reichs und Preußens war für die Verreichlichung eine wichtige Zwischenstation gewesen. Die preußische Polizei als die Polizei des mit Abstand größten Landes im Reich hatte für die Machtergreifung 1933 eine besondere Bedeutung gehabt. Denn Hermann Göring als kommissarischer Innenminister und seit April 1933 Ministerpräsident benutzte als erster offiziell die Polizei zur konsequenten und brutalen Bekämpfung der politischen Gegner. Unter seiner Ägide entstanden die ersten Konzentrationslager und die preußische politische Polizei wurde Vorbild und Namensgeber der Gestapo. Himmler musste zuerst seine Konkurrenten Göring, den Chef der preußischen Polizei, und Flick, den Reichsinnenminister, in der Gunst Hitlers ausstechen, bevor er in die führende Position als Chef der gesamten deutschen Polizei aufsteigen konnte.

Ein gutes Beispiel für die Folgen der Verreichlichung ist die beschriebene Eignungsprüfung. Sie wurde zwar in München durch die Kriminalpolizeileitstelle durchgeführt, aber in Berlin durch einen Runderlass samt Formblatt zur Rückmeldung angeordnet. Das Bayerische Innenministerium erhielt lediglich eine Abschrift des Protokolls. Dadurch ist der Vorgang erhalten. Die Entscheidungen im Zusammenhang mit den tatsächlichen Anstellungen erfolgten in Berlin, beziehungsweise Potsdam beim Chef der Sicherheitspolizei.

Die Zentralisierung und Anpassung der bürokratischen Prozeduren an die preußischen Vorbilder war weniger effektiv, als der erste Eindruck glauben macht. Typisch für den Schriftverkehr dieser Zeit sind lange Verteilerschlüssel, viele Formulare und nachgeschickte Klarstellungen und Korrekturen.

Selbst ein banaler bürokratischer Vorgang wie die Einberufung eines Beamten zu einem Lehrgang bei der Kriminalfachschule im Februar 1939 wurde durch den Augsburger Polizeipräsidenten direkt »An den Reichsführer-SS und Chef der Deutschen Polizei im Reichsministerium des Inneren, Berlin«[10] weitergemeldet. Der Inhalt des Schreibens ist bezeichnend. Bei dem in Vollzug einer Verordnung aus Berlin für den Lehrgang einberufenen Polizeirevieroberwachtmeister H. wurde die fehlende SS-Fähigkeit festgestellt. Der Präsident wollte dann den Kursanwärter durch einen anderen namentlich genannten Beamten ersetzen. Der erfüllte aber eine Laufbahnbestimmung nicht, weil er noch keine Ausbildungszeit von neun Monaten nachweisen konnte. So war die Zeit für die Meldung verstrichen und die Lehrgangsstelle musste unbesetzt bleiben. Der Vorgang dokumentiert den erheblichen bürokratischen Aufwand, der inzwischen betrieben wurde, und wie schwer sich die einzelnen Beamten mit dem Gestrüpp der Verordnungen aus Berlin taten. Verlierer waren die beiden Beamten. Der erste musste einsehen, dass er wegen der fehlenden SS-Fähigkeit seine Laufbahn ohne weitere Aufstiegsmöglichkeiten bei der Schutzpolizei würde zu Ende bringen müssen, der zweite sah sich in seinen Hoffnungen auf einen schnellen Aufstieg enttäuscht. Er zeigt auch den Druck, der inzwischen auf den Beamten lastete, bei denen eine der ausschließenden Bedingungen der SS-Fähigkeit vorlag. Das konnte im körperlichen, im politischen oder rassischen Bereich liegen.

Gleichzeitig wird deutlich, was mit »Entstaatlichung der Polizei« bezeichnet wird. Die SS war keine staatliche Institution, vielmehr eine Gliederung der NSDAP. Und doch wurde ihr Reichsführer oberster Dienstherr aller deutschen Polizeibeamten und konnte durch seine Position im Reichsinnenministerium seine Vorstellungen direkt bis in den letzten Winkel des Reichs durchsetzen. Zudem wurde die SS in zentralen Bereichen eine Art Ersatz von Polizei und Justiz, in der Polizisten und Richter nichts mehr zu sagen hatten. Die Durchführung der Schutzhaft lag nämlich nach dem Ausstellen der Haftbefehle durch die Gestapo allein in der Hand der SS, die die Konzentrationslager einrichtete und betrieb.

Das komplizierte Verhältnis zwischen der Polizei als staatlicher Institution und der SS als Parteieinrichtung bedarf einer genaueren Untersuchung und Darstellung. Dass die Polizei als staatliche Institution auf dem Rückzug war und NSDAP und SS sie ersetzen und benutzen wollten, ist offensichtlich. Der Versuch, die Grenze zwischen Staat und Partei aufzuweichen wird besonders in den bisher beschriebenen Fällen deutlich, bei denen versucht wurde, die Kriterien der Partei in ihrer schärfsten Form, nämlich der SS-Fähigkeit, zum Bestandteil der Anstellungs- und Ausbildungsbedingungen zu machen. Die jungen Anwärter im besonders sensiblen Bereich der Sicherheitspolizei konnten also spätestens im Lauf des Jahres 1938 ahnen, dass ihr persönlicher Weg der Weg der gesamten Polizei sein würde: Für Josef F. hätte das den Wechsel von der Schutzpolizei zur Sicherheitspolizei und von dort in die SS bedeutet. Das war nicht vorgeschrieben oder vorgegeben, aber vorgesehen. Wozu wäre sonst die SS-Fähigkeit absolutes Anstellungskriterium für alle neuen Mitglieder der Kriminalpolizei und der Gestapo geworden.

Natürlich gab es ältere Polizeibeamte ohne weitere Aufstiegspläne oder mit einer politischen Vergangenheit, die eine Karriere verbat, ohne dass sie gleich ins KZ kamen oder entlassen wurden. Auch sie brauchte man weiter und sie blieben an ihrem Platz. Bis Anfang 1939 wurde das Verfahren insoweit generalisiert, dass für die Beamten der Kriminalpolizei und der Staatspolizei bei allen Beförderungen und Ernennungen ein förmlicher Personalbogen auszufüllen war, der genau über deren politische Position Auskunft gab. Wer also ruhig und anspruchslos blieb, hatte seine Ruhe. Wollte er weiter etwas werden, musste er entsprechende Kriterien nachweisen.

Das Formular des Personalbogens vom 23. Februar 1939[11] war noch relativ einfach. Es wurde vom Chef der Sicherheitspolizei »an alle staatlichen Polizeiverwaltungen einschließl. Österreich« versandt.

Nach der Angabe von Namen, Geburtsdatum, Konfession, Familienstand, Kinderzahl, bisherigen Beförderungen und Zugehörigkeiten zu anderen Sparten der Polizei ließen die Fragen in der zweiten Hälfte deutlich eine politische Absicht erkennen. Sie seien wörtlich angeführt:

»deutschblütig?, keinen linksgerichteten Parteien, Vereinigungen oder Logen angehört?

Mitglied der NSDAP und ihren Gliederungen? Gaubericht: .... (in Stichworten), SD-Bericht: .... (in Stichworten), SS-Fähigkeit, Prüfungen.«

In den entscheidenden Bereichen genügte das Ausfüllen des Vordrucks allein nicht. Die Gauberichte der Partei und des SD erforderten eine Beilage oder eine andere Art der Dokumentation, wie den Hinweis auf eine vorhandene Akte. Das bedeutete eine erhebliche Steigerung des bürokratischen Aufwands. Es wurden nun nichtstaatliche Stellen wie die Gauleitungen der NSDAP und der Sicherheitsdienst der SS in die Abwicklung von Beförderungen eingeschaltet. Die Entstaatlichung der Polizei war also bereits im tagtäglichen Dienstalltag der Polizei angekommen. Sie beschränkte sich nicht auf die Ebene der veränderten Organisationsformen oder die Besetzung der Führungspositionen durch die Partei. Offensichtlich wurden die neuen Forderungen aus Berlin zunächst nicht ernst genommen oder sogar boykottiert. Denn schon bald richtete der organisatorische Kopf der Sicherheitspolizei Dr. Werner Best persönlich eine ernste Mahnung »an alle Staatspolizeileitstellen, das Reichskriminalpolizeiamt, den Kommandeur der Führerschule der Sicherheitspolizei und alle staatlichen Polizeiverwaltungen«. Die letzten Anweisungen waren noch allgemein an alle Polizeiverwaltungen gerichtet gewesen, nun wurden mit dieser Anweisung vom 27. März 1939[12] speziell die Kriminalpolizeileitstellen und das Reichskriminalamt in die Pflicht genommen. Man hatte festgestellt, dass der durch »Erlass eingeführte Personalbogen teilweise überhaupt nicht beigefügt oder nur sehr ungenau und uneinheitlich ausgeführt war«. Dr. Best war höflich und legte zur »Behebung etwa entstandener Zweifel über die Anwendung« ein neues Formular mit der Ermahnung zur gewissenhaften Ausführung bei. Das neue Formular unterschied sich im Aufbau nicht wesentlich vom bisherigen. Lediglich der Teil über die politische Zuverlässigkeit und die SS-Fähigkeit wurde deutlich präzisiert und umfasste statt einer Zeile nun fast die Hälfte des Formulars:

»Welchen politischen Parteien angehört ____________________
Logen oder staatsfeindlichen Beamtenorganisationen angehört? ________
Mitglied der NSDAP __________ seit __________ Mitgl. Nr ________
Angehöriger welcher Gliederung? ______ seit _____ Dienstgrad ______
Wie beurteilt durch Gauleitung? ____________________
Wie beurteilt durch SD? ____________________
SS-Fähigkeit ist nachgewiesen ____________________
(tauglich und geeignet)
oder SS-tauglich, jedoch SS-ungeeignet wegen ______________
oder SS-geeignet, jedoch SS-untauglich wegen ______________
oder SS-untauglich und ungeeignet wegen ________________«

Dr. Best musste dann bei den nachgeordneten Stellen mit einem Schreiben vom 29. April 1939 noch einmal klarstellen, »dass der Befund ›SS-tauglich‹ nur das Ergebnis der SS-ärztlichen Untersuchung darstellt, während der Befund ›SS-geeignet‹ sich nur auf die rasseärztliche Untersuchung bezieht.« Die spezielle Terminologie der SS war also auch den höheren Beamten der Polizei noch nicht geläufig. Aus diesen Vorgängen im Frühjahr 1939 geht hervor, wie dicht die Überwachung der Polizeibeamten inzwischen geworden war: Spätestens seit einem Beförderungsantrag zu diesem Zeitpunkt lagen für sie neben den amtlichen Personaldaten zu Verwendung, zu Dienstzeiten und Prüfungen unter anderem auch Akten der Partei, des Sicherheitsdienstes und die Ergebnisse von spezifischen ärztlichen Untersuchungen und Gutachten vor. Man konnte die Bewerber verschiedenen Kategorien ihrer Zuverlässigkeit und Verwendbarkeit zuordnen. Diese ist viel differenzierter gewesen als eine bipolare pauschale Zuordnung, wie dies auch in der anspruchsvolleren Literatur häufig üblich ist. Einer Gruppe professioneller, im Kern unpolitischer Spezialisten soll eine von stark nationalsozialistisch orientierten Laien gegenüber gestanden haben. Sicher gab es diese beiden Arten von Polizisten öfter und es sind auch bei diesem Modell Differenzierungen getroffen worden, zum Beispiel nach Alter und Rang. Auch die schon in der damaligen Zeit entstandene Unterscheidung in »Märzveilchen«, sprich Karrieristen und »Alte Kämpfer«, sprich Idealisten hat ihre Berechtigung. Aus dem bisher hier ausgebreiteten Material lässt sich aber eine differenziertere Typisierung ableiten und zumindest vorläufig skizzieren:

Jüngere und bereits im Dienst bewährte, innerhalb und außerhalb der Polizei gut ausgebildete, strebsame Beamte mit angepasster nationalsozialistischer Anschauung, aber ohne großes Engagement in der Partei und ihren Gliederungen.

Strebsame, meist junge Beamte, die sich vom Schwung der Bewegung mitreißen ließen. Sie konnten in dem Fragebogen eine glaubwürdige NSDAP-Mitgliedschaft und aktive Mitarbeit in deren Gliederungen anführen.

Bewährte Parteigenossen, die als Quereinsteiger die Ochsentour der Polizeilaufbahn durch die Parteimitgliedschaft ersetzen wollten. Sie konnten auf die Gutachten der Parteistellen zählen.

Unpolitische Beamte, die dem sich aufbauenden Druck nicht widerstehen wollten oder konnten. Sie bewiesen ihren guten Willen zumindest durch einen formalen Beitritt zur NSDAP und zu einer ihrer relativ unpolitischen Gliederungen wie der Nationalsozialistischen Volksfürsorge NSV oder Ähnlichem.

Beamte, meist der älteren Jahrgänge, die den neuen Anforderungen aus spezifischen Gründen wie Mängel in ihrer rassischen Begutachtung oder der körperlichen Konstitution nicht genügen konnten. Diese waren an den speziellen Konstellationen der eingeschränkten SS-Eignung zu erkennen.

Beamte, meist der älteren Jahrgänge, die den Anforderungen nach politischer Zuverlässigkeit nicht genügen konnten, weil sie früher sozialistischen / kommunistischen Parteien oder Verbänden angehört hatten. Bei ihnen konnte ein später Parteieintritt Tarnung oder Zeichen der Resignation sein.

Ein solcher Versuch einer Gruppierung auf Grundlage des Quellenmaterials steht unter einem doppelten Vorbehalt. Er muss der Überprüfung durch statistisches Material standhalten und sich auch im Kontext komplexerer Erklärungsmodelle behaupten. Carsten Dams und Michael Stolle[13] differenzieren zeitlich und regional, führen einiges Zahlenmaterial an und berücksichtigen den wichtigen Umstand, dass die Mehrheit der Gestapobeamten als Kriminalassistenten und Kriminalsekretäre ihren Dienst tat. Es wird also nicht nur die Führungsebene herangezogen. Zudem müssen immer die spezielle Ausprägungen von Persönlichkeit und Biografie sowie von zeitlichen, regionalen und organisatorischen Umständen und mehr bedacht werden. Denn gerade in der Zeit der organisatorischen Umbrüche waren auch viele untypische Entwicklungen zu beobachten. Der dritte Gestapochef Hermann Müller etwa, Josef F.s oberster Dienstvorgesetzter, hatte einen steilen und völlig unerwartbaren Aufstieg geschafft. Er kam aus dem einfachen Münchner Polizeidienst. Mit einem Volksschulabschluss und einer erfolgreichen Prüfung für den mittleren Dienst hatte er eine überschaubare Laufbahn bei der Staatspolizei zu erwarten. Im Mai 1933 wurde er im Alter von 33 Jahren zum Obersekretär befördert. Bis 1939 war er nicht einmal bei der NSDAP. Dann übersprang er in Berlin schnell alle Laufbahnhürden und brachte es bis zum Generalmajor der Polizei und SS-Gruppenführer. Mit seiner Kombination aus extremem Bürokratismus, Fleiß, Rücksichtslosigkeit, Machtinstinkt und einer speziellen Fähigkeit, die Protektion seiner Chefs zu nutzen, entzieht er sich weitgehend allen Versuchen zur Typisierung.[14]

Josef F. dagegen entspricht weitgehend dem ersten Typ: Er hatte sich bereits im Dienst bewährt, war in der Polizei gut ausgebildet worden und wollte weiterkommen. Seine nationalsozialistische Anschauung bestand erst seit einem Jahr. Dass er zur Gestapo und nicht zur Kriminalpolizei übertrat, war eine Entscheidung der Prüfungskommission bei seiner Einstellungsprüfung. Seine erst seit Kurzem bestehende und wenig überzeugende nationalsozialistische Überzeugung störte offensichtlich nicht. Es zählten die polizeilichen Qualifikationen, der Bedarf und der gute Wille mitzumachen. Wie gezeigt wurde, war die Überprüfung der SS-Eignung seit 1938 / 39 eine Routinemaßnahme und hatte nichts mit einer persönlichen Entscheidung zu tun.

Aus dieser Zeit ist ein ausgefüllter »R. u. S.-Fragebogen« samt handgeschriebenem Lebenslauf in einem Akt des Rasse- und Siedlungshauptamts erhalten.[15] Wahrscheinlich war dies dienstlich veranlasst und stand in Zusammenhang mit einer bevorstehenden Abordnung nach Krakau zur dortigen Sicherheitspolizei. Der Lebenslauf von einer Seite Umfang schildert ausführlich alle Stationen der bisherigen polizeilichen Laufbahn. Auf den Nationalsozialismus wird lediglich mit einem Satz am Ende eingegangen: »Seit 1. Mai 1937 bin ich Mitglied der NSDAP, sowie seit 1936 Mitglied der NSV, des Reichsluftschutz- und Kolonialbundes«. Josef F. sah also nach seiner Erfahrung mit einer zumindest mehrmonatigen Dienstzeit bei der Augsburger Gestapo keine Veranlassung, sein Selbstbild und seine Außendarstellung zu ändern. Er sah sich als Polizist, der politische Bereich war Nebensache, gerade mal einen Satz wert.

Nach der Eignungsprüfung im Oktober 1938 musste Josef F. noch warten, bis er im nächsten Februar als Kriminaloberassistent zur Ableistung einer einjährigen Probezeit der Geheimen Staatspolizei in Augsburg zugewiesen wurde. Er sollte dort in sein neues Tätigkeitsfeld eingearbeitet werden. Dies kann aber nicht sehr intensiv gewesen sein. Schon vor Ablauf der Probezeit und ohne einen üblichen Kriminalfachlehrgang wurde er nach nur acht Monaten abkommandiert. Das heißt, dass er nominell weiter Mitglied der Stapo-Leitstelle in Augsburg blieb, aber zur Dienstleistung zu einer anderen Behörde kam.

Zur Sicherheitspolizei nach Polen

Die ohnehin konfliktreiche Zeit der aggressiven deutschen Außenpolitik der Jahre 1938 und 1939 ging mit dem deutschen Überfall auf Polen Anfang September in einen offenen Krieg über. Schon im Oktober war der Krieg mit Polen beendet und das Land kam unter die Besatzung der siegreichen deutschen Truppen. Dem ging der Anschluss Österreichs ans Deutsche Reich und die Zerschlagung der Tschechoslowakei voraus. Gerade in den durch Druck oder Krieg angegliederten tschechischen und polnischen Gebieten entstand ein erheblicher Bedarf an deutschen Polizisten. Der war aus dem bestehenden System heraus kaum zu decken.

Im selben September erfolgte auch eine neue Regelung im System der deutschen Polizei. Die Neugründung eines Reichssicherheitshauptamts, abgekürzt RSHA, führte die beschriebenen Maßnahmen der Verreichlichung und Entstaatlichung konsequent zu Ende.

Es wurden keine neuen Arten von Polizei eingeführt und auch die einzelnen Ämter und Organisationseinheiten existierten bereits. Es wurde lediglich klar ausgesprochen und verrechtlicht, was tatsächlich schon vorhanden war: Die Sicherheitspolizei, das heißt die gesamte Kriminal- und Staatspolizei, ging in der SS auf. Das heißt nicht, dass seitdem jeder Polizist dieser Sparten nun SS-Mitglied war. Das waren nicht einmal alle Mitglieder des RSHA. Die SS hatte schon vorher die Polizei de facto übernommen, vor allem über die Personalpolitik. Alle Führungspositionen befanden sich in der Hand von SS-Führern oder führende Polizeibeamte waren in die SS eingetreten. Das RSHA als führende Polizeibehörde hatte einen völlig neuen Rechtscharakter. Hauptämter hießen die obersten Ämter der SS und unterstanden ihrem Reichsführer. Als Polizeiamt war das RSHA aber zugleich eine staatliche Institution. In der Regel waren die Mitarbeiter Beamte und auch die Finanzierung erfolgte mit wenigen Ausnahmen staatlich. Einiges an der Organisation änderte sich noch später, aber im Kern blieb diese Superbehörde bis zum Zusammenbruch des Systems in dieser Form erhalten.

So kreuzten sich also im Herbst 1939 die persönliche Lebensgeschichte des Josef F., die deutsche Außenpolitik und die Form seiner Dienstwelt sehr intensiv und auch plötzlich.

Im September arbeitete er noch als Beamter der Staatspolizei in der bayerischen Provinz, im Oktober bereits als Mitarbeiter der Sicherheitspolizei im besetzten polnischen Krakau. Vor allem schien sich auch sein Dienstrang geändert zu haben. Er war nun fast über Nacht SS-Hauptscharführer und trug die Uniform des SD, also eine SS-Uniform. Im Schriftverkehr wurden sein Polizeidienstgrad und sein SS-Dienstgrad meist nebeneinander verwendet. Das Verständnis erschwert, dass er zu dieser Zeit noch kein Mitglied der SS war. Das geschah erst 1941. Auch das ist in Akten gesichert.

Es ist möglich, dass solche individuellen Ambivalenzen und Unsicherheiten auf subjektive Ursachen zurückgeführt werden können. Das Spektrum reicht hier von nachträglichen Ausreden, juristischen Rechtfertigungen bis hin zu Fälschungen von Akten und Lebensläufen. Es ging nach dem Krieg im Zusammenhang mit solchen Fragen um sehr ernsthafte Konsequenzen. Erinnert sei nur an den automatischen Arrest bei SS-Angehörigen, verbunden mit oft Jahre dauernden Lageraufenthalten. Bei Polizisten und Beamten bestand das Problem der Pensionsberechtigung, der Zahl der anrechenbaren Dienstjahre und vor allem der Wiederanstellung.

Es ist sinnvoll, auf die in diesem Zusammenhang zentralen Organisationen und ihre Benennungen genauer einzugehen. Erst dann kann geklärt werden, ob es sich bei diesen Unsicherheiten und Unklarheiten in der Grauzone zwischen SS und Polizei um einen Einzelfall handelt oder ob diese auf ein typisches Phänomen hinweisen. Das wäre dann genauso wie der Komplex der Internierungen und Entnazifizierungen ein möglicher Dreh- und Angelpunkt kollektiver Biografien vieler Polizeibeamter der NS-Zeit.

Die deutsche Polizei unterteilte sich seit 1936 in die uniformierte Ordnungspolizei und die nichtuniformierte Sicherheitspolizei. Die Ordnungspolizei bestand vor allem aus der Schutzpolizei in den Städten und der Gendarmerie auf dem Land. Zu ihr gehörten diverse Spezialpolizeien oft erheblichen Umfangs wie zum Beispiel die Feuerschutzpolizei und die Luftschutzpolizei. Die Personalstärke der Ordnungspolizei war erheblich, sie umfasste 1938 mehr als 90000 Polizisten. Da die Männer der Ordnungspolizei vom Wehrdienst zwar freigestellt waren, aber als Reservisten eingezogen werden konnten, wuchs sie im Krieg dann noch einmal erheblich bis zu einer Stärke von fast 250000 Mann. Sie stellte damit mit Abstand die stärkste Gliederung der deutschen Polizei. Aus ihren Reihen wurden im Krieg kasernierte Reserve-Polizeibataillone zusammengestellt, teils der Wehrmacht unterstellt, teils in anderen Zusammenhängen eingesetzt. Die Absicht, auch die Ordnungspolizei in den Verschmelzungsprozess zwischen Polizei und SS einzubeziehen, wurde nicht erreicht. Für sie bestand seit 1936 ein eigenes Hauptamt, das nie dem RSHA eingegliedert wurde. Diese relative Selbstständigkeit verhinderte nicht, dass viele Ordnungspolizisten der Polizeibataillone in besonders schwierige Einsätze in den besetzten Gebieten kamen, einschließlich Verstrickungen in Massenerschießungen und Judenvernichtung.

Die Abgrenzung zu anderen Polizeisparten[16] war einfach, denn es gab eigene Uniformen, Dienstgradbezeichnungen und ein Weiterbestehen der bisherigen Unterordnung beim Innenministerium.

Die nichtuniformierten Teile der Polizei, nämlich Kriminalpolizei und Staatspolizei wurden schon 1936 in einem Hauptamt Sicherheitspolizei zusammengefasst. Im RSHA bestanden dafür eigene Ämter: Amt IV für Gegnerbekämpfung-Gestapo und Amt V Kriminalpolizei. Wie schon die Namen der Ämter sagen, waren die Sachgebiete relativ klar getrennt. Amt IV erforschte und verfolgte die politischen Gegner, Amt V nahm die traditionellen Aufgaben der Kriminalpolizei wahr. Bei diesen beiden Ämtern war der politische Einfluss der SS erheblich, wegen des gemeinsamen Daches der Organisation. Das Amt I Personal und Amt II Organisation und Verwaltung waren für alle übrigen Ämter zuständig und entsprechend wichtig. Kriminalpolizei und Gestapo samt ihren nachgeordneten Behörden machten auch nach der Eingliederung in das RSHA in der bis dahin gewachsenen Art weiter. Das betrifft die personelle Kontinuität, auch Laufbahnrecht und weiche Faktoren wie das Selbstverständnis als Polizisten.

Im Amt I war das anders, wie die schon behandelten Anweisungen und Formblätter seines Leiters Dr. Best zeigen. Er begnügte sich nicht mit dem organisatorischen Anschluss der Sicherheitspolizei an die SS. Jeder seiner Beamten sollte auch ein Kämpfer für den neuen nationalsozialistischen Staat sein. Best war der führende intellektuelle Kopf bei der Umgestaltung der Sicherheitspolizei in eine »Institution neuen Typs«. Dies meinte nicht nur eine Einvernahme durch die SS, vielmehr auch das Leitbild einer »kämpfenden Verwaltung«. Entgegen dem Klischee vom »Schreibtischtäter«, das in Anlehnung an den RSHA-Beamten Adolf Eichmann entstand, sollte der Prototyp des neuen Polizisten sich an der Front mit der Pistole in der Hand genauso bewähren wie am Schreibtisch. Dabei mussten weltanschauliche Sicherheit, fachliche Qualifikation und eine dynamische Persönlichkeit integriert sein. Das war das anspruchsvolle Leitbild, das hinter dem Fragebogen steckte und das die geeigneten jungen Männer in die Sicherheitspolizei locken sollte. Dieses Ideal war Bests Vorgesetzten Heydrich und Himmler wohl zu anspruchsvoll, wenn sie es überhaupt verstanden. Best konnte sich auf Dauer nicht durchsetzen und er verließ resigniert das Amt. Geblieben ist das einfache Konzept, möglichst viele Beamte in die SS zu bringen beziehungsweise Mitglieder der SS zu Polizisten zu machen.

Das änderte aber nichts daran, dass die Polizei jeglicher Gruppierung im Gegensatz zur SS eine staatliche Institution war, einschließlich ihrer Finanzierung.

Wenn die SS keine staatliche Institution war, was war sie dann?

Die Schutzstaffel oder SS war eine Gliederung der NSDAP, also der Partei Adolf Hitlers, und hatte zu Kriegsbeginn schon eine Geschichte von 14 Jahren. Sie diente ursprünglich als Spezialformation dem Schutz von Parteiveranstaltungen und wurde bald der SA unterstellt. Die SA-Sturmabteilung galt bis 1934 als die dominante Gliederung der Partei. Ihre Braunhemden prägten das Bild der Partei auf der Straße. Im blutigen Machtkampf innerhalb der Partei beim sog. Röhm-Putsch stellte sich die SS bedingungslos auf die Seite Hitlers. Unter der Führung Heinrich Himmlers löste sie sich von der SA und wurde bald zur wichtigsten Stütze der NS-Herrschaft. Mit ihrer Durchdringung der Polizei und dem Aufbau des Konzentrationslagersystems unterdrückte sie mit brutalen Mitteln jegliche Arten von Opposition und Widerstand.

Im Gegensatz zur Massenorganisation SA hatte die SS einen elitären Charakter. Himmler sah seine Organisation als einen soldatischen Orden zur Reinhaltung der nordischen Rasse mit einer unbedingten Treue zum Führer Adolf Hitler. Daraus folgten strenge Zugangskriterien: In einem Ariernachweis mussten die Kandidaten ihre nichtjüdische Abstammung beweisen. Auf eine straffe körperliche Erscheinung wurde ebenso Wert gelegt wie auf eine Mindestgröße von 1,70 Meter und gute sportliche Leistungen. Diese waren durch den Erwerb des SA-Sportabzeichens nachzuweisen. Auch im Erscheinungsbild setzte sich die SS von der immer bedeutungsloser werdenden SA ab. Schicke schwarze Uniformen im Wehrmachtsschnitt standen gegen die billig wirkenden braunen Hemden der SA. Innerhalb der NSDAP lässt sich dieser elitäre Trend auch von der Sozialstruktur her nachweisen: So waren in der allgemeinen SS 1935 zum Beispiel akademisch gebildete Freiberufler und die gesamte obere Mittelschicht deutlich über-, die gesamte Unterschicht unterrepräsentiert. In den Reihen der SS-Führer stellten Doktortitel und Adelsprädikate keine Ausnahmeerscheinungen dar.

Zwangsläufig wuchsen mit dem Erfolg auch die Mitgliederzahlen und die Funktionen.

Im Jahr 1939, also zu Kriegsbeginn, gliederte sich die SS in die Allgemeine SS, die Totenkopfverbände und die Verfügungstruppe.

Die Allgemeine SS entspricht der bisherigen Beschreibung. Die Mitglieder waren nicht hauptamtlich tätig und gingen normalen Berufen nach. Ihre militärische Gliederung in Schar, Sturm, Sturmbann und Standarte spiegelte sich in den speziellen SS-Dienstgradbezeichnungen, zum Beispiel Scharführer, Sturmführer, Sturmbannführer oder Standartenführer. Wegen des Selbstverständnisses als Elite bestand natürlich keine Koppelung der Mitgliedschaft in der NSDAP und der SS. 1935 waren von den 8778 SS-Angehörigen in München-Oberbayern nur 27,5 Prozent in der NSDAP. Im gesamten Reich waren es 48,9 Prozent.[17]

Die Totenkopfverbände stellten die kasernierten Wachverbände in den Konzentrationslagern. Ihre Stärke erreichte im Jahr 1939 9000 Mann. Das Lager Dachau war für Entwicklung und System der Konzentrationslager von besonderer Bedeutung. Sein erster Leiter Theodor Eicke steuerte als »Inspekteur der Konzentrationslager« dieses System.

Die SS-Verfügungstruppe war zu Kriegsbeginn noch nicht weit entwickelt, nahm aber mit einigen Standarten schon am Polenfeldzug teil. Hitler verfügte ihre Unterstellung beim Oberbefehlshaber des Heeres. Auch in anderen Bereichen wie Uniformierung und Gliederungsbezeichnungen wurde die Verfügungstruppe zumindest teilweise der Wehrmacht angeglichen. Seit November setzte sich die Benennung Waffen-SS durch. Später bildeten ihre Divisionen einen erheblichen Teil der kämpfenden Truppen. Sie blieben aber einem eigens für sie geschaffenen SS-Hauptamt zugeordnet, dem SS-Führungshauptamt. Die Stärke der Waffen-SS übertraf die der restlichen SS um ein Vielfaches und sie erreichte auf ihrem Höhepunkt mit 38 Divisionen mehr als 900000 Soldaten. Dabei hatten die bisher gültigen SS-Normen, vor allem die Zugangskriterien, keine Gültigkeit mehr. Ausländische Freiwillige stellten ab 1944 mehr als die Hälfte ihrer Stärke.

Der »Sicherheitsdienst des Reichsführers SS«, meist abgekürzt als SD bezeichnet, bestand schon seit 1931. Sein Gründer und bis zu seinem Tod bestimmende Figur war Reinhard Heydrich. Er verstand den SD als Nachrichtendienst, der die eigene Mitgliedschaft ebenso wie die politischen Gegner zu beobachten hatte. Damit bestand in späteren Zeiten eine Überschneidung mit der ebenfalls von Heydrich konzipierten Sicherheitspolizei, speziell der Gestapo. Es wurde versucht, eine Aufgabentrennung in dem Sinne zu erreichen, dass die Gestapo neben der Beobachtung der politischen Gegner für deren Verfolgung zuständig war, während der SD als spezieller Nachrichtendienst die eigene Bevölkerung ausspionieren sollte. Dieser Kern des SD blieb als »Nachrichten-SD« bestehen und wurde auch zu einer das gesamte Reich umfassenden Überwachungsorganisation ausgebaut. Sie beschäftigte sich mit allen Lebensbereichen und vermittelte der Führung ein präzises Bild der Stimmung der Bevölkerung. Ein eigener Auslandsnachrichtendienst existierte zusätzlich. Von Anfang an hatte sich im Rahmen des SD ein Kreis von Personen zusammengefunden, der sich innerhalb der SS eine Sonderrolle zuwies im Sinne einer intellektuellen Elite. Sie sahen sich nicht, wie der SD damals durchaus innerhalb der Partei kritisch beäugt wurde, als Spitzel, sondern als eine besonders befähigte Gruppe Intellektueller, die die Bewegung mit wissenschaftlicher Arbeit voranbringen wollte. Ihr typischster Vertreter ist der bereits mehrfach genannte promovierte Jurist Werner Best. In diesen Kreisen des »Working SD«[18] wurden unter der Ägide von Heydrich und Himmler viele Konzepte entwickelt, die die weitere Entwicklung entscheidend beeinflussen sollte. Die wichtigsten waren die Verschmelzung von Gestapo und Kriminalpolizei zur Sicherheitspolizei und die Einsatzgruppen der SS in den besetzten Kriegsgebieten. Vor allem die Idee, die neue Sicherheitspolizei im Rahmen des SD zu organisieren, sprengte den Rahmen des Nachrichtendienstes. Dieser »Sipo-SD« sollte der Rahmen für alle Beamten der Kriminalpolizei und der Gestapo sein, wenn die Verschmelzung von Polizei und SS erfolgreich durchgeführt sein würde. Das war das Fernziel von Himmler und Heydrich. Der Erfolg dieser Bemühungen der SD-Vordenker zeigt sich in der Etablierung des RSHA. Besonders aufschlussreich ist ein Blick auf die Verteilung der Ämter im RSHA 1939: Nur Amt IV (Gestapo) und Amt V (Kriminalpolizei) gingen aus der Polizei hervor. Amt II (Gegnerforschung), Amt III (Deutsche Lebensgebiete) und Amt VI (SD-Ausland) bestanden vorher im SD-Hauptamt. Das zentrale Amt I (Verwaltung, Organisation) leitete der kreative Kopf des SD Werner Best und das gesamte RSHA sein Gründer und Chef des SD Heydrich. Es ist wohl übertrieben zu sagen, das RSHA sei eine verkappte SD-Einrichtung gewesen. Dagegen spricht vor allem, dass das Amt IV (Gestapo) der personalstärkste und für das Unterdrückungssystem wichtigste Teil war. Hier befanden sich schließlich die Zuständigkeiten für die

Schutzhaft und die Durchführung der Vernichtung der Juden. Dass aber in der Spitzel- und Intellektuellenorganisation SD auch viel Gewaltbereitschaft und echte Gewalttätigkeit steckte, zeigt die letzte der SD-Schöpfungen, nämlich die »Einsatzgruppen der Sicherheitspolizei und des SD«. Ihr Gründer und erster Organisator war ebenfalls Werner Best. Auf ihr Konto gehen die ersten Massenmorde des Kriegs und in ihnen war auch zum ersten Mal die volle Integration der bisher getrennten Polizei- und SS-Kräfte verwirklicht: Zum Beispiel bildeten 340 Männer der Waffen-SS, 133 der Ordnungspolizei, 89 der Gestapo, 87 der Hilfspolizei, 41 der Kriminalpolizei, 35 des SD zusammen mit zusätzlichen Hilfskräften den Bestand der Einsatzgruppe A.[19]

Dabei darf man sich das RSHA nicht als imposante und kompakte Großbehörde vorstellen, die Eindruck im architektonischen Gesicht Berlins machte, wie die neue Reichskanzlei Adolf Hitlers in der Voßstraße oder das Reichsluftfahrtministerium Hermann Görings in der Wilhelmstraße. So zusammengewürfelt das Amt personell und organisatorisch war, so präsentierte es sich auch nach außen in einem Gebäudebestand, der sich über ganz Berlin verteilte. Lediglich das Hauptquartier der Gestapo in der Albrechtstraße, nunmehr Niederkirchnerstraße, gehört bis heute zu den Bauten aus der NS-Zeit, die sich ins kollektive Gedächtnis eingegraben haben. Dort wurde das Museumsprojekt »Topographie des Terrors« eingerichtet.

Dienstrangangleichung

Zurück zu Josef F. Für den weiteren Verlauf seines Lebens sollten die Unterscheidungen schicksalhaft werden, die sich aus den Mitgliedschaften in den dargestellten Institutionen ergaben. Dass dabei Abgrenzungen oft schwer zu treffen waren, ergibt sich aus der Dynamik der Veränderungen. Vor allem ist zu berücksichtigen, dass die generelle Linie die der Verschmelzung war. Denn die einzelnen Sparten der Polizei sollten mit Himmlers Worten zu einem neuartigen »Staatsschutzkorps« unter dem Dach der SS vereinigt werden. Dieser Prozess war schon weit fortgeschritten. Das sollten die Ausführungen zum RSHA zeigen.

Nach dem Krieg war dann in der Einschätzung der deutschen Bevölkerung wie der der alliierten Sieger das Gegenteil der Fall. Es wurde zwischen guten und schlechten Polizisten unterschieden. Der vorgeblich unbelasteten Schutz- und Kriminalpolizei stand die Gestapo gegenüber, die pauschal mit SS und SD gleichgestellt wurde. Das zeigen die Regelungen zum automatischen Arrest. Die Realität spielte dabei keine entscheidende Rolle. Viele Fakten waren noch nicht greifbar oder blieben unbeachtet. Zweifelsohne erfolgte die institutionelle Angleichung der Kriminal- und der Staatspolizei so, wie sie oben beschrieben wurde. Die personellen Kontinuitäten waren aber wahrscheinlich noch wichtiger. Ein stetiger Fluss von Beamten der Kriminalpolizei zur Gestapo sorgte für mehr reale Angleichung als die Vereinigung der beiden Polizeiämter unter dem Dach des RSHA: In Preußen zählte die Kripo im Mai 1935 2700 Beamte, die Gestapo 7200. Anfang 1944 hatte sich die Lage verändert: Bei der Kripo arbeiteten 13 000, bei der Gestapo 31 000 Polizisten.[20] Das zeigt die extreme Wandlung von einem Sicherheits- zu einem Unterdrückungssystem. Bei dieser Dynamik lässt sich aber auch erahnen, wie schwer unter solchen Umständen bei Gesamtdienstzeiten von mehreren Jahrzehnten eine spätere Sortierung in Kripo- und Gestapo-Beamte sein würde. Außerdem ist die Gleichsetzung von Gestapo und SS auf der Ebene der Personen nicht durchgehend haltbar. Unter 1060 untersuchten Angehörigen der Gestapo einer Studie zum Führungspersonal der Sicherheitspolizei[21] gehörten Anfang des Jahres 1938 nur 481, also nur knapp die Hälfte der SS an. Unter diesem Gesichtspunkt war auch ein Unterschied zur Kripo vorhanden. Von 880 untersuchten Kriminalbeamten gehörten zu diesem Zeitpunkt noch weniger, nämlich nur 89 zur SS. Bis Anfang 1944 holten diese dann stark auf. Nun mehr waren 408 Kriminalbeamte der Untersuchungsgruppe in der SS, also fast jeder zweite. Und doch wollte nach Kriegsende keiner dabei gewesen sein, und wenn, dann nicht freiwillig.

So schrieb es auch Josef F.s Frau in dem bereits behandelten Brief vom April 1947 an die US-War-Crimes-Group im Lager Dachau: »Die Dienstleistung bei der Gestapo war keine freiwillige, sondern er wurde 1939 von der Schutzpolizei zur Gestapo kommandiert.«[22] Dann wäre das erste Abweichen vom Pfad der »guten« Polizei nicht freiwillig gewesen. Das war wohl keine bewusste Lüge, denn die »Abkommandierung« war Jahre vor der Bekanntschaft mit ihrem späteren Mann gewesen. Sie entspricht aber, wie schon dargestellt, nicht den Tatsachen. Die Dienststelle in Augsburg hatte ihn zu einer Eignungsprüfung angemeldet. Der Charakter der Prüfung als Auswahlprüfung und die Prüfungsergebnisse waren so, dass ohne eigenes Zutun und Wollen ein positives Abschneiden nicht möglich gewesen wäre. Die Prüfung war gleichzeitig eine Bewerbung für einen Wechsel zur Sicherheitspolizei, bei der nicht feststand, ob sie zur Kriminalpolizei oder zur Gestapo führen würde. Dass Josef F. dann der Gestapo und nicht der Kripo zugeteilt wurde, lag am Bedarf, den Ergebnissen der Prüfung und seiner Persönlichkeit, wie sie sich der Prüfungskommission darstellte. Mit der Überprüfung der SS-Eignung in der Prüfung muss ihm auch klar geworden sein, dass die Laufbahn mit politischen Konsequenzen verbunden sein konnte. Sein Beitritt zur NSDAP war schon 1937 erfolgt und kann durchaus als ein Friedensschluss mit den allgemeinen Verhältnissen gesehen werden. Nicht auszuschließen sind auch Gedanken an eine gezielte Förderung der Karriere oder der Beginn einer positiven und überzeugten Einstellung zum Nationalsozialismus.

Die zweite Behauptung der Ehefrau, ihr Mann sei durch die sogenannte Dienstrangangleichung automatisch zu seinem SS-Dienstgrad gekommen, ist viel schwerer zu beurteilen als die Behauptung des dienstlich verfügten Beitritts zur Gestapo. Das zeigen schon die vorsichtigen Formulierungen des Verteidigers, der bei einem posthumen Spruchkammerverfahren im Oktober 1950 die Witwe des belasteten Josef F. vertrat. Auch er argumentierte mit der Dienstrangangleichung.

> »Im Jahre 1941 wurde er im Wege der Rangangleichung zum SS-Sturmscharführer ernannt. Der Betroffene war ursprünglich Kriminalsekretär in Augsburg und wurde bei Kriegseinbruch als Kriminalbeamter von der Gestapo übernommen und vom September 39 bis November 43 in Polen verwendet. [...] Die Dienstgradangleichung bedeutete nicht, dass der Betroffene Mitglied der Allgemeinen SS oder Waffen-SS war. Der Betroffene blieb Polizist. Die Möglichkeit der Dienstgradangleichung zu entgehen bestand nicht. Der Betroffene war somit ein unfreiwilliges Mitglied der SS und wird daher vom Urteil des Nürnberger Internationalen Militärtribunals über die verbrecherischen Organisationen nicht erfasst.«[23]

Es soll hier nicht weiter auf verschiedene Ungenauigkeiten der Verteidigung eingegangen werden, wie falsche Angaben zur Zeit des Übertritts zur Gestapo oder zu den Dienstgraden. Für die Sachlage waren sie nicht entscheidend und wurden teilweise sogar ungeprüft in der Urteilsbegründung übernommen. Auch im Kern folgte die Spruchkammer der Argumentation des gewieften Juristen:

»Der Betroffene ist formell belastet. Die Tatsache, dass er erst 1937 Mitglied der NSDAP geworden ist und erst im Wege der Rangangleichung Angehöriger und Ranginhaber der allg. SS wurde, spricht für den Betroffenen, der bei Kriegsausbruch als Kriminalbeamter von der Gestapo übernommen worden war. [...] Die Kammer stellte daher, da nur ein Tatbestand des Art. 12 vorliegt, das Verfahren ein.«[24]

In dieser Verhandlung wurden noch mehrere andere Momente angesprochen, die alle ebenfalls im Sinne des Belasteten beschieden wurden. Sie sind in diesem Zusammenhang nicht von Bedeutung. Von großer Bedeutung ist aber der Umstand, dass weder der Verteidiger eine originelle und individuelle Strategie entwickelt noch die Spruchkammer einen großen Ermessensspielraum hatte. Es war immerhin die Hauptkammer in München und sie folgte der gängigen Rechtspraxis, die sich in zahlreichen Verfahren herausgebildet hatte. Der Verteidiger wusste wohl, dass das Argumentieren mit der Dienstrangangleichung anerkannt werden würde. Er wurde lediglich in der Frage der SS-Zugehörigkeit dahingehend korrigiert, dass eine Mitgliedschaft in der Allgemeinen SS vorlag. Die Anklage legte eine Bestätigung des Document Centers in Berlin vor, in der die SS-Mitgliedsnummer einschließlich Eintrittsdatum enthalten war. Die Kammer legte aber offensichtlich keinen Wert darauf und folgte lieber der Formel der Dienstrangangleichung. Diese Rechtspraxis wurde auch in Verfahren der ordentlichen Justiz lange verwendet. Denn die Spruchkammerverfahren liefen aus und Fragen der Wiederanstellung von Beamten oder deren Pensionsberechtigungen beschäftigten noch lange die Gerichte. Erst in den 1960er-Jahren prägten aufsehenerregende Strafverfahren den Umgang mit der nationalsozialistischen Vergangenheit in der Bundesrepublik. Im Umfeld der Frankfurter Auschwitzprozesse ab 1963 wurde auch die Dienstrangangleichung hinterfragt. Heinz Buchheim leitete in einem Gutachten aus dem Münchner Institut für Zeitgeschichte eine Wende ein. Bis dahin hatte gegolten, was auch die Münchner Hauptkammer im Fall des Josef F. akzeptiert hatte. Polizeibeamte seien zur Sicherheitspolizei versetzt worden, hätten dort einen ihrem Polizeirang entsprechenden SS-Dienstgrad zugewiesen bekommen und seien demnach nur formale SS-Angehörige gewesen. Die entsprechenden Entnazifizierungsbestimmungen beträfen sie nicht. Wenn die Spruchkammern dieser Argumentation folgten, blieb ihnen nichts anderes übrig, als Betroffene unter die Minderbelasteten oder Mitläufer einzustufen. Das reichte seit dem Inkrafttreten des Gesetzes zum Art. 131 des Grundgesetzes aus dem Jahr 1951 für die Wiedereinstellung von Beamten, also auch Polizeibeamten. Damit war das Entlastungsmodell der Dienstrangangleichung zusammen mit den Wiederanstellungsansprüchen nach dem sogenannten 131er-Gesetz das Einfallstor für die Rückkehr von bis dahin ausgeschlossenen Polizeibeamten in den regulären Dienst.

Der Führungsebene in Gestalt der Gestapochefs und der Einsatzgruppenleiter blieb allerdings bis auf wenige Ausnahmen ein Einstieg in die Beamtenhierarchie der neuen Republik versagt. Bei ihnen wurde der Druck durch die Besatzungsbehörden abgelöst durch die justizielle Bearbeitung des Gestapokomplexes. Die Bediensteten der unteren und mittleren Ränge der Gestapo sowie der Berliner RSHA-Zentralbürokratie hingegen »wurden nach dem Inkrafttreten des Artikels 131 großzügig wieder in den bundesdeutschen Staatsdienst übernommen.«[25] Als seit dem Gutachten Buchheims in den 1960er-Jahren ein Umdenken einsetzte, war der Prozess bereits abgeschlossen. Wenn Gerhard Paul von einer »personellen Renazifizierung« der Polizei spricht, ist das nicht übertrieben.

Buchheim hatte die Praxis der Dienstrangangleichung gar nicht geleugnet. Er stellte nur klar, dass kein Automatismus zwischen dem Eintritt in die Sicherheitspolizei, der Zuweisung eines SS-Dienstranges und einer SS-Zugehörigkeit bestand. Eine solche Darstellung, die bis dahin üblich war, vermischte zwei unterschiedliche Vorgänge, die in Schritten erfolgten. Der erste Schritt bestand in der Aufnahme in die SS, der zweite in der Angleichung des Dienstranges. Das heißt, dass dem Polizeibeamten ein seinem Dienstrang entsprechender SS-Dienstgrad zugewiesen werden sollte. Ohne den ersten Schritt konnte der zweite nicht erfolgen. Die Mitgliedschaft in der SS war aber bis 1945 freiwillig und sollte es auch bleiben. Darauf wies Himmler in seinem Runderlass zur »Aufnahme von Angehörigen der Sicherheitspol. in die Schutzstaffel der NSDAP« vom 23. Juni 1938[26] ausdrücklich hin: Denn die Aufnahme konnte nur »auf Antrag« geschehen und der Bewerber musste die »allgemeinen Bedingungen der SS« erfüllen. Himmler bekräftigte diese Linie mehrmals, zum Beispiel in Schreiben vom 24. April 1943 an den neuen Chef der Sicherheitspolizei Kaltenbrunner. In die SS sollte nur aufgenommen werden, wer sich »1. freiwillig meldet, 2. bei der Anlegung eines scharfen friedensmäßigen Maßstabs rassisch und weltanschaulich in die SS passt.«[27] Offensichtlich bestand bei der Aufnahme der Sipo-Beamten in die SS ein innerer Widerspruch. Einerseits sah Himmler die SS als elitärem Orden und deshalb sollten die bisherigen strengen Zugangsregeln weiter gelten. Andererseits verlangte das Ziel der Verordnung, nämlich die Verschmelzung von Polizei und SS zu einem »einheitlich ausgerichteten Staatsschutzkorps« die Übernahme möglichst vieler Polizisten. Schon im ersten Erlass waren deshalb Ausnahmeregeln enthalten. Auch die verfügte Aufnahme der neuen SS-Mitglieder als Teil des SD kann als solche verstanden werden. Denn außer funktionalen Gründen kann dahinter durchaus der Versuch stehen, die alten Institutionen SS und SD rein zu halten und vor einer Schwemme von weltanschaulich fragwürdigen Neuzugängen zu bewahren. Für sie sollte die Neuschöpfung des Sipo-SD zuständig sein.

Außerdem wurden die Kriterien für den SS-Zugang durch Erleichterungen herabgesetzt und Ausnahmeregelungen eingeführt. Das ging von der Mindestgröße bis zum Höchsteintrittsalter. Zielgruppe waren dabei die älteren und bewährten Beamten der höheren Positionen, auf die man nicht verzichten wollte. In der Praxis gab es mit der Durchführung des Runderlasses des RFSS ständig Schwierigkeiten, was an mehreren Nachbesserungen zu ersehen ist.

Die meisten davon hatten gar nichts mit dem Erlass selbst zu tun. Denn das Verhältnis zwischen SS und Polizei wurde noch durch einen anderen Erlass beschwert, den sogenannten Einkleidungserlass vom Mai 1939.[28] Dieser wies alle Sipo- und SD-Angehörigen strikt an, in Einsätzen außerhalb des

Reichsgebiets nur noch in der feldgrauen SS-Uniform mit der SD-Raute am linken Unterarm aufzutreten. Damit sollte der gemeinsame Charakter der Sicherheitspolizei unterstrichen werden. Für Ausnahmen mussten dienstliche Begründungen vorliegen. Die Anweisung galt für alle Beamten der Sicherheitspolizei, unbeschadet ob sie Mitglieder des SD und der SS waren. Damit gab eine SS-Uniform nicht mehr darüber Auskunft, ob der Uniformierte der SS angehörte oder nur ein Uniformträger war, einschließlich der Rangabzeichen. Deshalb musste an Nicht-SS-Mitglieder der Sicherheitspolizei ein »vorläufiger SS-Ausweis« ausgegeben werden. Dieser wurde im Juni 1942 durch einen »Uniformausweis« ersetzt, in dem auch der angeglichene Rang des Uniformträgers vermerkt war. Die mit diesen Vorgängen verbundenen Querelen in den Dienststellen müssen hier nicht weiter behandelt werden.[29] Sie waren aber zahlreich und hatten meist mit Eifersüchteleien zwischen den Beamten zu tun. Viele fühlten sich nicht gerecht behandelt, obwohl dem ursprünglichen Erlass eine Tabelle der anzugleichenden Dienstränge beilag.

In der SS-Uniform eines Hauptscharführers konnten sich also unterschiedlichste Typen befinden: Ein langjähriges Mitglied der allgemeinen SS, der spä-

Auf Heimaturlaub in Uniform der Sicherheitspolizei 1942

ter zur Polizei übergetreten war. Oder ein »Eingekleideter«, wie man sagte, der überhaupt keine SS-Zugehörigkeit vorweisen konnte und wollte, aber nun im Sipo-SD erfasst war. Oder ein regulärer Kripo- oder Gestapo-Beamter, der bereits in die SS-eingetreten war. Oder ein SS-Anwärter, der seine Aufnahme beantragt hatte und noch nicht wusste, wie erfolgreich er sein würde. Ob in der Uniform ein Angehöriger der Kriminalpolizei, der Gestapo oder des »echten« SD steckte, konnte ebenfalls nicht erkannt werden. So trat nun die Sicherheitspolizei im Ausland nach außen hin als ein einheitliches und geschlossen wirkendes Korps auf, war im Inneren aber verunsichert und verwaltungsmäßig eher chaotisch aufgestellt. Das zeigen die Zuständigkeiten bei Verwaltung und Weisungsrecht. Für die Mitarbeiter einer kleinen Sipo-Außenstelle von etwa 20 Mitarbeitern, die sich aus den drei Hauptsparten zusammensetzten, waren im RSHA drei verschiedene Ämter zuständig. Außerdem stauten sich bei der SS-Verwaltung die Aufnahmeanträge. Es waren nach der Weisung Himmlers die normalen Anforderungen zu erfüllen, die umfangreiche bürokratische Prozeduren nach sich zogen. Erinnert sei an die rassischen und erbgesundheitlichen Nachweise, die ohne Standesämter, Pfarrmatrikel und SS-ärztliche Infrastruktur gar nicht zu erbringen waren. Es dauerte Monate und das mitten im Krieg.

Wenn die Prozedur der Dienstrangangleichung später in Entnazifizierungsverfahren genutzt wurde, muss deshalb bei der Bewertung nicht immer von gezielten Entlastungs- oder gar Betrugsmotiven ausgegangen werden. Konzept und Durchführung waren so geartet, dass sie sicher von vielen nicht durchschaut oder falsch interpretiert wurden. Das gilt für einzelne Betroffene, nicht aber für den Personenkreis der Juristen, der diese Schwächen gezielt zur Verteidigung ihrer Mandanten nutzte. Dazu gehörte sicher der Verteidiger in der Sache Josef F.

Zudem ist es zu einfach, den SS-Beitritt von Polizeibeamten als ein punktuelles Ereignis aufzufassen. Das ist für statistisch orientierte Verfahren nötig und wird durch das karteikartenorientierte System der NS-Bürokratie gefördert, das sich weitgehend erhalten hat.[30] Die gut nachvollziehbare NSDAP- und SS-Karriere des Josef F. zeigt aber, dass das nicht so einfach ist.

Das Eintrittsdatum in die SS, nämlich der 1. Oktober 1941 ist eher der Schlussakt eines annähernd dreijährigen Prozesses. Dieser hatte mit der Eignungsprüfung für die Sicherheitspolizei im Oktober 1938 begonnen. Bereits hier wurden die Voraussetzungen für einen späteren Beitritt zur SS überprüft und bestätigt, dass keine Hürden bestanden. Die Überprüfung fand nicht oberflächlich statt und schloss den kleinen Ahnennachweis ein. Ein eigenhändig ausgefüllter Fragebogen des Rasse- und Siedlungshauptamts-SS aus dem Jahr 1939 zeigt zusammen mit der Verwahrung der Abstammungspapiere durch die Stapostelle in Augsburg, wie intensiv die SS hinter jungen geeigneten Beamten her war. Dabei bewiesen einige Eintragungen im Fragebogen, vor allem die katholische Konfession und die fehlende SS-Mitgliedschaft, dass Josef F. noch nicht voll vereinnahmt war. Immerhin trug er aber seit seiner Versetzung zur Sicherheitspolizei in Krakau als »eingekleideter« Kriminaloberassistent dort die SS-Uniform. Der nächste Schritt war ein Aufnahmeantrag in die SS. Dass ein förmlicher Antrag gestellt wurde, beweist ein Schriftstück zur »erbgesundheitlichen Beurteilung« vom August 1941. Die Bearbeitung des Aufnahmeverfahrens dauerte wie üblich länger und zog sich bis zum Herbst hin. Von einer automatischen Eingliederung in die SS kann keine Rede sein, auch nicht von einer automatischen Dienstrangangleichung. Wegen seiner erwünschten Verheiratung begann im Herbst 1942 ein umfangreicher Schriftverkehr, der bei Gründung einer sogenannten »SS-Sippe« nötig war. Vor der Heiratsgenehmigung mussten alle möglichen, vor allem erbgesundheitlichen und rassischen Bedenken für den Antragsteller und seine Braut aus dem Wege geräumt werden. Der Akt umfasst mehr als 70 Seiten,[31] unter anderem einen neuen R. u. S.-Fragebogen. Der Vordruck hat sich nicht geändert. Einige Eintragungen sind aufschlussreich. Es konnte nun neben der NSDAP-Mitgliedschaft auch die SS-Zugehörigkeit angeführt werden. Auch in der Frage der Konfession hat sich der Antragsteller angepasst: Er war nunmehr »gottgläubig«, wollte auch keine kirchliche Trauung und befand sich damit voll auf der Linie der SS. Überraschend ist nur, dass als SS-Dienstgrad »Staffelmann«, also der niedrigste Rang, angegeben wurde. Dabei war Josef F. zu dieser Zeit bereits seit zwei Jahren »eingekleidet« und seit einem Jahr Mitglied der SS. Im offiziellen Schriftverkehr mit SS-Stellen bezeichnete er sich zu dieser Zeit als »SS-Mann«, er sei wegen seines Kriegseinsatzes noch keinem Sturm zugeteilt. Man kann das unterschiedlich interpretieren. Weil er sich durch Ankreuzen in einer Frage der »allgemeinen SS« zuordnete, wollte er wohl wirklich zur »echten« SS gehören und nicht zur Menge der in den Sipo-SD übernommenen Kripo- und Gestapo-Beamten. Auch hier scheidet eine automatische Übernahme allein wegen der langen verstrichenen Zeit aus.

Erst im November 1942, ungefähr einen Monat nach dem Heiratsgesuch, wurde im internen SS-Schriftverkehr erstmals die Bezeichnung Hauptscharführer verwendet. Damit dauerte es ein ganzes Jahr seit dem freiwilligen Eintritt in die SS, bis der gesamte Beitrittsprozess abgeschlossen war. Erst der letzte Schritt geschah im Rahmen der Dienstrangangleichung. Aus dem Kriminaloberassistenten der Gestapo war ein echter SS-Hauptscharführer geworden. Das ist deutlich zu unterscheiden von den Uniformträgern und Pseudodienstgraden, mit dem der Einkleidungserlass bis in die ersten Nachkriegsjahre hinein für Unsicherheit und Verwirrung sorgte.

Auf Grundlage der bisher ausgebreiteten biografischen Daten ist es möglich, die ersten Umrisse der kollektiven Biografie eines typischen Polizeibeamten des einfachen und mittleren Dienstes der Staats- und Kriminalpolizei zu skizzieren. Dazu wird die individuelle Biografie eines im Jahr 1907 geborenen, 1926 in den Dienst eingetretenen und 1939 bei der Staatspolizei übernommenen bayerischen Polizeibeamten mit den wesentlichen politischen und polizeispezifischen Entwicklungen verbunden und auf strukturelle Übereinstimmungen untersucht. Das Ergebnis muss zumindest an den entscheidenden Punkten auch quantitativ plausibel sein. Es darf nicht in Widerspruch zu vorhandenem statistischem Material sein. Eine dichte Stützung ist bei dem vorläufigen Charakter der Skizze nicht zu erwarten. Plausibilität allein reicht aber auch nicht.

Folgende Charakteristika sollen für die beschriebene Gruppe typisch sein:

Als Alterskohorten kommen die Jahrgänge der zwischen 1905 und 1910 geborenen Männer in Betracht. Sie haben keine direkten Beeinflussungen durch den Krieg als Soldaten oder Freikorpsangehörige erfahren. Im Krieg waren sie zu jung, nach dem Krieg bestand keine Wehrpflicht mehr.

Als sozialer Hintergrund kommt vor allem die kleinbürgerlich geprägte Welt der unteren Mittelschicht infrage. Ein hoher Bildungsstand mit Abitur oder gar Hochschulstudium ist dabei ebenso wenig vorhanden wie eine proletarisch ausgerichtete Kultur der organisierten Arbeiterschaft.

Der Eintritt in die Polizei geschieht in der Zeit der Weimarer Republik. Ein wesentlicher Teil der spezifischen Polizeiausbildung findet in dieser Zeit statt. Die Einbettung in die Polizeiwelt einschließlich der ökonomischen Sicherung ist deshalb bereits so weit fortgeschritten, dass die Krisenjahre der späten Weimarer Republik nicht als Biografiebruch erlebt werden.

Der politische und gesellschaftliche Umbruch durch die nationalsozialistische Machtergreifung bedeutet zunächst keine Veränderung in Selbstbild und Dienstwelt. Es besteht auch kein besonderes politisches Engagement, weder Versuche sich zu entziehen noch aus der neuen Situation Vorteil zu ziehen.

Ab etwa 1937 beginnt ein zumindest formales Einschwenken in die NS-Welt, erkennbar an der Beitrittsbereitschaft zur NSDAP und ihren Organisationen. Im Dienstbereich beginnt eine Reihe von Entscheidungen, die erkennen lassen, dass man gewillt ist, die politischen Veränderungen im Polizeiapparat mitzumachen oder sie geradezu auszunutzen. Dazu gehört die Beitrittsbereitschaft zur SS und den neuen Organisationsformen der Polizei. Spätestens im Krieg sind sie im Bereich der Sicherheitspolizei oder SS voll integriert.

Nach dem Zusammenbruch des Systems 1945 sind diese Beamten voll von den Entnazifizierungsmaßnahmen der Sieger betroffen. Ihre Mitgliedschaften in Gestapo und SS bringen sie im Zuge des automatischen Arrests fast vollständig und oft Jahre lang in Internierungshaft, meist bis 1948.

Fast ebenso vollständig wie die Internierungen erfolgt ab 1948 die Reintegration zumindest der mittleren und unteren Ränge in den Polizeidienst. Nach Durchlauf der erforderlichen Spruchkammerverfahren steht fast immer einer Wiederanstellung im Zuge des 131er-Verfahrens nichts im Wege.

Zur Verwendung des Begriffs der kollektiven Biografie ist anzumerken, dass er hier in einem sehr weiten Sinn erfolgt. Er wurde geprägt durch einige jüngere bahnbrechende Studien, die sich methodisch und inhaltlich von den bisherigen dominanten Ansätzen abhoben. In diesen ging es meist um individuell orientierte Untersuchungen zu einzelnen Tätern oder um die Darstellung und Analyse der zentralen Institutionen des NS-Herrschaftsapparats. Die neuartigen kollektivbiografischen Arbeiten verarbeiteten umfangreiches Quellenmaterial und verbanden es zum Teil mit beeindruckenden Datensätzen aus statistischem Material. Sie beschäftigten sich mit der Führungsriege des RSHA[32], dem breiteren Führungspersonal der Gestapo und des SD.[33] Inzwischen sind auch sämtliche Leiter der regionalen Gestapo-Stellen erfasst.[34] Nicht gelöst ist bisher das Problem, wie es bei dem Personal der mittleren und einfachen Ränge aussah.

Das vielfältige Material aus diesen zahlreichen Studien der letzten Jahre weist in die Richtung, dass eine einzelne individuelle Biografie durchaus typisch sein kann für eine größere Gruppe. Dabei sind die Jahre 1933, 1937, 1945 und 1951 für den oben beschriebenen biografischen Typ als besondere Wendepunkte zu beachten. Für das Jahr 1933 ist eigentlich das Gegenteil relevant. Denn es markiert zwar den Machtantritt der Nationalsozialisten, aber in der Dienstwelt und in der persönlichen Welt zieht dies noch keinen besonderen Wandel nach sich. Das Ende der Kontinuität setzt erst um das Jahr 1937 ein. Das Jahr 1945 bringt auch den Polizeibeamten einschneidende Veränderungen im Rahmen des Gesamtzusammenbruchs der NS-Welt, während das Jahr 1951 für die meisten von ihnen ein Wiederanknüpfen an die Zeit vor 1933 bedeutet.

Vor allem diese Untersuchungen bieten wichtiges Material, dass ein dichter Zusammenhang besteht zwischen der individuellen Biografie des Josef F., dem daran orientierten Typ einer kollektiven oder repräsentativen Biografie der skizzierten Art und den realen äußeren Umständen der jeweiligen Jahre. Dann hätten diese Jahre Hunderte, wenn nicht Tausende unter ähnlichen Umständen verbracht. Das ist sicher nicht übertrieben. Im Jahr 1941 betrug die Stärke der Gestapo etwa 15 000 Männer und Frauen. Selbst wenn größere Teile anderen kollektiven Biografien zuzuordnen wären, gehörte ein großer Teil sicher zu diesem Typ. Nach den Ergebnissen der bisher untersuchten kollektiven Biografien der höheren Polizeiführung sind dabei besonders die Kategorien Alter, berufliche Herkunft und NS-Beteiligung als aussagekräftig anzusehen. Dazu zählen der Typ des älteren Polizeibeamten, der ohne große NS-Verflechtung seine Dienstzeit bis zur Pension durchstehen wollte, und der Typ des »Märzveilchens«, der nur aus Karrieregründen sofort nach der Machtergreifung zum Nationalsozialismus übergeschwenkt ist. In größeren Mengen hat es auch jüngere Quereinsteiger gegeben, die ihre fehlende fachliche Qualifikation und Erfahrung durch ein besonderes politisches Engagement auszugleichen versuchte. Diese und auch noch andere für die Führungsetagen nachgewiesenen Typen, hat es sicher auch in den mittleren und unteren Rängen gegeben. Sie nachzuweisen, zu quantifizieren und zu ergänzen bleibt ein Desiderat. Bis dahin erscheint eine vorsichtige analoge Übertragung der Ergebnisse der Führungsränge auf die große Masse der unteren und mittleren Polizisten eher vertretbar als sie, wie bisher, fast ganz zu vernachlässigen.

Die folgenden Beispiele von quantitativen Ergebnissen aus dem Umkreis der erwähnten Studien haben lediglich Hinweischarakter und belegen die Zusammenhänge zwischen den einzelnen Aspekten der Typisierung und statistischem Material:

Dass der Nationalsozialismus in vielen Bereichen eine Jugendbewegung war, ist ein Gemeinplatz. Speziell zur Gestapo, auch auf der unteren Ebene, gibt es deutliche Hinweise dafür. Die Alterszusammensetzung verjüngte sich vor allem während des Krieges enorm. Die »Alterspyramide der Gestapo-Mitarbeiter scheint sich während des Krieges auf den Kopf gestellt zu haben«. Eine vergleichende Querschnittsstudie zu den Jahren 1935 und 1943 der Staatspolizei in Kiel ergab, dass 1935 »knapp zwei Drittel (63,5 %) der dort Beschäftigten vor der Jahrhundertwende geboren waren, während ihr Anteil 1943 nur mehr bei 29,4 % lag. Umgekehrt verdoppelte sich der Anteil der nach 1900 geborenen Mitarbeiter von 35,5 % im Jahre 1935 auf 70,2 % im Jahre 1943.«[35]

Die zahlenmäßige Belegung, dass die bürgerliche Mitte das Hauptreservoir für die Rekrutierung der politischen Polizei darstellte, ist schwierig. Denn die Gestapo rekrutierte sich insgesamt aus sehr unterschiedlichen Milieus. Nicht umsonst heißt ein Kapitel bei Volker Dams und Michael Stolle »Die Vielfalt der Gestapobeamten«.[36] Dazu kommt, dass die vorhandenen Untersuchungen meist auf die Führungseliten abzielen und die Ergebnisse nicht direkt übertragbar sind. Trotz dieses Vorbehalts kann schon angenommen werden, dass die Informationen auch für den unteren Bereich der Dienstpyramide übertragbar sind: So kam die große Mehrheit der Gestapo-Leiter »aus gutsituierten, z. T. großbürgerlichen Elternhäusern, keiner aus der Arbeiterschaft. Hauptsächlich waren es Beamtenfamilien – hier wiederum vor allem Lehrer- und Juristenfamilien [...]. Der familiale Einstellungshorizont war dominant völkisch-national.«[37] Das akademische Milieu der oberen Mittelschicht kann entsprechend heruntertransformiert werden. Denn die Angehörigen der breiten und in sich differenzierten Mittelschicht teilten ihre zentralen Normen, Werte und Lebensweisen. Sie unterscheiden sich signifikant von denen der Arbeiter, Bauern oder der ökonomischen und funktionalen Eliten.

Dass das Jahr 1933 in der Durchdringung der Polizei durch Nationalsozialisten keine große Zäsur darstellte, auch in der politischen Polizei, lässt sich vielfach belegen. Das gilt auch für die Wende 1937. Entgegen früheren Annahmen waren die Säuberungen im Polizeiapparat im Zuge der Machtergreifung nicht allzu erheblich: In Preußen stammte noch im Jahr 1935 90 Prozent der Beamtenschaft aus der alten Polizei. Auch die Durchdringung der Gestapobeamten in den regionalen Dienststellen von Seiten der NSDAP erreichte 1935 noch lange nicht die hohen Werte der späteren Jahre: 36,5 Prozent waren Mitglieder der NSDAP, 7,4 Prozent der SS.[38] Die große Beitrittswelle der Gestapo-Beschäftigten – wie übrigens auch der Angehörigen der übrigen Polizei – zur NSDAP erfolgte im Zuge der Verreichlichung. Im Mai 1937 zum Beispiel begab sich mehr als die Hälfte der Würzburger Gestapo-Angehörigen in die NSDAP, kurz nachdem der Aufnahmestop der Partei außer Kraft gesetzt war.[39]

Die Entlassung und Internierung der Angehörigen der Gestapo, des SD und der SS braucht statistisch nicht belegt zu werden. Sie erfolgte ihrem Charakter nach automatisch. Differenzierungen gab es lediglich bei der Dauer der Inhaftierungen.

Dasselbe gilt für die Wiedereinstellungen. Hier bestand nach dem 131er-Gesetz ein Rechtsanspruch, wenn die Spruchkammerverfahren erfolgreich waren. Die ausschließenden Urteile wurden äußerst selten vergeben, nämlich die Zuordnung zur Gruppe I »Hauptschuldige« mit 0,27 Prozent und zur Gruppe II »Belastete« mit 3,05 Prozent.[40] Für nicht einmal 4 Prozent der ursprünglich Beschuldigten kam also eine Wiederanstellung nicht in Betracht.

In der jüngeren Biografieforschung besteht die Tendenz, Biografien weniger unter dem Aspekt »normaler« Biografien und ihrer Wendepunkte zu sehen als unter dem ihrer Brüche. Klassischen Eckpunkten wie Schulabschluss, Verheiratung, Berufswahl usw. stehen krisenhafte Entwicklungen wie Ausbildungsabbruch, Scheidung und Arbeitslosigkeit gegenüber.

So entspricht auch die individuelle Biografie von Josef F. nicht ganz der Normalbiografie seines Typus. Er hat nämlich die Wiederanstellung nach dem 131er-Gesetz nicht erlebt, obwohl die Voraussetzungen durchaus bestanden. Der entscheidende biografische Wendepunkt dafür wurde nicht in den Typenkatalog aufgenommen. Es war die Abkommandierung zur Sicherheitspolizei nach Polen zu Kriegsbeginn. Die Tätigkeit in Polen führte letztlich zu den Vorwürfen, die im Lager Dachau erhoben wurden und zur Auslieferung führten. Er war in Dachau im Zuge des automatischen Arrests eingeliefert worden, das heißt als Gestapo-Beamter und SS-Dienstgrad. Der schwerer wiegende Verdacht auf in Polen begangene Kriegsverbrechen verdrängte schnell den ursprünglichen Vorwurf. Es wäre erwägenswert, für einen solchen Fall einen eigenen Typ einer kollektiven Biografie zu untersuchen. Der Einsatz von abkommandierten Angehörigen der Sicherheitspolizei in den besetzten Gebieten erfolgte im großen Stil und war keineswegs selten. Eine Strafverfolgung und Auslieferung dagegen stellte, zumindest in den unteren und mittleren Rängen, eine Ausnahme dar. Wegen der Differenziertheit und eher geringen Zahl der Betroffenen erscheint daher der Ansatz einer kollektiven Biografie für diesen Personenkreis weniger sinnvoll. Zudem bestünde eine Überschneidung mit den unterschiedlichsten Arten der Aufarbeitung der Biografien von NS-Tätern, einem eigenen und komplizierten Genre.

Voll treffen alle Punkte der Typisierung auf Josef F.s Kollegen Anton H. zu. Er war nicht im Auslandseinsatz, überstand Internierung und Entnazifizierung gut. Noch bevor Josef F. ausgeliefert wurde, befand er sich zu Hause. Später wurde er auch wieder angestellt.

Im Wittelsbacher Palais in München

Der Sonderdienst von Josef F. in Polen endete im November 1943 nach vier Jahren. Er wird an anderer Stelle besonders behandelt werden. Die Rückkehr ins Reich führte ihn nicht an seine alte Stammdienststelle nach Augsburg zurück.

Josef F. wurde ins Zentrum der bayerischen Gestapo zur Gestapo-Leitstelle München versetzt. Sie befand sich in der Münchner Innenstadt im Wittelsbacher Palais. In diesem alten, wie eine mittelalterliche Burg wirkenden Backsteinbau im neugotischen Stil hatten schon König Ludwig I. und später der letzte König Ludwig III. gewohnt. Nach verschiedenen anderen Nutzungen diente er seit 1934 als Hauptsitz der bayerischen politischen Polizei.

Wittelsbacher Palais, Sitz der Münchner Gestapo, 1933

Seine ersten Hausherrn Himmler und Heydrich zogen bald in die Reichshauptstadt um, das Palais war seitdem eine der regionalen Dienststellen im Reich. Das Wittelsbacher Palais verkörperte mit seinem trutzigen, düsteren Äußeren und seinen berüchtigten Gefängniskellern wie kein anderer Ort den »Mythos Gestapo« als Zentrale des Terrors. Zentrale Momente des kollektiven Gedächtnisses zur NS-Zeit sind hier angesiedelt, wie die Verhöre der Geschwister Scholl und Georg Elsers. Im Krieg wurde das Palais schwer von Bomben getroffen und nach dem Krieg vollständig abgerissen. Heute befindet sich an seiner Stelle ein Neubau als Sitz der Bayerischen Landesbank. Im Gegensatz zu Berlin, wo auf dem ehemaligen Gestapo-Gelände das Museum »Topografie des Terrors« entstand, erinnert in München fast nichts an die ehemalige Nutzung. Lediglich eine kleine Gedenktafel an einer Hausecke weist knapp in drei Zeilen auf die frühere Nutzung des Gebäudes in der NS-Zeit hin.[41] Ganz in der Nähe, in der Türkenstraße 26, hatte Josef F. eine kleine

Bleibe gefunden, die er nur an Arbeitstagen nutzte. Ansonsten wohnte er inzwischen in Landshut, wo er aufgewachsen war. Denn seine persönlichen Verhältnisse hatten sich inzwischen grundlegend geändert. Auf einem Urlaub lernte er die Gastwirtstochter Emilie K. kennen. Die Beziehung verfestigte sich schnell, trotz oder wegen der spärlichen Urlaubszeiten, in denen das Paar sich sehen konnte. Nach der Verlobung im Februar 1942 wurde ein Jahr später geheiratet. Das Paar gründete keinen eigenen Haushalt und zog in die geräumige Wohnung der Eltern der Frau. Im ersten Jahr war es eine typische Kriegsehe, das frisch verheiratete Paar konnte nur in den spärlichen Urlaubstagen zusammen sein. Im Jahr 1941 hatte Josef F. alle zwei Monate zwölf Tage Urlaub.[42] Ab November 1943 mit der Rückversetzung aus Polen wurde es besser. Denn nun gab es wenigstens gemeinsame Wochenenden. Josef F. pendelte zwischen dem »Dienstwohnsitz« in München und der Familie in Landshut. Das Leben in der neuen Familie der Frau bedeutete für den jungen Ehemann sehr viel. Er hatte nämlich in den letzten Jahren ganz ohne familiäre Beziehungen gelebt. Der Vater war schon vor einem Jahrzehnt gestorben, die Mutter 1940. Die einzige Schwester lebte seit Jahren im fernen Berlin. Die Schwiegereltern nahmen den Mann ihrer einzigen Tochter freundlich auf. Im August 1944 erweiterte sich die Familie um einen Buben. Die Wohnverhältnisse blieben bestehen. Dieses Leben in einer Großfamilie sollte sich ebenso als Glücksfall erweisen wie die enge emotionale Beziehung zwischen Schwiegereltern und Schwiegersohn. Das konnte Josef K. damals noch nicht wissen, aber diese Konstellation war in der langen Zeit seiner Inhaftierung nach dem Krieg eine deutliche Entlastung: Für Frau und Kind, weil wenigstens ihre materiellen Lebensgrundlagen gesichert waren, für den Mann, weil er in dieser Hinsicht beruhigt sein konnte.

Auch im beruflichen Bereich bestand zur Zeit der Rückkehr aus Polen eine günstige Situation. Genauer muss darauf nicht eingegangen werden, vieles wurde bereits im Zusammenhang der Dienstrangangleichung angesprochen. Festzuhalten bleibt, dass sich dieses Problem über Jahre hinzog. Josef F. war bereits mehr als ein Jahr ordentliches Mitglied der SS, führte aber innerhalb der SS immer noch den einfachsten Dienstgrad eines Staffelmannes. Dass er infolge des Einkleidungserlasses nach außen hin als Hauptscharführer aufzutreten hatte, tut dem keinen Abbruch. Im November 1942 trafen dann zwei an sich getrennte Umstände zusammen: Er wurde zum Kriminalsekretär befördert. Gleichzeitig war die dreijährige Mindestzeit abgelaufen, die Himmler in seinem Erlass für Angehörige der Sicherheitspolizei als Voraussetzung der Angleichung bestimmt hatte. Damit konnte die Dienstrangangleichung in Kraft treten, aus dem frischgebackenen Kriminalsekretär der Gestapo wurde zusätzlich ein echter SS-Sturmscharführer. So wurde er nun auch im SS-internen Schriftverkehr bezeichnet.

Voraussetzung für diese Beförderung war nach dem immer noch wirksamen strengen Laufbahnreglement der Polizei die Ablegung der »Fachprüfung I für Kriminalbeamte« gewesen. Dazu hatte er im Herbst 1941 einen dreimonatigen Lehrgang an der neuen Sipo-Schule in Fürstenberg besucht und danach auch die Prüfung bestanden.

Auch die privat erscheinende Verheiratung im Januar 1943 konnte nach dem Normensystem der SS nicht als privat angesehen werden. Sie wurde im SS-Jargon als »Gründung einer Sippe« bezeichnet und durch die Anlage einer amtlichen Sippenakte unter der Sippennummer 321268 im Rasse- und Siedlungshauptamt der SS registriert. Vorangegangen war die Monate andauernde Bearbeitung der Heiratsgenehmigung, in der die Braut genauso aufwendig untersucht wurde wie der beantragende SS-Mann. Himmler dekretierte im Mai 1937: »Ich will, dass die SS-Angehörigen eine rassisch wertvolle gesunde deutsche Familie gründen. Deshalb sind an die zukünftigen Frauen erscheinungsbildlich, gesundheitlich und erbgesundheitlich die höchsten Anforderungen zu stellen. Der SS-Arzt trägt hierbei die Hauptverantwortung [...].« Die meisten der über 70 Seiten der Bearbeitung der Heiratsgenehmigung beschäftigten sich mit erbgesundheitlichen und medizinischen Fragen. Sie führten bei der Frau bis hin zu gynäkologischen Details.[43] Die erfolgreiche

Hochzeit 1943 in SS-Uniform im Rathausprunksaal Landshut

Gründung einer »blutreinen und erbgesunden SS-Sippe« betraf den innersten ideologischen Kern der SS und war damit auf keinen Fall Privatsache. Politisch orientierte Aspekte spielten fast keine Rolle. Immerhin musste die Braut ausgefüllte Formblätter von zwei Bürgen einreichen, in denen auch nach ihrer politischen Zuverlässigkeit gefragt wurde.

Die Hochzeit im Januar 1943 wurde dann groß inszeniert und feierte den privaten und dienstlichen Erfolg. Sie war aber gleichzeitig eine Demonstration der neuen nationalsozialistischen Kultur, zu der sich Josef F. nunmehr in aller Öffentlichkeit und sichtbar voller Stolz bekannte. Die Zeremonie im Prunksaal des Landshuter Rathauses war insofern neu, als sie einen gewollten Kontrast zu einer herkömmlichen Hochzeit im traditionellen Milieu dieser Mittelstadt bildete. Denn sie bestand gewöhnlich aus einem kurzen Gang zum Standesamt, während der feierliche, emotional und sozial dominante Teil in der Kirche stattfand. Das war nach Lage der Dinge nicht möglich. Der Bräutigam war aus der Kirche ausgetreten und hatte in der Heiratsgenehmigung ausdrücklich darauf hingewiesen, dass eine kirchliche Trauung nicht beabsichtigt war. Die katholische Braut hatte zugestimmt. Zur Kompensation der daraus abzuleitenden Defizite hatte sich längst unter persönlicher Regie des Reichsführers SS als Ersatz eine eigene pseudoreligiöse Kultur etabliert. Sie bestand vor allem aus Versatzstücken aus Germanentum und mittelalterlicher Heldenverehrung, knüpfte aber auch an traditionelle christliche Bräuche an. Erhaltene Fotografien der Zeremonie verweisen deutlich in diese Richtung: Der geräumige Festsaal mit seinen Wandgemälden und die räumliche Inszenierung konnten es durchaus mit einer Kirche aufnehmen. Der Bräutigam in SS-Ausgehuniform, die Braut im langen weißen Kleid und das Gefolge waren festlich gekleidet. Beim Bräutigam stach besonders das Tragen des SS-Ehrendolchs ins Auge. Dieser wurde nur dem Kern der SS, das heißt, vor allem den Mitgliedern der allgemeinen SS und der Totenkopfverbände in einer feierlichen Zeremonie verliehen. Wenn jemals ein Zweifel über den Charakter der SS-Zugehörigkeit des Josef F. bestanden hätte, wäre allein das Tragen dieses Dolchs der Gegenbeweis. Ein zweites typisches SS-Requisit stand auf dem Tisch des Standesbeamten, ein hölzerner sogenannter Hochzeits- oder Sippenleuchter. Er war zweiarmig mit einer eingearbeiteten Schale für die Trauringe in der Mitte. Seine Kerzen gaben dem Tisch ein altarähnliches Aussehen und sollten auf den germanischen Lichtkult verweisen. Dieser Leuchter war ein wesentlicher Bestandteil des mythologisierenden SS-Kultes und sollte später im Hause des SS-Mannes an die Gründung seiner SS-Sippe erinnern. Er wurde deshalb auch als Sippenleuchter bezeichnet, sein Aufstellungsort als Sippenaltar. Die Dekoration des Saals mit dem Hakenkreuz und die Entbietung des Hitlergrußes am Höhepunkt der Zeremonie waren der Zeit entsprechend eher konventionelle Momente des Festakts. Insgesamt verbinden sich bei der SS-Hochzeit also stark rationale Aspekte, besonders die bürokratische Vorbereitung durch die Heiratsgenehmigung, mit stark emotionalen und weltanschaulichen Bestandteilen wie den in Anlehnung und Konkurrenz zur Kirche entwickelten Ritualen.

Der Bräutigam war über Jahre in diese Welt hineingewachsen und es spricht nichts dagegen, dass er sie inzwischen akzeptierte und vertrat, auch nach außen. Wie es bei der Braut aussah, mag dahingestellt sein. Auf jeden Fall hat sie mitgemacht. Bei den verlangten Angaben bei der Heiratsgenehmigung, gab sie sich alle Mühe, zumindest so zu tun, dass sie eine gute SS-Frau werden könnte.

Ein Einblick, wie die Arbeit im neuen Betätigungsfeld an der Stapo-Leitstelle in München aussah, ist nicht einfach. Dafür gibt es vor allem zwei Gründe. Zuerst ist die Aktenlage im Gegensatz zu den bisher behandelten Lebensabschnitten dürftig. Das ist schon zu stark ausgedrückt, denn es gibt keine Akten, weder zu Josef F. und seiner Arbeit persönlich noch zur Dienststelle während seiner Tätigkeit dort. Vorhanden sind lediglich »fragmentarisch erhaltene Tages- und Monatsberichte der Stapo-Leitstelle München für die Jahre 1939 bis 1941«.[44] Zu Josef F. persönlich existiert eine eidesstattliche Erklärung eines Kollegen, die dieser zur Verhandlung bei der Münchener Hauptspruchkammer vorlegte. Auch unter Anwendung der kritischen Distanz, die bei solchen Aussagen immer nötig ist, erscheint sie im Kern glaubwürdig.[45] Zusätzlich sind einige Notizzettel von Verhören durch den CIC in Dachau aus dem Jahr 1945 vorhanden. Sie enthalten Angaben zu Namen, Dienstgraden und Abteilungen der Münchner Gestapo[46] und bestätigen die Aussagen vor der Spruchkammer.

Im Folgenden wird versucht, wenigstens in Umrissen die Tätigkeit Josef F.s an seiner Münchner Dienststelle zu rekonstruieren. Dabei kann auch die Sicht der Historiker auf die Gestapo hilfreich sein, die sich seit etwa 1990 deutlich geändert hat.[47] Seitdem wird das konventionelle Bild der Gestapo als einer Institution, die »allwissend, allmächtig und allgegenwärtig« gewesen sein soll, kritisch hinterfragt und als »Mythos Gestapo« entlarvt.[48] Dieser Mythos war in der NS-Zeit durchaus funktional und wirkte im Sinn der Machthaber. Nach dem Krieg mutierte er zu einem Entlastungsnarrativ der »kollektiven politischen Entschuldung, das Schweigen legitimierte und Mitläufertum verständlich machte«.[49] Diese neuere Sicht will nicht verhehlen, dass diese Polizei mit solch umfangreichen Sonderrechten ausgestattet war, wie sie es in der deutschen Geschichte der Polizei weder vorher noch nachher je gab. Diese Sonderrechte bestanden vor allem in der willkürlichen Freiheitsberaubung durch die »Schutzhaft« und die administrativ verordnete Tötung von Gefangenen bei den »Sonderbehandlungen«. Gleichzeitig gilt aber, dass diese Behörden personell durchgehend unterbesetzt waren und ihre professionelle Qualität im Laufe des Kriegs ständig sank. Eine wenig effektive Überbürokratisierung konnte diese Mängel nicht ausgleichen, verstärkte sie eher.

Allein die Personalstärke zeigt, wie unrealistisch die Vorstellung einer totalen Überwachung war. Im Reich gab es im Jahr 1941 insgesamt 67 Stapo-Leitstellen, davon im Altreich 41. Im Schnitt war eine Leitstelle mit etwa 50 Mitarbeitern besetzt. Berlin mit seinen 4 Millionen Einwohnern stellte die größte Leitstelle mit 712 Mitarbeitern. Zudem ist zu berücksichtigen, dass ein ständiger Abfluss aus dem Reich in die besetzten Gebiete erfolgte. 1941 waren von den insgesamt etwa 15 000 Gestapobeamten 4000 außerhalb des Reichs abkommandiert. Josef F. war einer von ihnen. Sie fehlten an den eigenen Dienststellen und konnten kaum ersetzt werden. Diese meist unqualifizierten Ersatzleute führten zu einem zunehmenden Prozess der Dequalifizierung und Deprofessionalisierung.[50] Durch eine allzu bereitwillige Neigung zur Denunziation in der Bevölkerung, freiwillige und angeworbene Spitzel sowie ein ausuferndes Karteikartensystem konnte die Lage einigermaßen beherrscht werden.

So muss man sich den üblichen Gestapobeamten nicht als Prügler im Folterkeller des Wittelsbacher Palais vorstellen. Das besorgten fast immer freiwillige Hilfskräfte aus dem untersten Bereich der Hierarchie. Vielmehr bearbeitete er die vielen Denunziationen, die kaum weiterführten, las Berichte von V-Leuten oder ermittelte in seinem Geschäftsbereich. Zu einer gezielten Fahndung kam es selten.

Dies war der Zustand, den Josef F. nach seiner Rückkehr aus Polen vorfand. Er gehörte inzwischen zu den gefragten, gut ausgebildeten und trotz seines eher geringen Dienstalters erfahrenen Kriminalisten. Er war ja erst vor vier Jahren zur Gestapo gekommen. Seine Erfahrung erstreckte sich besonders auf den Umgang mit ausländischen Arbeitern aus seiner Zeit als Leiter einer Sipo-Dienststelle in Polen, zu der ein großes Stahlwerk gehörte. Dementsprechend wurde er in München der Abteilung Nachrichten zugeteilt, dabei der Unterabteilung Fremdarbeiter West, speziell Franzosen, Belgier, Holländer, Italiener und Bulgaren. Aufgabenbereich der Nachrichtenabteilung war die Bekämpfung von Spionage, Sabotage und Landesverrat.

Die Abteilung Nachrichten hatte innerhalb der Gestapo in München einen eigenen, auch räumlich getrennten Bereich, zu dem kein allgemeiner Zutritt möglich war. Es bestand eine enge Zusammenarbeit mit der Abwehr der Wehrmacht. Der Dienst folgte den üblichen Regeln der Nachrichtendienste, die von strikter Geheimhaltung geleitet waren. So durften ihre Mitarbeiter, wenn sie im Außendienst tätig waren wie Josef F. bei Vernehmungen nicht anwesend sein, um ihre Identität nicht zu gefährden. Sie trugen Zivilkleidung und verkehrten außerhalb der Dienststelle nur unter Decknamen. Josef F. wurde unter Josef Friedl oder nur Friedl geführt. Wahrscheinlich hing auch die doppelte Wohnung, die nach Dienstort und Privatleben in einer anderen Stadt getrennt war, mit der Geheimhaltung seiner dienstlichen Identität zusammen. Josef F. ermittelte hauptsächlich im Außendienst und überwachte spionageverdächtige Personen.

In München arbeiteten während der Kriegsjahre Zehntausende ausländischer Männer und Frauen, viele davon in kriegswichtigen Betrieben. Ein erheblicher Teil davon war zur Arbeit verpflichtet worden oder kam aus besiegten und besetzten Ländern. Im September 1944 lebten etwa 120 000 zivile ausländische Arbeitskräfte in München, davon 80 000 Männer und 40 000 Frauen.[51] Die Stadt hatte damals an die 700 000 Einwohner. In vielen Betrieben stellten Deutsche nicht einmal die Hälfte der Beschäftigten. Die hohe Zahl dieser »fremdvölkischen«, bunt zusammengewürfelten und in Barackenlagern separierten Arbeiter war natürlich schwer zu kontrollieren und ein idealer Nährboden für Sabotage und Spionage. Dem hatten die etwa 200 Beamten der Gestapo aus dem Wittelsbacher Palais kaum etwas entgegenzusetzen. Es ist verwunderlich, dass alles überhaupt lief.[52] Das war besonders der hohen Kontrolle durch die deutsche Zivilbevölkerung und ihrer Denunziationsbereitschaft zu verdanken, weniger der Leistung oder gar abschreckenden Wirkung der Gestapo. Das zeigen Zahlen aus den Monatsberichten der Gestapo-Leitstelle, die bis zum Jahr 1941 erhalten sind.[53] Bei der Dienststelle gingen im dritten Quartal 1941 insgesamt 1590 Anzeigen im Zusammenhang mit »Arbeitsvertragsbruch« und »Arbeitsdisziplin« ein. Es kam zu 586 Festnahmen, wobei Reichsdeutsche kaum (42), und Polen überdurchschnittlich (299) vertreten waren. Lediglich sieben wurden in ein Konzentrationslager überwiesen. Im nächsten Quartal stieg die Zahl der Anzeigen auf 2109. Bei nur einem Fall erfolgte eine Inhaftierung im KZ. Die Zahlen lassen sich verschiedentlich interpretieren, verweisen vor allem auf die hohe Denunziationsbereitschaft der Münchner. Mancher Vorarbeiter oder Meister hat seine Disziplinprobleme mit einem aufmüpfigen oder faulen ausländischen Arbeiter einfach an die Gestapo weitergegeben. Das zeigt die relativ geringe Zahl der Festnahmen. Die wenigen erfolgten KZ-Überführungen lassen vermuten, dass die Arbeiter besser weiter arbeiten sollten als im KZ zu verschwinden. Auch ein eventueller Abschreckungseffekt schien nicht so wichtig.

Die Bearbeitung der vielen Denunziationen und die Bemühungen um die Aufrechterhaltung der Disziplin der ausländischen Arbeiterschaft band einen erheblichen Teil der Arbeitskraft der Gestapo-Dienststellen, die dafür eigene

Abteilungen aufbauten, die zum Beispiel in Hamburg bis zu einem Viertel der Belegschaft ausmachten. In München war dafür der promovierte Geologe Richard Lebküchner zuständig. Er leitete im Rang eines Kriminalrats und SS-Sturmbannführers seit 1942 die entsprechende Abteilung. Unter anderem soll der bei Vorgesetzten, Untergebenen und Häftlingen gleichermaßen unbeliebte »Nero von München« als Ersatz für die Vollstreckung von Haftstrafen in München die »Kurzbehandlung« eingeführt haben. Sie bestand in der Verabreichung von Stockhieben auf das Gesäß im Keller des Wittelsbacher Palais.[54] Lebküchner war nicht der direkte Vorgesetzte von Josef F. Außerdem blieben Westarbeiter und Frauen ausdrücklich von dieser Behandlung ausgeschlossen. Lebküchner musste sich nach dem Krieg zusammen mit dem damaligen Chef der Münchner Gestapo, Oberregierungsrat und SS-Sturmbannführer Oswald Schäfer, vor dem Landgericht München I wegen Beihilfe zum Totschlag verantworten.

München war nicht nur von der Menge der dort tätigen ausländischen Arbeiter bemerkenswert, es war auch von besonderer Bedeutung als Standort kriegswichtiger Unternehmen. BMW baute in zwei Werken Flugmotoren, Dornier ganze Flugzeuge, in den Agfa-Werken wurden Bombenzünder hergestellt, bei Metzler Gummiwaren. Am Beispiel der BMW sollen kurz Art und Umfang dieser kriegswichtigen Tätigkeit beschrieben werden. Im Werk Allach fertigten in einem besonders getarnten Werk 11 135 Arbeiter, darunter 7206 Ausländer ausschließlich den Flugzeugmotor 801. Auf dem Höhepunkt der Produktion verließen im Monat 2000 dieser modernsten Motoren die Fließbänder des Werks. Der Ausländeranteil war mit 64 Prozent der höchste unter den Münchner Betrieben. Zusätzlich bestand in Allach ein »Nebenlager« des KZ Dachau mit bis zu 22 000 Häftlingen, die unter miserablen Bedingungen für das Werk arbeiten mussten. Auch die Zivilarbeiter wohnten in speziell für sie eingerichteten Barackenlagern. Für das BMW-Werk Milbertshofen bestanden allein fünf Lager mit einem Fassungsvermögen von 7900 Personen, in Allach kamen bis 1944 noch einmal 14 200 Barackenplätze dazu.[55] Das Zusammentreffen von höchster Kriegswichtigkeit, Spitzentechnologie, unüberschaubaren Arbeitsbedingungen und extrem hohen Beteiligtenzahlen muss ein idealer Nährboden gewesen sein für Sabotage und Widerstandsakte derer, die von diesem System ausgenutzt und unterdrückt wurden. Ganz abgesehen von den Begehrlichkeiten, die solche technischen Spitzenprodukte bei der gegnerischen Spionage auslösen mussten.

Dem hatte die Gestapo wenig entgegenzusetzen. Die Abteilung, in der Josef F. arbeitete, war personell extrem unterbesetzt, wenn man sie an ihrer Aufgabe misst. Sie arbeitete mit der Abwehr der Wehrmacht zusammen, die auch in München ein eigenes System von Abwehroffizieren (AO) aufgebaut hatte, um die ausländische Arbeiterschaft zu infiltrieren. Hierzu ist einiges, aber nicht allzu viel, bekannt.[56] Das System bestand zum einen aus Gelegenheitsspitzeln, die von sich aus und nur gelegentlich die Dienststelle des AO in der Prielmayrstraße 1 aufsuchten, ihre Informationen anboten und dafür mit kleineren Vergütungen entlohnt wurden. Zum anderen wurde der AO selbst aktiv und versuchte gezielt V-Leute zu platzieren. Es waren Personen, die sich frei und unauffällig in den Lagern bewegen konnten. Einige waren als »Perspektivagenten« gezielt über Jahre aufgebaut worden und galten als absolut zuverlässig. Wie dicht ein eigenes V-Leute-System der Gestapo in München war und was die Motive der V-Leute waren, die ja immerhin ihre Landsleute verrieten, ist nicht bekannt. Es wird sich von dem Netz des AO nicht wesentlich unterschieden haben.

Zusätzlich bestand der Versuch des RSHA, das Problem zentral anzugehen. Dazu wurden in allen rüstungspolitischen Betrieben sogenannte Abwehrbeauftragte etabliert, die mit den örtlichen Gestapo-Stellen und den Betrieben zusammenarbeiten sollten. Immerhin hatte das RSHA schon 1941 über 4000 solcher Abwehrbeauftragten als eine Art Frühwarnsystem eingerichtet. Sie sollten im Bedarfsfall die Stapo-Leitstellen warnen und informieren. Ob und wie das in München funktioniert hat, ist ebenso wenig bekannt wie die näheren Umstände eines eigenen Spitzelsystems der Münchner Gestapo. Mehr gibt die Quellenlage nicht her.

Gesichert ist, dass Josef F. als Spezialist im Außendienst an der Nahtstelle zwischen der Bearbeitung in der Dienststelle und dem direkten Kontakt mit der Außenwelt, also den V-Leuten vor Ort, zu tun hatte. Die kritische Stelle war jeweils die Übergabe der Informationen und der Schutz der Identität der Informationspartner. Wie professionell Josef F. dabei vorzugehen verstand, bewies er später im konspirativen Umgang mit den schwarzen Briefen und versteckten Informationen für seine Frau im Lager Dachau.

Anmerkungen zum Kapitel 2

1 https://de.wikipedia.org/wiki/Geschichte_der_Stadt_Speyer [zuletzt aufgerufen am 18.9.2018]
2 https://www.augsburgwiki.de/index.php/AugsburgWiki/AugsburgImNationalsozialismus-EinUeberblick [zuletzt aufgerufen am 18.9.2018]
3 HStA München MInn 72375
4 HStA München, MInn 72375, Fiche 5
5 HStA München, MInn 72375, Fiche 3
6 Carsten Dams, Michael Stolle, Die Gestapo, München 2008, S. 17
7 Martin Broszat/Elke Fröhlich/Falk Wiesemann (Hrsg.), Bayern in der NS-Zeit, München 1977, S. 205 und S. 332
8 HStA München, MInn 71939
9 Zum Beispiel Dams/Stolle 2008, S. 18
10 HStA München, MInn 71939, Fiche 4
11 HStA München, MInn 71939, Fiche 4
12 HStA München, MInn 71939, Fiche 5
13 Dams/Stolle 2008, S. 61ff.
14 Dams/Stolle 2008, S. 51f.
15 Bundesarchiv Berlin R 9361III 47851
16 Zu den einzelnen Sparten: Wolfgang Curilla, Der Judenmord in Polen und die deutsche Ordnungspolizei 1939–1945, Paderborn 2010; Patrick Wagner, Hitlers Kriminalisten, München 2007; Carsten Dams/Michael Stolle, Die Gestapo, München 2008; Paul Hoser, Schutzstaffel (SS), Historisches Lexikon Bayerns; Michael Wildt (Hrsg.), Nachrichtendienst, politische Elite und Mordeinheit. Der Sicherheitsdienst des Reichsführers SS, Hamburg 2003
17 Hoser, Schutzstaffel (SS), Historisches Lexikon Bayerns
18 George C. Browder, Die frühe Entwicklung des SD. Das Entstehen multipler institutioneller Identitäten, in: Wildt 2003, S. 38–56
19 Enzyklopädie des Holokaust, Bd.3, Berlin 1993, S. 1735ff.
20 Wagner 2007, S. 81
21 Jens Banach, Heydrichs Elite, Das Führerkorps der Sicherheitspolizei und des SD, Paderborn 2002, S. 131
22 IPN RZ 35787 t2, Strona 8
23 StA München, SpkA K 454
24 StA München, SpkA K 454
25 Gerhard Paul, Zwischen Selbstmord, Illegalität und neuer Karriere, in: Die Gestapo. Mythos und Realität, herausgegeben von Gerhard Paul und Klaus-Michael Mallmann, Darmstadt 1995, S. 543
26 RMBliV 1938, Sp. 1089
27 Zitiert bei Banach 2002, S. 130, Quelle IMG, Bd. XXXI, S. 106
28 RMBliV 1939, Sp. 1082
29 Vgl. Banach 2002, S. 125ff.
30 Bundesarchiv Berlin, Berlin Document Center, das 10,7 Millionen Karteikarten der NSDAP-Mitgliedskartei und 500000 Akten aus dem Rasse- und Siedlungshauptamt verwaltet.

31 Bundesarchiv Berlin R 9361, IIIb47951
32 Michael Wildt, Generation des Unbedingten. Das Führungskorps des Reichssicherheitshauptamts, Hamburg 2002
33 Banach 2002
34 Gerhard Paul, Ganz normale Akademiker, in: Die Gestapo. Mythos und Realität, herausgegeben von Gerhard Paul und Michael Mallmann, Darmstadt 1995, S. 236ff.
35 Elisabeth Kohlhaas, Die Mitarbeiter der regionalen Staatspolizeistellen, in: Paul / Mallmann 1995, S. 234
36 Dams / Stolle 2008, S. 61ff.
37 Gerhard Paul, Ganz normale Akademiker. Eine Fallstudie zur regionalen staatspolizeilichen Funktionselite, in: Paul / Mallmann 1995, S. 239
38 Kohlhaas 1995, S. 230
39 Kohlhaas 1995, S. 230
40 Hoser, Entnazifizierung, Historisches Lexikon Bayerns
41 Winfried Nerdinger (Hrsg.), Orte Erinnern, App des NS-Dokumentationszentrums München, nach Vorlage des Katalogs zur Ausstellung »Ort und Erinnerung – Nationalsozialismus in München«, München 2006
42 IPN GK 678/52 Strona 6
43 Bundesarchiv Berlin, R 9361III47951
44 Andreas Heusler, Ausländereinsatz. Zwangsarbeit für die Münchner Kriegswirtschaft 1939–1945, München 1996, S. 288
45 StA München SpkA K 454
46 IPN Rz 357/87 t2, Strona 49-52
47 Robert Gellately, Die Gestapo und die deutsche Gesellschaft, Paderborn 1993
48 Diese Zitate sind Titel beziehungsweise Titelteile der Veröffentlichungen von Klaus-Michael Mallmann / Gerhard Paul aus den Jahren 1993 und 1995.
49 Klaus-Michael Mallmann / Gerhard Paul, Auf dem Weg zu einer Sozialgeschichte des Terrors, in: Mallmann / Paul, Die Gestapo, Darmstadt 1995, S. 4
50 Zahlen in Kohlhaas 1995, S. 221ff.
51 Heusler 1996, S. 115
52 Mit dem spektakulärsten Fall der Münchner Gestapo im Zusammenhang mit Fremdarbeitern und Kriegsgefangenen hatte Josef F. kaum etwas zu tun, denn auf dessen Höhepunkt war er erst wenige Wochen an der Dienststelle. Es ging um die sogenannte »Brüderliche Zusammenarbeit der Kriegsgefangenen« (BSW). Der Gestapo gelang es, in diesen gut organisierten Kreis russischer Kriegsgefangener Ende 1943 einen Spitzel einzuschleusen. Die darauffolgende Verhaftungswelle von fast 400 mutmaßlichen Mitgliedern lässt den Umfang der Operation erkennen. Die Leitung der Organisation und viele andere Mitglieder wurden im September 1944 im KZ Dachau erschossen. Der BSW war es gelungen in München und Umgebung Hunderte sowjetischer Kriegsgefangener zu organisieren. Außerdem bestand eine enge Zusammenarbeit mit der Münchner Widerstandsgruppe »Antifaschistische Deutsche Volksfront« um Karl Zimmet. Siehe Heike Bretschneider, Der Widerstand gegen den Nationalsozialismus in München 1933–1945, München 1968, S. 202ff.
53 Heusler 1996, S. 280
54 Heusler 1996, S. 294
55 Heusler 1996, S. 39
56 Heusler 1996, S. 284ff.

Kapitel 3
Der Dienst in Polen

Das Generalgouvernement

Am 7. Oktober 1939 trat Josef F. laut Personalbogen des Einsatzkommandos 1/I der Sicherheitspolizei seinen neuen Dienst in Polen an. Er war von seiner Dienstelle bei der Staatspolizei in Augsburg dahin abkommandiert worden. Sie blieb weiterhin seine Stammdienststelle. In Polen selbst gab es zu dieser Zeit noch keine festen Strukturen. Gerade einen Tag vorher hatten die letzten polnischen Truppen kapituliert und die siegreiche deutsche Wehrmacht hielt nun das Land besetzt. Derweilen wurde in Berlin um die endgültige Gestaltung des eroberten Raums verhandelt. Einiges war bereits vorbestimmt, vor allem die Abtretung der östlichen Gebiete Polens an die Sowjetunion. Diese oft als vierte polnische Teilung bezeichnete vertragliche Vereinbarung zwischen Deutschland und der Sowjetunion trat mit dem Einmarsch der sowjetischen Truppen in Kraft. Die westlichen, durch den Versailler Vertrag 1919 an Polen abgetretenen Teile Deutschlands wurden wieder direkt in das Deutsche Reich eingegliedert. Das restliche Polen, die polnischen Kernlande, erhielt als »Generalgouvernement« einen Sonderstatus, der am besten als der einer deutschen Kolonie erklärt werden kann. Die einstige Republik Polen, die 1938 noch fast 35 Millionen Einwohner zählte, war auf gut 12 Millionen geschrumpft, wahrlich ein Restpolen. Einesteils bestand unter der Bezeichnung eines deutschen »Nebenlandes« die Fassade eines selbstständigen Staates mit eigener Währung und Regierung, sogar Briefmarken. Jegliche Machtausübung lag durch einen Führererlass vom 26. Oktober aber allein in deutscher Hand. Polen hatten nichts zu bestimmen. Dies tat der dem Führer persönlich verantwortliche und allein von ihm ernannte Gouverneur Hans Frank. Dieser bestellte und leitete eine nur aus Deutschen bestehende Regierung und deren Verwaltung.

Dem Generalgouverneur mit Sitz in Krakau unterstanden die vier Distrikte Krakau, Warschau, Radom und Lublin mit Gouverneuren an der Spitze. Nach dem Einmarsch der Deutschen Truppen in die Sowjetunion im Sommer 1941 kam der Distrikt Galizien mit etwa fünf Millionen Einwohnern hinzu. Das Gebiet innerhalb der Distrikte war in Kreishauptmannschaften und

Das durchlaßscheinpflichtige Gebiet des

GENERALGOUVERNEMENTS

nach dem Stande vom 1. 5. 1942

Herausgegeben vom RF SS u ChdDtPol. im RMdJ. – Referat S II B 2.

Die Distrikte des Generalgouvernements Polen

einige wenige Stadthauptmannschaften unterteilt. Diese Bezeichnungen und die Zuschnitte der mit unseren Landkreisen vergleichbaren Verwaltungsbezirke der unteren Ebene stammten aus der Zeit der österreichischen Herrschaft vor 1918. In den kleineren Gemeinden und dem flachen Land blieb die bisherige polnische Verwaltungsstruktur bestehen, selbstverständlich unter der Aufsicht der Kreishauptleute. Die drei übergeordneten, neu geschaffenen Verwaltungsebenen dagegen befanden sich ausschließlich in deutscher Hand. Dazu stand Frank ein hauptsächlich aus dem Reich beschickter und durch Volksdeutsche ergänzter Verwaltungsapparat zur Verfügung. Mit Stand vom September 1943 umfasste er 22 740 Männer und 7184 Frauen.[1] Davon entfielen allein 15 880 Männer und 2980 Frauen auf die Betriebsverwaltungen der Eisenbahn und der Post. Etwas weniger als die Hälfte war verbeamtet. Den Kern des Apparates bildete die Regierung in Krakau mit etwa 1900 Mitarbeitern. Das mag viel erscheinen, relativiert sich aber schnell, wenn man die Größe des zu verwaltenden Gebiets bedenkt. Denn verteilt auf die etwa 60 Kreis- und Stadthauptmannschaften blieben rein statistisch gesehen vor Ort nur zehn bis 20 Beamte übrig. Die Realität sah zuweilen noch schlechter aus.

Das verweist auf die eklatante Personalnot, die im Generalgouvernement allgegenwärtig war und alle Bereiche betraf. Die Etablierung und Aufrechterhaltung der deutschen Herrschaft erwies sich als ähnlich schwierig, wie es unter dem Stichwort vom »Mythos Gestapo« für das Reich geschildert wurde. Wie sollten 17 Millionen eben besiegte, politisch entmündigte und wirtschaftlich geknechtete Polen von einem derart kleinen Apparat kontrolliert und beherrscht werden? Die Größe und Leistungsfähigkeit der neu aufzubauenden Polizei verhieß nichts Gutes. Denn auch sie war von Anfang an von der schlechten Personalsituation betroffen, von der Zahl her wie von der Qualität: »Ende 1942 belief sich ihre Stärke auf

12 000	Mann deutsche Polizei
12 000	Mann polnische Polizei
1800	Mann ukrainische Polizei
2000	Mann deutsche Sicherheitspolizei
3000	Mann polnische Sicherheitspolizei
3000	Mann Sonderdienst«[2]

Josef F. war einer dieser 2000 Sicherheitspolizisten und seine Versetzung nach Krakau hatte mit der eben beschriebenen Problematik zu tun. Denn im Oktober 1939 sollte die eben gefundene Lösung für die Polenfrage, die Etablierung eines Generalgouvernements, schnell realisiert werden. Die zwischen 2000 und 3000 Mann starken »Einsatzgruppen der Sicherheitspolizei und des

SD« sollten den Grundstock einer Sicherheitspolizei für das Generalgouvernement bilden. Dazu wurden die 16 Einsatzkommandos der Einsatzgruppen nach dem Ende des Kriegs formal aufgelöst. Sie blieben aber in Struktur und Personalbestand bestehen und bildeten in den fünf Distrikten eine nunmehr sesshafte Sicherheitspolizei. Zur personellen und fachlichen Verstärkung stellten die Dienststellen des Reichs Beamte ab, aus allen Sparten der Sicherheitspolizei, besonders der Gestapo.

Denn schon beim Vorgehen der Einsatzgruppen im gerade abgeschlossenen Polenfeldzug hatte sich abgezeichnet, dass die klassischen Polizeiaufgaben nicht im Vordergrund stehen würden. Ursprünglich sollte von den Einsatzgruppen der Raum hinter den vorrückenden Truppen gesichert werden. Aber gleichzeitig hatten sie den Auftrag, die polnische Elite zu dezimieren, ohne darüber die Heeresbefehlsstellen zu informieren.

> »Mit vorbereiteten Listen trieben Heydrichs Häscher polnische Lehrer, Ärzte, Beamte, Geistliche, Gutsbesitzer und Kaufleute zusammen. Die Verhafteten kamen in Auffanglager, die sich nicht selten als Liquidierungsstätten erwiesen [...]. Der Historiker Martin Broszat beziffert die Zahl der Opfer in den ersten Monaten der Deutschen-Herrschaft auf ›einige Zehntausende‹. Heydrich erklärt am 27. September 1939: ›Von dem polnischen Führertum sind in den okkupierten Gebieten höchstens noch 3 % vorhanden‹.«[3]

Josef F. muss sehr schnell gemerkt haben, dass das Leben in seinem zukünftigen Dienstbereich nach anderen Regeln ablief, als er es in seiner kurzen Zeit bei der Augsburger Gestapo bisher erlebt hatte. Dort war die formale Ausstellung eines Schutzhaftbefehls, das heißt die Einweisung in das Konzentrationslager Dachau, die schärfste mögliche Maßnahme gewesen. Bei den Kameraden, mit denen er nun zu tun hatte und deren Uniform er trug, war das anders. Sie stellten, wenn es ihnen passte, ihre Opfer ohne Weiteres an die Wand, auf Befehl ihrer Vorgesetzten oder aus Eigeninitiative. Gedeckt wurden sie auf jeden Fall. Die meisten der späteren Vorgesetzten von Josef F. waren selbst mindestens einmal als Führer eines Einsatzkommandos in Polen oder der Sowjetunion tätig. Zum Beispiel der Befehlshaber der Sicherheitspolizei in Krakau Bruno Streckenbach, der Kommandeur der Sicherheitspolizei im Distrikt Krakau, Ludwig Hahn, der Leiter der Schule der Sicherheitspolizei, Hans Trummler, oder sein späterer Chef bei der Gestapo in München, Oswald Schäfer. Weil die Anordnungen von höchster Stelle kamen, half auch der Protest der Wehrmacht nichts. Der Oberbefehlshaber im Osten Generaloberst Blaskowitz wendete sich direkt an Hitler und klagte das Vorgehen der

Einsatzgruppen in Polen an. Er erreichte aber außer seiner Versetzung in den Westen nichts. Diese Unzuverlässigkeit der Wehrmacht bei der Durchsetzung der nationalsozialistischen Volkstumspolitik im Osten hatte einen wesentlichen Effekt. Die Armee fiel seitdem als Konkurrent für die alleinigen Machtansprüche von Hans Frank in seinem Herrschaftsbereich aus. Er hatte aber noch einen anderen mächtigen Konkurrenten und einen persönlichen Feind, nämlich die SS und ihren Führer Heinrich Himmler.[4]

All die Konkurrenzen, Kompetenzüberschneidungen und persönlichen Machtkämpfe in Franks Reich sind insgesamt typisch für die Herrschaft im NS-Staat und brauchen in diesem Zusammenhang auch nicht weiter ausgebreitet oder vertieft werden. Das gespannte Verhältnis zwischen dem offiziellen Stand von Hans Frank mit seinem Reichsnebenland und der SS ist aber wesentlich für das Verständnis von Aufbau und Funktion der Polizei im besetzten Polen.

Eigentlich sollte Frank fast unumschränkter Herrscher in seinem Bereich sein. Dazu gehörte auch die Führung der Sicherheitspolizei. Für die besetzten Gebiete war eine neue Struktur geschaffen worden. Dem Befehlshaber der Sicherheitspolizei (BdS) unterstand die gesamte Sicherheitspolizei, also Gestapo, Kripo und SD. In Polen residierte der BdS in Krakau. Das Reichssicherheitshauptamt (RSHA) in Berlin hatte die fachliche Aufsicht und eine allgemeine Richtlinienkompetenz, entschied in Personalangelegenheiten, übte aber keine exekutiven Aufgaben aus. In den fünf Distrikten befehligten dem BdS unterstellte Kommandeure der Sicherheitspolizei (KdS). Die unterste Ebene im Distrikt Krakau bildeten insgesamt acht »Nebenstellen der Sicherheitspolizei und des SD« in ausgewählten Gemeinden. In grenznahen Gebieten hießen diese »Grenzkommissariate«. Davon gab es vier.

Die Organisation der Ordnungspolizei entsprach der der Sicherheitspolizei. Im gesamten Generalgouvernement befehligte ein »Befehlshaber der Ordnungspolizei« (BdO), in den Distrikten jeweils ein »Kommandeur der Ordnungspolizei« (KdO). Die unterste Ebene war vielfältiger aufgestellt, denn die Schutzpolizeistationen in den Städten und Gendarmerieposten auf dem Land sollten das Land insgesamt abdecken. Für sie waren die Kreishauptleute zuständig. Eine besondere Bedeutung fiel der Ordnungspolizei deshalb zu, weil ihre kasernierten Einheiten, die Polizeibataillone, die einzigen deutschen Polizeikräfte bildeten, die organisatorisch und zahlenmäßig auch für Großeinsätze zur Verfügung standen.

Himmler als Chef der deutschen Polizei und Heydrich als sein verlängerter Arm im RSHA waren nicht bereit, ihre im Reich unangefochtene Macht in Polizei- und Sicherheitsfragen nun im Generalgouvernement an Hans Frank abzutreten oder auch nur zu teilen. Deshalb versuchten sie intensiv, die Stellung Franks zu schmälern. Letztendlich war das Ergebnis eine weitgehende Entmachtung Franks im Polizeibereich, die nur noch wenig mit den üblichen persönlichen Animositäten und Rivalitäten zwischen höchsten NS-Funktionären zu tun hatte.

Es geht hierbei um die Etablierung eines weiteren neuen Amts, des »Höheren Polizei- und SS-Führers« (HPSSF) Ende 1939. Im Falle des Generalgouvernements wurde Hans Frank in Person von Wilhelm-Friedrich Krüger ein durchsetzungsstarker SS-Obergruppenführer und gleichzeitig General der Polizei vor die Nase gesetzt. Das erklärt auch die Hauptfunktion dieses Amtes, nämlich die Integration oder besser gesagt Unterordnung der gesamten Polizei unter die SS. Dies war im Reich nie voll gelungen. Die Ordnungspolizei wurde bis zum Ende der NS-Zeit durch ein eigenes Hauptamt geführt. Dabei stellte die Ordnungspolizei im Reich wie in Polen ein Vielfaches der Kräfte der Sicherheitspolizei. Diesem HPSSF Ost unterstanden alle deutschen und einheimischen Polizeikräfte ebenso wie die in Polen vertretene SS. Hans Frank wehrte sich, verlor aber den Machtkampf mit dem ihn gezielt provozierenden Krüger. Im Mai 1942 musste er Krüger sogar als Staatssekretär für Sicherheitsfragen in seine Regierung aufnehmen. Himmler hatte sich bei Hitler durchgesetzt und Franks Stellung war erheblich geschwächt.

Damit konnte der HPSS-Führer alle Polizeikräfte im Generalgouvernement bündeln und gezielt für die von Himmler und Heydrich im Auftrag Hitlers vorgesehene Volkstums- und Judenpolitik angehen. Dafür standen ihm in den Distrikten jeweils eigene SS- und Polizeiführer zur Verfügung. Die fünf Dienststellen dieser SSPF waren nicht groß und hatten keine exekutiven Aufgaben. Bei Bedarf sollten sie sich aber als sehr wirksam erweisen, wenn es um eine zeitlich und regional begrenzte Bündelung aller Polizeikräfte ging. Eine dritte, untere Ebene wie bei der Verwaltung und der Sicherheitspolizei gab es nicht. Die SSPF konnten bei Bedarf auf sie zugreifen.

Die praktische Arbeit der Polizei litt unter den Vielfach- und Doppelkompetenzen weniger, als anzunehmen wäre. Die Regierung verfügte wenig angefochten von der SS mithilfe der Kreishauptleute auf dem flachen Land, in den Gemeinden und Städten über die Gendarmerie- und Schutzpolizeieinheiten. Die Sicherheitspolizei mit ihren KdS-Dienststellen und schwerpunktmäßigen Nebenstellen nahm ihre spezifischen Aufgaben ähnlich wie die Gestapo im Reich wahr. Der Schwerpunkt lag bei der Überwachung der Bevölkerung und der Unterdrückung des Widerstands. Hier gab es auch kaum eine Rivalität zwischen SS und Regierung. Domäne der SS war die Durchsetzung der Volkstumspolitik und die Verfolgung der Juden. Es ging um Ausweisungen, Umsiedlung, Gettobildung, Einrichtung von Konzentrationslagern, Ausbeutung und Vernichtung der jüdischen Bevölkerung. Hierbei engagierte sich die Regierung kaum.

Die bisher angeführten Rivalitäten zwischen der Regierung und der SS sowie der Wehrmacht und der SS sind nicht die einzigen. Es ließen sich noch mehrere andere anführen. Sie sind aber im Zusammenhang dieser Untersuchung weniger bedeutsam. Meist gehen sie auf Einflussnahmen von Ministerien und Dienststellen des Reichs auf das Generalgouvernement zurück, die von dort als Einmischungen empfunden wurden. Hans Frank war hierbei sehr empfindlich.

Wenigstens zwei solcher Überschneidungen von Kompetenzen sollen doch kurz angeführt werden, weil sie im Verlauf noch bedeutend werden.

Ein Bereich ist die Arbeitsverwaltung. Gemeint ist damit, dass das Generalgouvernement als Arbeiterreservoir größten Ausmaßes genutzt wurde. Mehr als eine Million Arbeiterinnen und Arbeiter verließen in diesen Jahren ihr Land zur Arbeit in Deutschland. Das geschah freiwillig, gezwungen, erpresst oder wie auch immer diese Arbeiter rekrutiert wurden. Die Lenkung erfolgte über die Regierung in Krakau oder über Filialen der Arbeitsämter aus dem Reich. Die Sicherheitspolizei war dabei involviert, zum Beispiel bei der Registrierung und Selektion von arbeitspflichtigen Juden.

Nicht nur die Arbeitskraft der Polen wurde ausgebeutet. Es ging auch um einen Eigentumstransfer erheblichen Ausmaßes. Dies betraf vor allem die jüdische Bevölkerungsgruppe, die gezielt ausgeraubt wurde. Die dafür zuständige Organisation des Reichs war die »Haupttreuhandstelle Ost«. Das Generalgouvernement baute eine eigene Treuhandorganisation auf, um beteiligt zu sein. Gegenstände des Raubs konnten ganze Fabriken oder nur die zurückgelassenen Möbel von zwangsausgesiedelten Juden sein. Auch in solchen Fällen war die Sicherheitspolizei gefragt. Ein Beispiel ist die Sicherung requirierter Betriebe größeren oder geringeren Ausmaßes, wenn diese für die Rüstung arbeiteten.

Westgalizien, Krakau, Jaroslaw

Als Josef F. im Oktober 1939 seinen Dienst bei der Sicherheitspolizei in Krakau antrat, war er vorher noch nie im Ausland gewesen. Er hatte auch keine Fremdsprachenkenntnisse. Gemäß seiner Schulbildung dürfte er kaum besondere geografische oder historische Kenntnisse erworben haben. Auch aus seinem Nachlass ergeben sich keine Hinweise in dieser Richtung. Es scheint lediglich eine Seereise auf KdF-Schiffen Richtung Norwegen gegeben zu haben. Sein Leben hatte sich bisher im Dreieck Landshut-Augsburg-Ingolstadt

Sobibor
LUBLIN
Majdanek
Trawniki
RADOM
Belzec
KIELCE
Stalowa Wola
Wista
Mielec
San
Debica
Tarnow
RZESZÓW
Iaroslaw
KRAKÓW
Przernyśl

abgespielt. Aufenthalte außerhalb waren kurzzeitig und im Rahmen seiner Polizeiausbildung dienstlich bedingt gewesen. Auch seine spätere Heirat führte ihn über diesen provinziellen Rahmen nicht hinaus, er kehrte ja in die Stadt seiner Kindheit und Jugend zurück. Die Ankunft in Krakau mit seinen damals 260000 Einwohnern dürfte bei dem reiseunerfahrenen Mann aus der bayerischen Provinz trotzdem keinen Kulturschock bewirkt haben. Vielleicht löste sie sogar gewisse heimatliche Reminiszenzen aus. Krakau war zwar erheblich größer als Landshut, aber es existieren durchaus Gemeinsamkeiten im Erscheinungsbild. Eine malerische, mittelalterlich geprägte Altstadt am Fluss, überragt von einem Burgberg und einem imposanten Kirchenturm. Vorerst war die Stadt nur Durchgangsstation, erst drei Jahre später lebte Josef F. für einige Monate dort. Der KdS Krakau wies ihn der Nebenstelle der Sicherheitspolizei in Jaroslaw zu. Der Ort liegt etwa 160 km östlich von Krakau. Die Nebenstelle war noch im Aufbau begriffen und Teil des Grenzkommissariats Przemysl. Dort war zu dieser Zeit die Grenzlinie zwischen den beiderseits vorgerückten deutschen und sowjetischen Truppen. Die Deutschen kamen von Westen, die Russen von Osten. Beide marschierten in diesen Wochen in ihr vorher ausgehandeltes Besatzungsgebiet ein.

Die Straße von Krakau über Tarnow, Rrzeszow, Jaroslaw, Przemysl weiter nach Lemberg-L'lov ist die zentrale West-Ost-Achse der historischen Landschaft Galizien. Der Teil, der heute polnisch ist, wird meist als Westgalizien bezeichnet, der Teil östlich von Przemysl gehört seit der Auflösung der Sowjetunion zur Republik Ukraine. Geografisch ist das Gebiet leicht zu beschreiben. Es ist das »Land vor den Karpaten«. So heißt auch heute der polnische Regierungsbezirk, nicht Westgalizien. Das hat eine gewisse Berechtigung, denn die Bezeichnung »Galizien« korrespondiert nicht mit einer Ethnie, Nation oder Ähnlichem. Sie hat ihre Wurzel im habsburgischen Vielvölkerstaat. Mindestens so weit muss man zurückgehen, um die komplizierte Gemengelage einigermaßen zu verstehen, die bestand, als Josef F. hier eintraf. Er wusste nicht, dass er ins »Herz der Finsternis« eintrat, eine treffende Metapher, die Joseph Conrad für die gesammelte Unbill des kolonialen Imperialismus erfand und in seinem Roman gleichen Titels eindringlich beschrieb. Wahrscheinlich gab und gibt es auf der Welt noch andere Landstriche mit ähnlichen Umständen und Voraussetzungen, aber kaum mit ähnlich schwerwiegenden Konsequenzen. Das mag hochtrabend klingen, lässt sich aber nüchtern mit den Zahlen von Vertriebenen, Flüchtlingen, Pogrom-Opfern und gezielt vernichteten Menschenleben belegen, die in jedem der Bereiche in die Hunderttausende und teils Millionen gingen.

Das Territorium Galiziens wurde seit der ersten polnischen Teilung 1772 Bestandteil der Habsburger Monarchie. Unter der offiziellen Bezeichnung

»Königreich Galizien und Lodomerien« gehörte es nach der Reform von 1867 als Kronland zum österreichischen Teil der Habsburger Doppelmonarchie. Amtssprache war demnach Deutsch und auch sonst orientierte sich das Land mit seinen etwa acht Millionen Einwohnern auf Wien. Das zeigt zum Beispiel die Verkehrssituation. Vor dem Ersten Weltkrieg brauchten die Schnellzüge von Krakau nach Wien für die 413 km lange Strecke acht Stunden. Sie verkehrten drei Mal am Tag. Insgesamt war Galizien ländlich geprägt und wirtschaftlich nicht von besonderer Bedeutung. Eine Ausnahme bildete dabei nur der Ölreichtum im Osten des Landes.

Ethnisch gesehen war dieses Kronland selbst im Vielvölkerstaat Österreich-Ungarn eine Ausnahme. Denn in keinem seiner Länder lebten so viele Volksstämme zusammen. Polen und Ukrainer bildeten die größten Gruppen, Juden und Deutsche die bedeutendsten Minderheiten. Genaue Zahlenangaben sind mit Vorsicht zu behandeln, trotz der Volkszählungen. Denn die verwendeten Kategorien sind wenig trennscharf. Eine realistische Schätzung auf der Grundlage von Sprache und Religion sollte von etwa vier Millionen Polen, drei Millionen Ukrainern, 800 000 Juden und 200 000 Deutschen ausgehen.[5] Diese groben Zahlen können zusätzlich nach relevanten soziologischen Unterschieden differenziert werden. So gab es in Ostgalizien auf dem Land eine ukrainische, aber von polnischen Adligen und Grundbesitzern abhängige Mehrheit. Deutsche waren in den Städten stark vertreten und bildeten die von Wien beschickte Verwaltung. Juden lebten vor allem in den Städten und stellten dort zuweilen die Hälfte der Bevölkerung. Sicher nicht reibungslos, aber ohne entscheidende Veränderungen im politischen Bereich bestand die österreichische Herrschaft bis zu ihrem Zusammenbruch 1918, also fast 150 Jahre. Das Zusammen- beziehungsweise Nebeneinanderleben der diversen Bevölkerungsgruppen war insgesamt zumindest erträglich.

Ein Vergleich zum polnischen Staatsgebiet von 1921 zeigt zwar deutliche Abweichungen bei den einzelnen Volksgruppen, belegt aber den Umstand, dass auch der gesamte polnische Staat keine einheitliche nationale Struktur aufwies. Von den 27 Millionen polnischen Staatsbürgern der Volkszählung von 1921 waren 18 Millionen ethnische Polen, also circa 69 Prozent. Der Rest bestand aus 3,7 Millionen Ukrainern, je einer Million Weißrussen und Deutschen sowie 2,6 Millionen Juden.[6] Wichtig dabei ist, dass auch hier die Zahlen differenziert betrachtet werden müssen. Die Juden lebten wie in Galizien vor allem in den Städten. Bei den anderen Minderheiten ist besonders die geografische Verteilung relevant. Die Deutschen wohnten schwerpunktmäßig in den westlichen, die Ukrainer und Weißrussen in den östlichen Grenzregionen des Staats. Beide Grenzen existierten noch nicht lange. Im Westen hatte Deutschland im Versailler Vertrag die Gebiete Posen und Westpreußen an Polen abgetreten. Die gebliebenen deutschen Einwohner stellten den Hauptteil der deutschen polnischen Staatsbürger. Im Osten hatte Polen durch seine aggressive Politik gegenüber der sich gerade bildenden Sowjetunion eine Verschiebung seiner Ostgrenze erreicht. Dies lief auf eine deutliche Erhöhung seiner Einwohnerzahl hinaus. Gegenüber der Volkszählung von 1921 mit 27 Millionen Einwohnern hatte Polen 1938 fast 35 Millionen. Die Zahlen der ukrainischen, weißrussischen und jüdischen Minderheiten stiegen entsprechend. In den neu hinzugekommenen Gebieten im Südosten existierte meist keine polnische Mehrheit mehr.

In diesen Grenzregionen im Westen und Osten sah sich der neue polnische Staat ohnehin bedroht und reagierte gegenüber seinen Minderheiten aggressiv und nationalistisch. Und gerade hier verschoben sich die Grenzen zwischen 1939 und 1945 mehrfach und erheblich. Gründe dafür waren der von Deutschland gewonnene Krieg mit Polen 1939, die schon erwähnte Einigung Deutschlands mit der Sowjetunion über die Aufteilung des polnischen Staatsgebiets 1939, der Krieg Deutschlands mit der Sowjetunion seit 1941 und die Einigung der letztendlich siegreichen Sowjetunion mit seinen Verbündeten über eine Westverschiebung Polens.

Jeder dieser Akte schlug sich in Galizien konkret im Raum Pzremysl-Jaroslaw nieder. Bei der Ankunft Josef F.s dort wurde gerade die Grenze zwischen dem Generalgouvernement und der Sowjetunion eingerichtet. Deshalb gehörte seine Nebenstelle zu einem Grenzkommissariat. Diese Grenze existierte nicht einmal zwei Jahre. Seit dem Einmarsch der deutschen Truppen in die Sowjetunion fiel sie weg und markierte nur noch eine Verwaltungsgrenze innerhalb des Generalgouvernements. Es war eine Art Wiedervereinigung aus ukrainischer Sicht. Nach dem Rückzug der deutschen Truppen besetzte die Rote Armee das Gebiet und es wurde unter den Siegern verhandelt, was werden sollte. Zur Enttäuschung der Polen wurde eine Grenze eingerichtet. Sie trennte das wieder errichtete Polen von der neuen ukrainischen Sowjetrepublik. Die Alliierten entschädigten Polen für den Wegfall seiner östlichen Gebiete mit Abtretungen deutschen Gebiets östlich der Oder-Neiße-Linie.

Diese wiederholten Veränderungen des polnischen Staatsgebiets innerhalb weniger Jahre wurden begleitet von Vertreibungen, Umsiedlungen, Racheaktionen und bürgerkriegsähnlichen Zuständen. Der britische Historiker Keith Lowe hat dies alles in einem räumlich und zeitlich sinnvollen Zusammenhang dargestellt.[7] Er betont die nunmehr ethnische Geschlossenheit des polnischen Staats, der seit 1947 keine ethnischen Minderheiten mehr aufweist. Der Weg dahin war in fünf Schritten verlaufen. Er begann mit der Vertreibung und Vernichtung der Juden unter der deutschen Besatzung. Es folgten die Vertreibung der Polen in Ostgalizien durch die ukrainische Seite während der deutschen Besatzung und danach umgekehrt die Vertreibung und Umsiedlung der Ukrainer aus Westgalizien nach dem Einmarsch der russischen Truppen. Den Abschluss bildete die Vertreibung der Volksdeutschen aus dem polnischen Staatsgebiet mit seinen neuen Grenzen nach 1945. Bei den Regelungen nach dem Ersten Weltkrieg waren Staaten neu gegründet und Grenzen neu gesetzt worden, die Bevölkerungen blieben davon unberührt. Nach dem Zweiten Weltkrieg erfolgte zusätzlich eine ethnische Anpassung durch die Beseitigung der Minderheiten. Fast jeder polnische Staatsbürger war nunmehr auch ethnischer Pole.

Zurück zur Ausgestaltung der deutschen Herrschaft im Generalgouvernement. Unter dem Aspekt der Sicherheitspolitik war das Missverhältnis zwischen der Zahl der besetzten Polen und der im Vergleich dazu geringen Stärke der Besatzer aufgefallen. Das betraf die Sicherheitspolizei besonders mit einem Verhältnis von 2000 Polizisten zu 17 Millionen Polen. Zudem waren diese Polen besiegt, besetzt und unterdrückt. Ihre Bereitschaft zur willigen Gefolgschaft oder gar Denunziation ist im Vergleich zur Bevölkerung im Reich deshalb viel geringer anzusetzen. Im Gegenteil war der aktive Widerstand der polnischen Bevölkerung ungleich umfangreicher und intensiver als der Widerstand innerhalb des Reiches gegenüber dem NS-System. Eine dauerhafte Beherrschung des eroberten Polens war eine schwierige, wenn nicht unmögliche Aufgabe. Dass dies einige Jahre erfolgreich gelang, hat mit den eben geschilderten Umständen zu tun. »Das NS-Regime nutzte das Nationalgefühl der Ukrainer, um die anderen Volksgruppen zu unterdrücken.«[8] Es rächte sich nun, dass die polnische Staatsnation ihre Minderheiten nicht integriert, sie an den Rand gedrängt und schlecht behandelt hatte. Schon vor der deutschen Besatzung war der Antisemitismus ausgeprägt gewesen und danach die Liquidierung der jüdischen Bevölkerungsgruppe ziemlich teilnahmslos verfolgt worden. Die beiden anderen Minderheitsgruppen wechselten sogar die Fronten und beteiligten sich aktiv an der Verfolgung ihrer vormaligen jüdischen Staatsgenossen und der Unterdrückung der Polen. Gemeint sind die Ukrainer und die sogenannten Volksdeutschen.[9]

Viele Volksdeutsche ließen sich bereitwillig in den Besatzungsapparat integrieren und zogen vor allem als Nutznießer der Beschlagnahmungspolitik der Treuhandstellen materielle Vorteile aus ihrer Situation. Als polnischsprachige Dolmetscher erwiesen sie sich nicht nur bei der Sicherheitspolizei als unverzichtbar. Gleichzeitig war ihr Verhältnis zu ihren ehemaligen polnischen Landsleuten emotional stark belastet. Sie hatten sich nach ihrer Einverleibung in den polnischen Staat seit 1919 als Bürger zweiter Klasse gefühlt und waren auch tatsächlich oft so behandelt worden. In den ersten Kriegswochen des Septembers 1939 kam es in manchen Teilen Polens zu einer regelrechten

Treibjagd auf Volksdeutsche. Dies wurde vor allem beim sogenannten »Bromberger Blutsonntag« von der NS-Propaganda ausgiebig ausgeschlachtet. In der Tat ging die Zahl der Opfer wirklich in die Tausende. Ein Gefühl, dass nun die Zeit der Abrechnung gekommen sei, leitete oft die vielen freiwilligen oder zum Hilfsdienst verpflichteten Volksdeutschen in den Dienststellen des Generalgouvernements.

Bei der ukrainischen Volksgruppe waren diese Gefühle noch ausgeprägter. Man kann durchaus von einem Rachedurst nach der Vereitelung der ukrainischen Bemühungen um eine staatliche Selbstständigkeit im Jahr 1921 sprechen. Bewaffnete ukrainische Hilfskräfte und Polizeieinheiten im Dienst der deutschen Besatzer beteiligten sich an der Vernichtung der Juden. In den Jahren zwischen 1942 bis 1946 ging der Terror, den die ukrainischen Polizisten im Dienst der Deutschen an der jüdischen Bevölkerung Wolhyniens ausgeübt hatten, nahtlos über in den an den Polen. Der ukrainischen rechtsextremen Partisanenbewegung fielen in Wolhynien und Galizien fast 90000 Polen zum Opfer.[10] Die extremste Form der deutsch-ukrainischen Zusammenarbeit war das Konzentrationslager Trawniki. Hier entstand unter Führung der SS eine spezielle ukrainische Truppe. Diese »Trawnikis« wurden als Speerspitze des deutschen Vernichtungswillens gegenüber den Juden vor allem da eingesetzt, wo es besonders grausam und dreckig zuging.

In diesem Land und in Zusammenarbeit mit Vorgesetzten, Kollegen und Hilfspersonal der beschriebenen Art tat Josef F. nun seinen Dienst.

Wie er diesen Dienst in Polen vom Oktober 1939 bis zum November 1943 versah, ist nur schwer festzustellen. In Umrissen gibt eine dienstliche Beurteilung des Kommandeurs der Sicherheitspolizei in Krakau zum Ende seiner Dienstzeit dort Auskunft:

»Der Kommandeur
der Sicherheitspolizei und des SD
für den Distrikt Krakau
– I A 2 –

Krakau, den 17. November 1943

Dienstliche Beurteilung
über den Kriminalsekretär Josef F.

Der Kriminalsekretär F. befand sich seit dem 17.10.1939 im Einsatz Polen und gehörte der Dienststelle seit Bestehen an. Er wurde bis zum 1.8.1943 auf Außendienststellen beschäftigt und war längere Zeit Leiter einer kleinen

Nebenstelle. Seit dem 2.8.1943 ist er in der Zentraldienststelle Krakau tätig gewesen.
F. hat sich durch besonderen Eifer und durch Beharrlichkeit im Ermitteln ausgezeichnet. Seinen Vorgesetzten gegenüber blieb er immer diszipliniert; seinen Mitarbeitern ein guter Kamerad.
Über seine Führung in und außer Dienst ist Nachteiliges nicht bekannt geworden.

SS-Obersturmbannführer
[unleserlich]«[11]

Die Beurteilung ist Bestandteil eines noch vorhandenen Personalakts. Dieser ist mit 41 Seiten nicht sehr umfangreich, vermerkt aber die Weitergabe von weiteren, wohl älteren Personalakten an die Staatspolizeileitstelle München. Außer den sehr allgemeinen Aussagen in dieser Beurteilung gibt es aktenmäßig nirgends einen konkreten Hinweis auf Art und Umfang der genaueren fachlichen Tätigkeiten. Die Schriftstücke beinhalten vor allem die in Beamtenpersonalakten üblichen Informationen über Krankmeldungen, Versetzungen, Ernennungen, Änderungen im Personenstand und Prüfungen. Bemerkenswert ist allenfalls, dass die Dienstgrade und Dienststellen fast durchgehend nach dem offiziellen Polizeigebrauch bezeichnet wurden, also Kriminalsekretär F. nicht SS-Sturmscharführer F. Die Beurteilung bezieht sich ausschließlich auf polizeiliche Tätigkeiten. Jegliche Hinweise, die sich auf die Zuverlässigkeit oder Betätigung im nationalsozialistischen Sinn beziehen, fehlen. Eigentlich war ein Hinweis auf die weltanschauliche Zuverlässigkeit durchaus üblich und erforderlich, auch wenn er nur kurz ausfiel. Ein solch stereotyper Satz lautete etwa: »Er ist ein altbewährter Nationalsozialist und tatkräftiger SS-Führer.« So hieß es zum Beispiel in einer Beurteilung des ehemaligen KdS Krakau Ludwig Hahn[12] vom 31. März 1944. Der beurteilende KdS Rudolf Baatz, selbst SS-Sturmbannführer, wollte wohl darin zum Ausdruck bringen, dass er in F. vor allem einen Polizisten sah, keinen strammen Nationalsozialisten. Das muss nicht negativ gedacht gewesen sein. Denn Baatz war studierter Jurist und für seine relativ jungen Jahre ein langjähriger Gestapo-Beamter. Er signalisierte dem Adressaten der Beurteilung, dass es sich um einen professionellen Polizeibeamten handelte. Deshalb fiel das Lob auch in dieser Richtung aus: »besonderer Eifer und Beharrlichkeit im Ermitteln«. Insgesamt stellte der Vorgesetzte eine routinemäßige durchschnittliche Bewertung aus, ohne besonders zu loben oder zu tadeln.

Die gesamtheitliche Sichtung der Personalakte nach der jeweiligen Dienststelle und dem Ausstellungsdatum macht eine Überprüfung der nachträglichen Selbstaussagen F.s möglich.[13] Die Einsatzorte, die jeweilige zeitliche Dauer und auch die ausgeübten Funktionen sind widerspruchsfrei und ergeben einen kontingenten zeitlichen und räumlichen Zusammenhang. Sie stehen auch nicht in Widerspruch zu den wenigen konkreten Aussagen von F. zu seinen Tätigkeiten vor Ort.

F. war vom Oktober 1939 bis Juni 1942 Sachbearbeiter an der Außendienststelle der Sicherheitspolizei in Jaroslaw als Kriminaloberassistent und SS-Hauptscharführer. Dieser Einsatz wurde durch einen Lehrgang vom August bis Dezember 1941 an der Schule der Sicherheitspolizei in Fürstenberg / Brandenburg unterbrochen. Vom Juni 1942 bis August 1943 leitete F. eine Außendienststelle der Sicherheitspolizei in Stalowa Wola. Dem schloss sich bis zum Oktober 1943 eine Tätigkeit wieder als Sachbearbeiter beim Kommandeur der Sicherheitspolizei in Krakau, Abteilung IV Gestapo an. Der Schwerpunkt der Tätigkeit als Sachbearbeiter in Jaroslaw soll nach Aussagen F.s das Referat »Waffen- und Rundfunkbesitz« gewesen sein. In Krakau führte F. bei der Gestapo-Zentrale in der Pomorskastraße 2 zuerst die polnische Offizierskartei. Dann betreute er die letzten sieben Wochen noch das Referat Kennkartenfälschungen. Danach war die Abkommandierung nach Polen beendet.

Wie bereits ausführlich beschrieben erfolgte in dieser Zeit die Integration in die SS, vom anfangs nur nominellen »eingekleideten« SS-Hauptscharführer zum »tatsächlichen SS-Dienstgrad« eines Sturmscharführers mit der SS-Mitgliedsnummer 410694 im Jahr 1941. Gleichzeitig und parallel wurde die übliche Polizeilaufbahn fortgesetzt: Beendigung der Probezeit und endgültige Aufnahme in die Gestapo im Rang eines Kriminaloberassistenten im Jahr 1940, Ableistung der Fachprüfung I für Kriminalbeamte, Ableistung des Grundlehrgangs an der Schule der Sicherheitspolizei 1941 und Beförderung zum Kriminalsekretär 1942.

Dass die konkreten Tätigkeiten an solchen Außen- oder Nebenstellen der Sicherheitspolizei kaum schriftlich dokumentiert sind, liegt nicht nur an der fehlenden Überlieferung. Denn das Personal hatte einen großen Handlungsspielraum, die Bürokratisierung war wenig ausgeprägt und die persönliche Kommunikation ersetzte meist den Schriftverkehr. Der Druck von oben scheint in dieser Richtung wenig ausgeprägt gewesen zu sein. Selbst wichtige Befehle und Grundsatzentscheidungen der KdS und SSPF wurden nach unten oft nur fernmündlich oder in direktem Kontakt weitergegeben. Dabei mag auch eine Rolle gespielt haben, dass die Vorgänge gar nicht dokumentiert werden sollten und wenn nötig, dann nur verklausuliert. Dafür spricht die Schaffung eines Sonderwortschatzes, der zum Beispiel »Sonderbehandlung« oder »Aussiedlung« sagte, aber Erschießung oder Einlieferung in ein Vernichtungslager bedeutete.

Das ehemalige Gestapo-Hauptquartier
in Krakau, Pomorska-Straße 2,
heute ein Museum der Stadt Krakau

Gedenkstätte
für die Opfer

Eingangshalle des Museums, mit einer Fotografie von Angehörigen der Sicherheitspolizei im Einsatz

Ein Verhörschreibtisch im Museum

Trotzdem sind Informationen über die Außendienststellen reichlich vorhanden. Das liegt weniger an den Erträgen der historischen Forschung als an der Tätigkeit der Gerichte. Denn nach einer anfänglich eher zaghaften Verfolgung von in der NS-Zeit verübten Verbrechen in der Frühzeit der Bundesrepublik setzte mit der Etablierung einer »Zentralen Stelle der Landesjustizverwaltungen zur Aufklärung nationalsozialistischer Verbrechen« in Ludwigsburg eine Welle von gerichtlichen Untersuchungen ein. Diese erfasste nunmehr auch Verbrechen von Tätern der unteren und mittleren Positionen des Polizeidienstes. Die Staatsanwälte dieser »Zentralen Stelle Ludwigsburg«, wie sie meist kurz genannt wird, führten seit der Gründung im Jahr 1958 allein 7460 Vorermittlungen durch. Auf deren Grundlage eröffneten Staatsanwaltschaften und Gerichte in den einzelnen Bundesländern seither 18 500 Verfahren.[14] Die 49 Bände der fortlaufend geführten »Sammlung deutscher Strafurteile wegen nationalsozialistischer Tötungsverbrechen 1942–2012, Justiz und NS-Verbrechen« (JNSV)[15] sind bei den laufenden Nummern inzwischen bei über 900 angekommen und auch als Online-Datenbank verfügbar. Das Material aus Ludwigsburg und Amsterdam erschließt eine Fülle von Zeugenaussagen, besonders auch aus West- und Ostgalizien. Sie sind inzwischen in die historische Forschung eingeflossen. So können die Zustände in dem Ort Tarnow aus dem Distrikt Krakau mit einer eigenen Außenstelle der Sicherheitspolizei wohl als die zur Zeit am besten untersuchten gelten.[16] Bei Jaroslaw ist das Gegenteil der Fall. Das Personal seiner Außenstelle war in Deutschland nicht Gegenstand eines Prozesses und demnach entfallen Zeugenaussagen aus dieser Quelle. Ähnlich steht es mit der Person Josef F.s. Ob es in seinem Fall an fehlender Tatbeteiligung liegt oder an dem Umstand der späten Gründung der zentralen Stelle in Ludwigsburg, mag dahingestellt sein. Denn sowohl Vorladungen zu Zeugenaussagen oder gar Prozesse gegen Tote sind nicht möglich. Zu seiner Person und Tätigkeit in Jaroslaw liegen keine schriftlichen Quellen oder Zeugenaussagen vor.

Es ist aber anzunehmen, dass sich die Umstände in der Außenstelle Jaroslau kaum von denen der anderen Außen- und Nebenstellen im Distrikt Krakau unterschieden haben. Jaroslaw war eine kleine Außenstelle und einschließlich Dolmetscher und Schreibkräfte gerade 6–10 Mann stark.[17] Damit glich ihre Personalstärke der von Tarnow, die mit 8–10 Personen besetzt war. Und die Verhältnisse in Tarnow sind, wie eben erwähnt, bestens untersucht und bekannt.

Bei der folgenden Darstellung einer typischen Außendienststelle der Sicherheitspolizei sind Informationen aus Urteilsbegründungen der Sammlung JNSV besonders wertvoll. Denn die Zeugenaussagen sind dort kritisch bewertet und kommentiert.

Die Tätigkeitsgebiete der Dienststellen umfassten für ihren Bereich »alle sicherheitspolizeilichen Aufgaben, vor allem die Erkundung und Bekämpfung der polnischen Widerstandsbewegung, Spionage- und Sabotageabwehr sowie die Ermittlung und Festnahme von Personen wegen Verstoßes gegen Sicherheitsbestimmungen, zum Beispiel wegen unerlaubten Waffenbesitzes. Darüber hinaus musste die Dienststelle die Durchführung aller Anordnungen sicherstellen, die im Zusammenhang mit den Maßnahmen gegen die Juden erlassen worden waren.«[18] Bis zum Mai 1942 lag in der Regel die Bearbeitung der Judenangelegenheiten aber noch in den Händen der Zivilverwaltung, vor allem auch die Organisation des Arbeitseinsatzes und der Umsiedlungen in eigene Wohnbezirke. Die Dienststellen der Sicherheitspolizei hatten bis dahin also mit Juden wenig zu tun. Danach änderte sich das deutlich. Dieser Umbruch fiel zeitlich mit F.s Abkommandierung zum Lehrgang der Sicherheitspolizei und der nachfolgenden Versetzung nach Stalowa Wola zusammen. Seine eigene Darstellung, er habe in Jaroslaw als Sachbearbeiter vor allem mit der Überwachung von Waffenbesitz und Rundfunkgeräten zu tun gehabt, kann also durchaus zutreffen.

Weniger zutreffen dürfte aber die Bezeichnung Sachbearbeiter. Es sei denn, er meinte, dass er nicht als Leiter an verantwortlicher Stelle war. Denn ein charakteristisches Merkmal der Außenstellen war die fehlende Untergliederung in Sachgebiete und Abteilungen, wie es sie nach dem Vorbild des RSHA an den zentralen Dienststellen in Krakau gab, zum Beispiel Abteilung III SD, Abteilung IV Gestapo, Abteilung V Kripo. Manchmal arbeiteten in größeren Außenstellen zwar eigene SD-Mitarbeiter, selten eigene Kripo-Beamte. Aber generell waren die Außendienststellen integriert. Jeder konnte alles machen. Je kleiner die Dienststellen, umso ausgeprägter war dieses Prinzip:

»[...] jedenfalls mussten alle dienstlichen Vorgänge nach ihrer registraturmäßigen Erfassung dem Dienststellenleiter oder seinem Vertreter vorgelegt werden, die sodann die Verteilung übernahmen. Die Zuteilung erfolgte nicht nach Sachgebieten, sondern nach der jeweiligen Arbeitsbelastung und Eignung der Dienststellenangehörigen. Dadurch, dass bestimmte Angehörige der Dienststelle, die sich bei der Bearbeitung einzelner Aufgaben bewährt hatten, immer wieder zur Erledigung gleichartiger Fälle herangezogen wurden, bildete sich im Laufe der Zeit zwar eine gewisse Sachabgrenzung in den Arbeitsgebieten heraus, ohne dass jedoch für den einzelnen Sachbearbeiter eine ausschließliche Zuständigkeit für bestimmte Aufgabenbereiche gegeben gewesen wäre.«[19] Wie im einzelnen in diesem unbürokratischen Verfahren dann weiter gearbeitet wurde, war nicht fest geregelt. In Tarnow zum Beispiel ließ sich der Dienstellenleiter über den Fortgang in Kenntnis setzen. Dann entschied er, wie weiter verfahren werden sollte oder ob er den Vorgang als abgeschlossen an den KdS in Krakau zur Entscheidung weitergab. Dabei konnte er Einweisungen in ein KZ ebenso wenig anordnen wie verschärfte Vernehmungen. Dies blieb dem KdS vorbehalten. Lediglich vorläufige Festnahmen mit Einweisungen ins Gefängnis konnten von der Dienststelle veranlasst werden. Bei längerem Gewahrsam musste eine schriftliche, vom Dienststellenleiter unterzeichnete Anweisung für die Gefängnisverwaltung erstellt werden. Erst ab April des Jahres 1942 wurden diese Regelungen aufgeweicht, indem »von Krakau aus der allgemeine Befehl, Häftlinge, vor allem Juden, ggfls ›örtlich sonderzubehandeln‹«[20] erging. Dabei verzichtete man bei Juden ganz auf Schriftlichkeit und legte auch keine Personalakten an.[21]

Integration der Polizeisparten und Sachgebiete, eine flache Hierarchie, geringe Bürokratisierung und deutliche Handlungsspielräume für das Personal wie für die Dienststellenleiter können also als allgemeine Kennzeichen für das Arbeiten in einer Außendienststelle der Sicherheitspolizei in Polen gelten. Dass auch Leben und Arbeiten integriert waren, ist ein weiteres Merkmal, vor allem der kleineren Außenstellen. In der Praxis glichen sie eher Wohngemeinschaften als herkömmlichen Dienststellen. Denn schon kurz nach deren Einrichtung kamen einheimische Hilfskräfte dazu, in Mielec zum Beispiel ein polnisches Zimmermädchen, eine polnische Köchin und ein junger Jude als Hausbursche. Räumlich befand sich die Dienststelle in einem Vierfamilienhaus, in dem auch sämtliche Dienststellenangehörige wohnten und gemeinsam verpflegt wurden.[22] Zieht man noch die Verfügbarkeit eines eigenen Dienstwagens samt Fahrer hinzu, führten die Männer hier ein im Vergleich zu ihrer Herkunft und ihren bisherigen Lebensbedingungen in der Heimat ein recht feudales Leben. Es handelte sich ja um Polizeibeamte der unteren Dienstränge, wenn sie überhaupt verbeamtet waren. Nun konnten sie sich als Herrenmenschen fühlen.

Die personelle Zusammensetzung fiel recht unterschiedlich aus, sieht man vom Lebensalter ab. Es gab nur selten ältere Laufbahnbeamte, fast alle gehörten der sogenannten Kriegsjugendgeneration an, waren also nach 1900 geboren.

Als Laufbahnbeamte gelten schon zu Zeiten der Weimarer Republik in den Polizeidienst eingetretene und dort sozialisierte Männer. Sie bildeten keineswegs zahlenmäßig und auch vom Gewicht der Dienstränge her den Schwerpunkt an den Außenstellen. Denn Dienststellenleiter wurden sie selten. Josef F. in Stalowa Wola und Walter Thormeyer in Mielec waren eher Ausnahmen und diese beiden Außenstellen dürften die kleinsten gewesen sein.[23]

Die Dienststellenleiter gehörten meist zur zweiten typischen Personengruppe, nämlich regulären Gestapo-Beamte, die als Quereinsteiger über die SS dorthin gelangt und aufgestiegen waren. Sie galten deshalb als weltanschaulich zuverlässiger und radikaler als die lediglich »eingekleideten« und noch in den Polizeischulen der Weimarer Zeit ausgebildeten Beamten. Trotzdem hilft eine zuweilen vorgenommene Differenzierung zwischen »sauberen« Beamten und SS-Schlägern, die vielleicht in der Vorkriegszeit relevant war, wenig weiter. Denn inzwischen waren die Verhältnisse komplizierter geworden, gerade in Polen.

Mallmann[24] unterscheidet deshalb noch andere Gruppen und betont zudem die Wechselwirkungen, die sich daraus ergaben.

Zum einen dienten überall in den Dienststellen Reservisten der Waffen-SS. Sie hatten die Altersgrenze von 35 Jahren überschritten oder es gab andere Gründe für eine Frontuntauglichkeit. Sie wurden zur Auffüllung der Personalstärke der Sicherheitspolizei abkommandiert oder notdienstverpflichtet. Eine weitere Rekrutierungslinie aus der SS in noch größerem Maße bestand aus Absolventen der Grenzpolizeischule in Pretzsch. Nach vier Jahren Dienst bei der SS-Verfügungstruppe und Durchlaufen dieser Schule waren sie bald darauf nach Westgalizien versetzt und in die Gestapo integriert worden.

Damit hatten drei der bisher skizzierten Personengruppen eine längere und freiwillige SS-Vergangenheit hinter sich. Das kann man von der letzten relevanten Gruppe nicht sagen. Es geht um die bereits mehrmals angesprochenen Volksdeutschen, die regelmäßig an den Dienststellen vertreten waren. Sie stammten meist aus Polen oder dem Sudetenland und waren als Dolmetscher angeworben worden. Formal hatten sie eine subalterne Position, entfalteten aber auffallend oft eine stark radikalisierende Wirkung. Sie waren in ihren Ursprungsländern »alle in den ›Volkstums‹-Kämpfen seit 1918 sozialisiert und hatten dort der Jungdeutschen Partei und dem Volksdeutschen Selbstschutz beziehungsweise der Sudetendeutschen Partei und dem Freiwilligen Schutzdienst angehört und waren so durchaus nationalsozialistisch infiziert.«[25]

Das spezielle Klima in den Dienststellen mit seinen flachen Hierarchien, einem Defizit an polizeilicher Qualifikation und relativer Jugendlichkeit führte zu einer besonderen Art sozialer Gruppenidentität. Den Betrieb bestimmten nicht Geschäftsverteilungspläne und Dienstvorschriften, der Dienststellenleiter agierte als Primus inter Pares und insgesamt herrschten eher Kumpelhaftigkeit und Cliquenbildung. Das enge Zusammenleben vermischte Deutsche aus dem Altreich, der Ostmark und Volksdeutsche, aber auch die unterschiedlichsten Qualifikationsebenen miteinander. Die radikalisierende Wirkung einer solchen Durchmischung muss erheblich gewesen sein. »Denn das Zusammenspiel unterschiedlicher Rollenverständnisse und Handlungsentwürfe favorisierte angesichts zunehmender Engpässe die jeweils radikalste Lösungsvariante.«[26] So ist zu erklären, dass die Richtung auffallend oft von den einfachen Chargen vorgegeben wurde und die Dienststellenleiter diese favorisierten oder zumindest nicht dagegen einschritten.

Es ist versucht worden, den Anteil der stark radikalisierten und gewaltbereiten Männer an den Dienststellen auch in Zahlen zu erfassen. Sie sollen nach Mallmann die Mehrheit, mindestens aber die Hälfte gebildet haben. Dazu gibt es auch andere Einschätzungen.[27] Der Anteil dürfte von Ort zu Ort unterschiedlich ausgefallen sein. So war es sicher auch bei denen, die sich korrekt oder wenigstens zurückhaltend verhielten. Dieser Gruppe wurde von jüdischen Zeugen bescheinigt, sie seien »keine Verbrecher gewesen« und sollen allenfalls 20 Prozent ausgemacht haben.[28] Dabei handelte es sich um einen kleinen, innerlich distanzierten Kreis, der sich weitgehend passiv verhielt oder zuweilen einmal ein Auge zudrückte. Diese Ausnahmeerscheinungen sollen sich meist aus ehemaligen Weimarer Laufbahnpolizisten zusammengesetzt haben. Die Radikalisierten dagegen stammten aus allen beschriebenen Rekrutierungslinien. Im gesamten Distrikt Krakau ist unter dem KdS-Personal kein einziger Fall von Verweigerung bekannt geworden.

Der Radikalisierungsprozess der Mehrheit erstreckte sich nicht nur auf den Umgang mit Juden und Polen. Dieser war ohnehin nach dem Feindbild der NS-Ideologie negativ aufgeladen, vor allem bei der Gruppe, die die Sozialisierung in den SS-Kasernen mitgemacht hatte. Es war ein allgemeiner Werteverfall zu beobachten, der auch Bereiche betraf, die diese Männer mit der Allgemeinheit teilten und sogar solche, die zentral im Wertekodex des SS-Ordens verankert waren. »Einkaufen mit der Pistole gehen« war eine umgangssprachliche und witzig gemeinte Umschreibung dafür, wie wenig diese Polizisten das Eigentum achteten, das sie eigentlich schützen sollten. Dieses Phänomen fand sich auch in der deutschen Zivilverwaltung des Generalgouvernements bis in die Spitze hinein. Der Generalgouverneur Hans Frank tat sich als Kunstdieb hervor und seine Frau veruntreute ganze Warenlager mit wertvollen Pelzen.[29] Wie weit dies im Bereich der Sicherheitspolizei ging, kann man an diversen Dienststellen- und Lagerleitern sehen. Beim Leiter des Zwangsarbeitslagers Rozwadow, Josef Schwammberger, wurde nach dem Krieg bei seiner Festnahme ein Lager von Preziosen gefunden. Das Verzeichnis der Beschlagnahme umfasst zwei Schreibmaschinenseiten.[30] Die Gegenstände im geschätzten Wert von ungefähr 50000 RM waren veruntreut worden oder stammten von Bestechungen. Der Leiter der KdS-Außenstelle in Mielec Walter Thormeyer wurde in einem Verfahren wegen unerlaubter sexueller Beziehungen zu einer jüdischen V-Frau angeklagt und verurteilt.[31] Heinrich Hamann, langjähriger Leiter der Grenzpolizeikommissariats Neu Sandez, einer KdS-Dienststelle, war bekannt für seine von ihm veranstalteten Saufgelage und Spielkartenrunden mit hohen Einsätzen. Er erschoss nach einem solchen Gelage aus Versehen sogar seinen Stellvertreter. Es hatte für ihn keine Konsequenzen, weil er glaubhaft machen konnte, dass er ihn mit einem vorgeblich flüchtenden Juden verwechselt hatte.[32]

Judenpolitik und Sicherheitspolizei

Die Juden Polens und ihre schlechte Behandlung durch die deutschen Besatzer während der Zeit des Zweiten Weltkriegs liegen wie ein schwarzer Schatten über der Erinnerung an diese Zeit. Er schiebt sich über Denken, Erzählen und Schreiben. Dabei versagt oft die Sprache angesichts des Ungeheuerlichen. Der Ausdruck »schlechte Behandlung« erscheint für die geschehenen Ungeheuerlichkeiten eine unangemessene Verniedlichung. Die gebräuchlichen Ausdrücke Schoah oder Holocaust kamen von außen ins Deutsche und zeigen eher, wie wenig integriert die Vorgänge noch heute im deutschen Denken sind. Die angebrachten und im deutschen Normalwortschatz verankerten Ausdrücke für die Vorgänge gehen schon schwerer von der Zunge. Sie haben mit Mord, Totschlag, Vernichtung, Folter, Raub zu tun. Die heimgekehrten Täter belegten ihre Erlebnisse und Taten mit Tabu und schwiegen meist. Ihre Umgebung akzeptierte das und es wurde versucht, so zu tun, als ob nichts gewesen wäre. Das hielt zumindest mehrere Jahrzehnte. Es wurde wenig direkt gefragt, von der eigenen Familie bis hin zu den Stellen, die dafür bestimmt waren, auch von den Gerichten. Josef F. verlor in seinen umfangreichen »schwarzen«, das heißt unzensierten Briefen aus Dachau an seine Familie kein einziges Wort über seine Tätigkeit in Polen, also darüber, warum er im Lager war. Die meisten seiner Kollegen, oft selbst im Auslandseinsatz, kehrten bald wieder in ihre Büros zurück und verrichteten ihre Arbeit, als sei nichts geschehen. Die Gerichte verhängten über skrupellose tausendfache Mörder, wie etwa den Stabschef beim SSPF Krakau, Martin Fellenz, lächerliche Strafen, wenn überhaupt etwas geschah. Er wurde im Januar 1966 zu sieben Jahren Freiheitsstrafe verurteilt und starb 2001 als freier Mann. Das besserte sich seit der schon angeführten Etablierung der Zentralstelle in Ludwigsburg deutlich. Aber es war noch kaum durchgedrungen, wie bereitwillig sich breite Kreise der Zivilverwaltung im Generalgouvernement an der Unterdrückung und Vernichtung der Juden beteiligt hatten. Bis heute wurde zum Beispiel kein einziger Kreishauptmann für seine Beteiligung zur Rechenschaft gezogen. Auch die Geschichtswissenschaft hat sich dabei nicht positiv hervorgetan. Aus Gutachten des Instituts für Zeitgeschichte und der Zentralstelle in Ludwigsburg war lange die Beteiligung der Zivilverwaltung, vor allem der Kreishauptleute selbst, an der Durchführung der Schoah bekannt. Trotzdem dauerte es wieder Jahrzehnte, bis dieser Komplex von Historikern angemessen aufgearbeitet wurde. Dieser Prozess hält noch an.[33] So ist inzwischen durchaus ein realistischer Einblick in die Behandlung der Juden Galiziens möglich, der den gesamten Kreis der Täter einschließt und bis in die unteren Ränge reicht.

Bevor die Tätigkeit von Josef F. an seiner neuen Dienststelle in Stalowa Wola nach der Wende zum Jahr 1942 weiter verfolgt wird, erscheint ein Exkurs über den gesamten Verlauf der Judenpolitik im Distrikt Krakau zweckmäßig. Denn dieser Zeitpunkt des Wechsels der Dienststelle fiel zusammen mit einer generellen Wende in Konzept und Praxis der Judenpolitik der deutschen Besatzer. Diese Skizze orientiert sich zunächst an einer Darstellung des Landgerichts Kiel in einer Urteilsbegründung vom März 1968:

»Bis zum Beginn der Durchführung des Endlösungsbefehls konnte – im Rahmen der ergangenen Verordnungen – die jüdische Bevölkerung im Generalgouvernement verhältnismäßig ruhig leben. Größere Aktionen gegen Juden gab es noch nicht.«[34]

Die Verordnungen ergingen durch den Generalgouverneur und zielten auf eine allgemeine Diskriminierung der Juden ab, die weit ins persönliche und öffentliche Leben reichte: Beispiele sind der Rasierzwang für Männer unter 50 Jahren, das Verbot des rituellen Schlachtens, das Tragen einer Armbinde mit Davidsstern, die Kennzeichnung jüdischer Geschäfte mit dem Davidsstern, die Schließung der jüdischen Schulen, der Ausschluss jüdischer Kinder vom Besuch öffentlicher und privater Schulen, das Verbot des Theaterbesuchs und des freien Aufenthalts in der Öffentlichkeit nach 21 Uhr, eine Festlegung des Aufenthaltsorts und das Verbot der Benutzung der Eisenbahn. Andere Maßnahmen zielten auf die wirtschaftliche Ausbeutung und eine vollkommene bürokratische Erfassung ab: Deklaration des Vermögens, Sperrung der Konten, Einstellung von Pensions- und Sozialversicherungsleistungen, Verbot der Beschäftigung von Juden in Ladengeschäften und Gaststätten nichtjüdischer Besitzer und ein allgemeiner Arbeitszwang für Juden vom 14. bis zum 60. Lebensjahr mit einer entsprechenden Registrierung. Diese Auflistung ist nicht vollständig und die einzelnen Bestimmungen wurden laufend ergänzt und variiert.

Neben dem Arbeitszwang geschah die wirtschaftliche Ausbeutung vor allem in Form der Arisierung jüdischer Betriebe. Das heißt, dass jüdische Betriebe unterschiedlichster Größe und Art konfisziert, den schon erwähnten Treuhandstellen übergeben und von diesen weiterveräußert wurden. Die Begünstigten waren neben reichsdeutschen oft auch volksdeutsche und polnische neue Besitzer.

Den Arbeitszwang führte der Generalgouverneur schon im Oktober 1939 ein, übergab aber die Durchführung in der gleichen Verordnung dem höheren

SS- und Polizeiführer. Dieser präzisierte sie im Dezember in zwei ausführlichen Verordnungen. Durch sie sollten alle Juden in einer »Arbeitszwangserfassungskartei« registriert werden. Außerdem sollten die arbeitspflichtigen Männer für ihre Arbeit »lagermäßig« untergebracht werden. Ihre in der Regel zweijährige Zeit der Arbeitsverpflichtung konnte verlängert werden, »wenn innerhalb dieser Zeit ihr erzieherischer Zweck nicht erreicht sein sollte.«[35]

Die Strafen, die bei Fehlverhalten auch geringeren Ausmaßes angedroht wurden, waren drakonisch, nämlich Zuchthaus für bis zu zehn Jahren und Einziehung des gesamten Vermögens.

Diese Zwangsarbeitspflicht war für den Fortgang der für Polen spezifischen Judenpolitik von besonderer Bedeutung. Denn die anderen angeführten Diskriminierungen unterschieden sich nicht substanziell von denen im Reich. Die Aspekte, die die Zukunft in Polen bestimmen sollten, zeichneten sich in den Arbeitszwangsverordnungen schon deutlich ab: eine vollkommene Erfassung der jüdischen Bevölkerung, ihre Konzentrierung in Lagern und ihre technokratisch orientierte Verwertung. Dass sich die SS mit der Übernahme der gesamten Verwaltung und Durchführung des Zwangsarbeitseinsatzes überhoben hatte, ist nicht verwunderlich. Wie sollte auch der Apparat des SSPF in Galizien mit seinen knapp 20 Mitarbeitern dies schaffen, ging die Zahl der Arbeitspflichtigen doch in die Hunderttausende. Nach monatelangen Reibereien mit der Wirtschaft, der Zivilverwaltung und der Wehrmacht musste der HSSPF Krüger sein Scheitern eingestehen, wie es im Diensttagebuch des Generalgouverneurs nicht ohne Schadenfreude vermerkt ist:

> »Für ein dringendes Erfordernis halte er die Erfassung der Juden. Bekanntlich habe er seinerzeit den Auftrag erhalten, die jüdische Zwangsarbeit zu organisieren [...]. Durch die Einführung der Zwangsarbeit werde der Jude tatsächlich vielfach von der Arbeit abgehalten, deshalb sei es notwendig geworden, die jüdischen Arbeitskräfte unter bestimmten Kautelen in der freien Wirtschaft unterzubringen. Damit würde dann dieses Gebiet auf den Leiter der Abteilung Arbeit zu übertragen sein. Übrigens sei es nicht so einfach, die Juden in Läger zusammenzufassen. Im großen und ganzen jedenfalls sei das nicht möglich, da Verwaltung, Bewachung, Ernährungslage und auch Finanzierung eine große Rolle spielen.«[36]

Damit war die Regierung mit ihrer Abteilung Arbeit wie praktisch schon vorher, nunmehr auch offiziell ab Juni 1940 für den Arbeitseinsatz der Juden zuständig. Die SS war allenfalls an der Bewachung beteiligt.

Dieses Hin und Her beim Arbeitseinsatz ist symptomatisch für die Judenpolitik der ersten Jahre. Sie war geprägt von Experimenten, unterschiedlichen, teils sich widersprechenden Konzepten und einer generellen Unsicherheit. Diese kam vor allem daher, dass die unterschiedlichen Träger dieser Politik unterschiedliche Ziele verfolgten. Die Wehrmacht und die Wirtschaft waren an einer optimalen Verwertung der Arbeiter interessiert, was auch eine ausreichende Grundversorgung einschloss, die zur Erhaltung der Arbeitskraft nötig war. Daran war der SS nicht gelegen, zu deren Denkrepertoire zunehmend die Vernichtung der jüdischen Rasse durch Arbeit gehörte. Die Regierung des Generalgouvernements hätte die Juden am liebsten entfernt und durch volksdeutsche Einwanderer ersetzt. Was man als Judenpolitik bezeichnete, war also, zumindest bis zum Herbst des Jahrs 1941 ein labiler Kompromiss, eine Art Kräfteparallelogramm dieser Richtungen. Als Ausweg erwies sich zunächst ein Aufschieben, das sich auf fantastische Visionen von Lösungen nach dem Krieg bezog. Zuerst dachte man an eine Massenaussiedlung in eine Art Reservat im Raum Lublin-Nisko, dann in die französische Kolonie Madagaskar und endlich in das eroberte Gebiet östlich Polens. Der parallel ablaufende Krieg bot wenig Planungssicherheit. Vor allem aber wäre eine schnelle Besiegung Englands und der Sowjetunion für die auswärtigen Lösungsvarianten Voraussetzung gewesen. Das erwies sich schnell als Illusion und so blieb alles in der Schwebe.

Was bedeutete diese Lage für die Sicherheitspolizei? Zunächst ist festzuhalten, dass sich die Regierung in der Auseinandersetzung mit der SS behauptet hatte und in allen Bereichen die Direktiven ausgab und durchsetzte, auch in den sogenannten Judenangelegenheiten. Dafür wurde schon im März 1940 im Amt des Generalgouverneurs ein Judenreferat eingerichtet. Der Zentrale in Krakau und den Kreishauptleuten standen genügend eigene Polizeikräfte zur Verfügung, um die Einhaltung der beschriebenen Erlasse zu garantieren. Die Sicherheitspolizei des KdS Krakau außerhalb der Stadt, also die schwach besetzten Außenstellen, trat meist nur in Tätigkeit, wenn es um ihre angestammten Aufgaben ging. Zu berücksichtigen ist auch, dass die Konzentration der Juden in Gettos zumindest im Distrikt Krakau noch nicht eingesetzt hatte. Das Getto in Krakau wurde als erster größerer geschlossener Wohnbezirk für Juden im Distrikt im März 1941 eingerichtet. In vielen anderen Ortschaften gab es bis in das Jahr 1942 keine solchen geschlossenen Judenviertel. Damit war auch ein großer Teil der Aufgaben, bei denen später die Sicherheitspolizei hinzugezogen wurde, noch nicht vorhanden, zum Beispiel bei der Registrierung und Überwachung der Einwohner. Größere Probleme gab es mit der Einhaltung der Aufenthaltsbeschränkungen, die Voraussetzung für die Entfernung der Juden aus dem flachen Land und Einweisung in Gettos waren. Hier konnte sich die Zivilverwaltung mit ihren Kräften, vor allem der Gendarmerie, offensichtlich nicht durchsetzen. Sie bat die Sicherheitspolizei ausdrücklich um ein Einschreiten, obwohl Verstöße seit Oktober 1941 mit der Todesstrafe geahndet wurden. Bis dahin waren die Verstöße noch von Sondergerichten verhandelt worden, was der Zivilverwaltung offensichtlich zu lange dauerte. Der BdS Schöngarth stimmte dem Ansinnen zu und ordnete am 21. November 1941 an, dass »derartig umherwandernde Juden sofort zu erschießen sind, wenn sie nur den geringsten Widerstand leisten oder flüchten wollten.«[37] Dieser Erschießungsbefehl bedeutete einen Dammbruch in der Behandlung der Juden durch die Polizei und fällt nicht zufällig mit der generellen Wende der Judenpolitik im Spätherbst 1941 zusammen. Er lieferte de facto einen Freibrief für die Ermordung von Juden und viele dokumentierte Fälle belegen, dass er auch genutzt wurde. Ein Fallbeispiel vom Dezember 1941 zeigt den Wandel. Die Jüdin Judith L. wurde damals in Tarnow von dem Sicherheitspolizisten Hans Nowak wegen Nichttragens der Binde mit dem Davidstern festgenommen und ins Gefängnis eingeliefert. Man hielt sie dort deswegen drei Monate fest. Das war eine strenge Strafe für den geringfügigen Verstoß, aber der Polizist verhielt sich regelkonform. Es war eben zu diesem Zeitpunkt noch nicht üblich, Juden wegen solcher Banalitäten auf offener Straße zu erschießen. Nowak hat solches später bedenkenlos getan. Er war einer der volksdeutschen Dolmetscher, deren radikale Gesinnung und negativer Einfluss in den Dienststellen bereits erwähnt wurden. Einmal erschoss er eine elegant gekleidete Jüdin und urinierte auf ihre Leiche.[38] Sicher war Nowak ein besonders blutrünstiger Schießer und nicht repräsentativ für seine Dienststelle. Aber er war mit seiner Haltung dort nicht allein und für Typen seines Schlags bewirkte der Schießbefehl eine Enthemmung. Josef F. war in dieser entscheidenden Übergangszeit gar nicht im Distrikt Krakau, sondern in Brandenburg ganz in der Nähe Berlins, wo Richtung und Einzelheiten der kommenden Behandlung der Judenfrage diskutiert und letztlich im Januar 1942 entschieden wurden. Die Genese dieses Prozesses muss hier nicht genauer behandelt werden. Bevor auf die Umsetzung dieser neuen und wesentlich radikaleren Politik im Distrikt Krakau näher eingegangen wird, gilt es aber doch noch einige Anmerkungen zur bisherigen zu machen.

Auf der Grundlage der neueren Täterforschung muss der Eindruck relativiert werden, dass die Beschlüsse der Wannsee-Konferenz zur Jahreswende 1941 / 1942 eine Art »Wasserscheide« gebildet hätten: Überspitzt ausgedrückt sei zuvor alles in relativ geordneten Bahnen abgelaufen, danach hätte der Schrecken begonnen. Diese Position, die der zitierte Urteilsspruch des Kieler Landgerichts vertrat, mag im großen und ganzen zutreffen. Es spricht aber auch einiges dafür, dass die Direktiven, die auf dieser Konferenz ausgegeben wurden, eher der Schluss eines langen Prozesses waren, in dem sich die späteren Muster entwickelt und vorangekündigt haben:

»[...] der Vernichtungskrieg begann nicht erst 1941. Ausmaß und Art des Tötens belegen, dass es nicht erst einer zentralen Direktive bedurfte, um es auszulösen. Unklar bleibt allerdings, ob die Angehörigen der Sicherheitspolizei diese Einstellung bereits mitbrachten oder ob dieses Verhalten dominant einem Veränderungsprozess vor Ort entsprang. Sicher ist jedoch, dass ein derartiges Verhalten bald schon innerhalb der Dienststellen mehrheitsfähig war.«[39]

Unbeschadet der anhaltenden wissenschaftlichen Diskussion um die Bedeutung der Konferenz im Einzelnen eignet sie sich als Wegmarke für eine auffällige Veränderung des Kurses der Judenpolitik. Ausschlaggebend dabei dürfte gewesen sein, dass sich die bisherigen als Lösungsmöglichkeiten ins Auge gefassten Aussiedlungspläne nach Nisko, Madagaskar und in den weiteren Osten als undurchführbar erwiesen. Zusätzlich hatte sich die Zahl der Juden im deutschen Herrschaftsbereich mit dem Vormarsch der Wehrmacht in die Sowjetunion noch einmal stark erhöht. Der Name »Aussiedlung« blieb, allerdings nur als ein erster Schritt, der in der Vernichtung enden sollte.

Dafür waren im Januar bereits die Vorbereitungen in Polen am Laufen. Zum Beispiel wurden die bisher schwach besetzten Dienststellen der SSPF personell verstärkt und vermutlich zu weiche SSPF ausgewechselt. In diesem Zug trat Julian Scherner in Krakau seinen Dienst an. Man traute ihm offensichtlich mehr zu als seinem Vorgänger.

Noch deutlicher als in der Personalpolitik zeichnete sich die Wende in der Infrastruktur ab. Das zeigt vor allem der Aufbau von drei Lagern eines neuen Typs. Diese befanden sich alle im Osten des Distrikts Lublin, in abgelegenen Gegenden, aber mit Eisenbahnanschluss. Belzec war das erste, mit Baubeginn im November 1941 und Inbetriebnahme im März 1942. Sobibor und Treblinka, die beiden anderen Lager dieses Typs, gingen später in Betrieb. In diesen Lagern sollte es keine Selektion und keinen Arbeitslagerteil geben, wie es von Auschwitz bekannt ist. Sie waren ausschließlich für die schnelle und effektive Tötung von in Güterzügen angelieferten Juden bestimmt.

Der Name des SS-Obergruppenführers und SSPF Lublin Odilo Globocnik ist eng mit der neuen radikalen Richtung der Judenpolitik verbunden. Heydrich und vor allem Himmler vertrauten ihm und übergaben ihm die Leitung der Durchführung im gesamten Generalgouvernement. Was er in Lublin entwickelte und durchführte, geschah später auch in den anderen Distrikten. Besonders auffällig wird seine führende Rolle durch die Errichtung der neuen Lager unter seiner Obhut. Globocnik gab der gesamten Judenvernichtungsaktion im Generalgouvernement den Namen »Aktion Reinhardt«.[40] Heydrich, zweifelsohne der Lenker des Massenmords an den Juden, hat die Durchführung allerdings selbst nicht mehr erlebt. Er wurde im Mai 1941 in Prag Opfer eines Attentats. Globocnik hat mit der Namenswahl für die Aktion wohl auf eine Art Testament seines Initiators hinweisen wollen.

Sicher bestand für die Umsetzung der neuen Politik als größtes Problem die Bündelung der schwachen zur Verfügung stehenden Kräfte und die Vermeidung der im NS-System üblichen Kompetenzstreitigkeiten. Deshalb hatte Heydrich vor den Vertretern der unterschiedlichen Ministerien und Reichsstellen unmissverständlich klargestellt, dass er und damit die SS von Göring mit der Durchführung der »Endlösung« der Judenfrage beauftragt worden sei. Das war der Hauptzweck der Wannsee-Konferenz. Die Teilnehmer akzeptierten das und der Weg war endgültig frei. Als Vertreter des Generalgouvernements bei der Wannseekonferenz hatte Hans Franks Staatssekretär Josef Bühler ausdrücklich angemahnt, die Aktionen in Polen zu beginnen. Es war deshalb nur konsequent, dass die Position des HSSPF Krüger in Krakau aufgewertet wurde. Himmler setzte durch, dass Krüger als Staatssekretär für das Sicherheitswesen in die Regierung Franks aufgenommen wurde. Anfang Juni, während die »Aktion Reinhardt« schon angelaufen war, wurden die »Judenangelegenheiten« zum Sachgebiet der Sicherheitspolizei erklärt und Ende des Monats traten die Arbeitsämter offiziell ihre Zuständigkeit für den jüdischen Arbeitseinsatz an die SS ab. Damit lag die Kompetenz für die Umsetzung der neuen Judenpolitik fast ausschließlich bei der SS. Beschränkungen konnte es höchstens bei der praktischen Durchführung geben. Hier würden die personellen und fachlichen Ressourcen der Zivilverwaltung unverzichtbar sein. Ansonsten war die Stunde des HSSPF in Krakau und seiner SSPF in den Distrikten gekommen.

Mit der Leitung und praktischen Durchführung betraute Heinrich Himmler den von ihm besonders geschätzten Odilo Globocnik. Dieser musste berücksichtigen, dass Heydrich eine Doppelstrategie angekündigt hatte, wie aus dem Protokoll der Wannseekonferenz hervorgeht:

»In großen Arbeitskolonnen, unter Trennung der Geschlechter, werden die arbeitsfähigen Juden straßenbauend in diese Gebiete geführt, wobei zweifellos ein Großteil durch natürliche Verminderung ausfallen wird. Der allfällig endlich verbleibende Restbestand wird […] entsprechend behandelt werden müssen.«[41] Die praktische Umsetzung durch Globocnik legte den Schwerpunkt auf die Ermordung, wie die Errichtung der Vernichtungslager zeigt. Und natürlich brauchte die Rüstungsindustrie die jüdische Arbeit nicht nur zum Straßenbau. Deshalb sollten die arbeitsfähigen männlichen Juden im Alter zwischen 16 und 35 Jahren seit dem Sommer 1942 in Zwangsarbeitslagern der SS zusammengefasst werden. Auf diese konnten dann die Rüstungsinspektionen der Wehrmacht zurückgreifen. In ein solches Lager zu kommen, war eine Frage von Leben und Tod. Denn überleben konnte nur, wer zur

Arbeit gebraucht wurde. Die Selektionen konnten relativ einfach geschehen, weil die Zusammenfassung der jüdischen Bevölkerung in Gettos zum Zeitpunkt des Beginns der Aktion Reinhardt schon fast abgeschlossen war.

Globocnik begann die erste Massendeportation der Aktion Reinhardt in seiner eigenen Distrikthauptstadt Lublin.

Am 16. März 1942 ließ er das dortige Getto räumen und 18 000 Menschen nach Belzec deportieren. Das Vorgehen dabei lieferte das Grundschema, nachdem auch die nachfolgenden Aktionen ablaufen sollten.

Die Leitung und Terminplanung lag beim SSPF des Distrikts, der betroffen war.

In einer Vorbereitungsphase registrierten die Kreis- oder Stadthauptleute die in den Gettos zusammengedrängten Menschen, um einen Überblick über die Zahl der zu Deportierenden zu erhalten. Gleichzeitig erfolgten Einsatzbesprechungen beim zuständigen SSPF. Daran nahmen zumindest die Vertreter der Polizei teil, also der KdS, der KdO und der Kommandeur der Gendarmerie. Sie erörterten die Details des geplanten Ablaufs und die Aufgabenverteilung.

Darauf verschickte der SSPF Befehle an die zu beteiligenden Einheiten. Auch der Kreishauptmann wurde informiert. Bei diesem trafen sich dann die Vertreter aller beteiligten Dienststellen, um letzte Details abzustimmen. Daran nahm auch der SSPF teil, zumindest sein Stabschef oder sein Adjutant. Dazu kamen in der Regel die Leiter der örtlichen Sicherheitspolizei und der Ordnungspolizei, der Leiter des Arbeitsamts, oft auch ein Vertreter der Wehrmacht. Hierbei ging es besonders um die Zuteilung der begehrten Arbeitsjuden. Zur Vorbereitung gehörte auch der Selektionsvorgang selbst. Er bestand im Kern in einem bürokratischen Vorgang, nämlich der Abstempelung der Arbeitsausweise der Juden. Daraus war erkenntlich, ob eine Arbeitsfähigkeit vorlag. In der Regel waren die Arbeitsämter dafür zuständig.

In der Nacht vor der Aktion wurde das Getto umstellt und abgeriegelt. Das besorgten Angehörige der Ordnungspolizei, der deutschen Gendarmerie, des polnischen Baudienstes, der polnischen Polizei, des Sonderdienstes oder der Waffen-SS in wechselnden Zusammensetzungen. Das hing von den örtlichen Verhältnissen und der Anzahl der Deportierten ab. Der Bedarf ging zuweilen in die Hunderte, weil auch der Weg zum Sammelplatz, der Sammelplatz selbst und der Weg von dort zum Bahnhof abzusperren waren. Der Vorgang lief tagsüber vor den Augen der polnischen Bevölkerung ab.

Am Sammelplatz mussten die Juden ihr Geld und ihre Wertsachen abliefern. Darauf ging ihr Weg zu Fuß zum Bahnhof. Man pferchte sie dort in Güterwaggons, oft 100 Menschen in einen Wagen. Damit war die Tätigkeit des Personals vor Ort beendet. Der Zug brachte sie unverzüglich in eines der Vernichtungslager. Für den Distrikt Krakau war das Belzec. Dort wurden diese nicht Arbeitsfähigen, die Alten, Kinder und Frauen sofort in Gaskammern ermordet und ihre Leichen in vorbereitete Gruben geworfen. Das besorgten eine Hundertschaft von Trawnikis sowie jüdische Funktionshäftlinge. Diese sortierten und lagerten auch die zurückgelassenen Kleidungsstücke und sonstiges verwertbares Material.

Am Ort der Aktion untersuchten Angehörige der Dienststelle des SSPF die verlassenen Wohnungen auf zurückgelassene Wertgegenstände und versiegelten sie. Die gesammelten Gelder und Wertgegenstände gingen ans SS-Wirtschafts- und Verwaltungshauptamt, das bewegliche Inventar in speziell eingerichtete Lager.

Soweit der übliche Ablauf einer »Aussiedlung«. Äußere Umstände wie die Zahl der Deportierten, die örtlichen Gegebenheiten und die personellen Ressourcen auf der Täterseite konnten zu Anpassungen und Variationen führen. Durch Zeugenaussagen vor deutschen Gerichten ist die Deportation der Juden aus der Stadt Tarnow besonders gut dokumentiert. Die folgende Schilderung zeigt die konkreten Vorgänge, aber auch Abweichungen vom typischen Verlauf:[42]

Tarnow war eine Kreisstadt in der Nähe Krakaus. Fast die Hälfte der etwa 40000 Einwohner waren Juden. Sie wohnten zwar in einigen Vierteln gehäuft zusammen, es gab aber kein geschlossenes Getto. Gewerbe und Industrie waren stark jüdisch dominiert gewesen, inzwischen aber von Treuhändern übernommen worden. Die vielen kleinen Betriebe der Bekleidungsbranche arbeiteten meist für die Wehrmacht und galten samt ihren jüdischen Fachkräften als kriegswichtig.

Den Auftakt der Aktion zwischen dem 11. und 18. Juni 1942 bildete im Vorfeld eine genaue Registrierung der jüdischen Bevölkerung durch die Zivilverwaltung. Auf dieser Grundlage mussten die, die als Arbeitskräfte in Betracht kamen, einige Tage vor Beginn der Aktion bei einer von zwei Kontrollstellen erscheinen und Kennkarten beziehungsweise Arbeitsausweise vorlegen. Dort wurde per Augenschein ihre tatsächliche Arbeitsfähigkeit beurteilt. Ein Stempel der Sicherheitspolizeidienststelle bestätigte den Arbeitsfähigen das Aufenthaltsrecht in Tarnow. Die anderen erhielten lediglich einen Stempel mit dem Buchstaben K in ihren Papieren. Damit waren sie für die anstehende Deportation freigegeben.

Am Tag vor der Aktion wurden im Stadtgebiet Plakate zur Information angeschlagen:

»An alle Juden!

1. In Tarnow erfolgt heute eine Judenaussiedlung.
2. Ausgenommen von der Aussiedlung sind Juden mit Ehefrau und Kindern, deren Judenpässe bzw. Arbeitsausweise von der Sicherheitspolizei überprüft und abgestempelt worden sind.
3. Das jüdische Krankenhaus bleibt weiter bestehen. Die in den Krankenhäusern befindlichen Kranken werden von der Umsiedlung ausgenommen.
4. Jeder jüdische Umsiedler darf 10 kg. Gepäck (einschl. Geld- und Wertsachen) und Verpflegung für 4–5 Tage mitnehmen.
5. Der Sammelort des Transports ist der Ringplatz. Der Judenrat und die Mitglieder des jüdischen Ordnungsdienstes haben dafür Sorge zu tragen, dass die auf anliegender Liste aufgeführten Personen mit ihren Familienangehörigen am Donnerstag, den 11.6. um 6 Uhr früh anmarschbereit stehen.
6. Jeder Jude, welcher eine Handlung unternimmt, die Aussiedlungsmaßnahmen zu übergehen – wird erschossen.
7. Jede jüdische Person, die die Mithilfe bei einer Handlung ausübt, die geeignet ist, die Umsiedlungsaktion zu umgehen – wird erschossen.
8. Jeder Jude, der versucht, irgendwelche Gegenstände (Wertgegenstände, Möbel, Kleider usw.) an Juden oder Polen zu veräussern – wird erschossen.
9. Während der Dauer der Umsiedlung am 11.6. ist den Juden jedes eigenständige Verlassen der Wohnung untersagt. Ausgenommen von dieser Bestimmung sind die zur Aussiedlung gelangenden Juden und die Mitglieder des Judenrates, JSS und Ordnungsdienstes.
10. Zuwiderhandlungen gegen diese Anordnung wird mit sofortiger Erschießung bestraft.
11. Auch nach dem 11.6. muss jeder Jude seine bisherige Wohnung beibehalten. Wer gegen diese Anordnung verstösst, oder die Wohnung einer ausgesiedelten Person betritt – wird erschossen.
12. Die Mitglieder des Judenrates und die Mitglieder des jüdischen Ordnungsdienstes haften persönlich und mit ihrer Familie bei Todesstrafe für die Durchführung dieser Anordnung. Desgleichen haften sie persönlich und mit ihrer Familie bei Diebstahl aus den verlassenen Wohnungen der bereits ausgesiedelten Juden.«[43]

Am 11. Juni erschien der SSPF Julian Scherner persönlich in Tarnow und leitete in den Diensträumen der Kreishauptmannschaft eine Besprechung. Dabei ging es nicht nur um die Vorbesprechung der weiteren Abläufe. Entgegen den Interessen der SS versuchten Vertreter der Zivilverwaltung möglichst viele jüdische Arbeitskräfte zu retten, die als Facharbeiter, v. a. Schneider und Sattler in Betrieben mit Wehrmachtsaufträgen eingesetzt waren.

Die aufgerufenen Juden sammelten sich mit ihrem Handgepäck auf dem Marktplatz und mussten stundenlang dichtgedrängt dort warten. Zwischenzeitlich durchstreiften Suchtrupps die Stadt. Sie wollten Juden aufgreifen, die sich durch Verstecken der Deportation entziehen wollten. Sie mussten das gesamte Stadtgebiet durchkämmen, weil die Konzentration der Juden in einem umschlossenen Gettobezirk in Tarnow nicht bestand. Deshalb war auch eine erhebliche Anzahl von auswärtigen Kräften der Waffen-SS und der kasernierten Polizei mit Lastwagen herangezogen worden. Es handelte sich um eine Kompanie des Wachbataillons der Waffen-SS des Truppenübungsplatzes im nahegelegenen Debica. Auch ein Teil der 3. Kompanie des Reservepolizeibataillons 307 und Angehörige der deutschen Gendarmerie aus Rzeszow wurden eingesetzt. Der Kreishauptmann stellte Kräfte des jüdischen Ordnungsdienstes, des Sonderdienstes, des polnischen Baudienstes, der örtlichen Schutzpolizei, der örtlichen Gendarmerie und des Arbeitsamtes zur Verfügung. Vor Ort befanden sich also einige Hundert, meist bewaffnete Männer in unterschiedlichsten Uniformen und mit unterschiedlichen Befehlsgebern.

Den ganzen Tag über waren in der Stadt Gewehrschüsse zu hören. Denn die Androhungen auf dem Plakat waren ernst gemeint. Diese Erschießungen vor Ort in den Häusern, auf dem Weg zum Sammelplatz und zum Bahnhof nahmen vor allem die SS-Soldaten, die Angehörigen des Polizeibataillons und der Gendarmerie vor. Aber auch die Mittäterschaft von Angehörigen der örtlichen Sicherheitspolizei ist bezeugt. Die Vorgänge bei der ersten Welle der Aktion Reinhardt in Tarnow in Zahlen zu fassen ist nicht einfach. Es ist realistisch, von circa 20000 Opfern auszugehen. Davon starben etwa 8000 in Belzec nach ihrem Abtransport und 4000 bei dem Massaker in Tarnow selbst. Anders kann man die Vorgänge in der Stadt nicht bezeichnen. Denn es wurden nicht nur die angedrohten Erschießungen vorgenommen, die sich auf Übertretungen von Anordnungen bezogen. Ein erheblicher Teil geschah spontan unter dem Vorwand, die Ermordeten seien nicht transportfähig gewesen. Diese rationalen Erklärungen greifen wenig, denn was am hellichten Tag in Tarnow unter den Augen der polnischen Bevölkerung geschah, war sicher schwieriger zu handhaben als die ursprünglich geplante Aussiedlung all derer, die für Belzec bestimmt waren.

Allein die logistische Frage, wie mit der Menge der Leichen im Stadtgebiet umgegangen werden sollte, war schwer zu lösen. Die Lastwagen der SS-Kompanie fuhren den ganzen Tag bis in die Nacht hinein zu den vom polnischen Baudienst schnell und provisorisch ausgehobenen Gruben für die Leichen.

Diese befanden sich im jüdischen Friedhof der Stadt und in einem nahe gelegenen Wäldchen. Dorthin wurden auch lebende aufgegriffene Juden verbracht und erschossen.

Dass der größte Anteil an den Erschießungen selbst auf das Konto der SS-Soldaten und des Polizeibataillons geht, ist ebenso unstrittig wie die Teilnahme der örtlichen Sicherheitspolizei. Bei Letzterer ist es aber bereits schwierig zu trennen, was auf dienstliche Teilnahme zurückzuführen ist und was auf spontane und persönliche Initiativen, die lediglich geduldet wurden. Die genaueren Kenntnisse über Dienststellung und Persönlichkeit der beteiligten Angehörigen der Sicherheitspolizeidienststellen deuten eher auf das zweite hin. Der schon einmal angesprochene Dolmetscher Hans Nowak gehört dazu.

Noch schwieriger und kaum möglich ist die Einordnung der Beteiligung des Baudienstes, der örtlichen Polizei und des Sonderdienstes. Denn gerade solche »lokalgeschichtliche Studien zeigen in aller Deutlichkeit auf, dass die seit Sommer 1942 im Rahmen der Aktion Reinhard realisierten Mordkampagnen ein Kollektivverbrechen waren. Hauptorganisator war der SS- und Polizeiapparat, allerdings wären die Aktionen ohne die Mit- und Zuarbeit anderer deutscher Besatzungsinstitutionen und hinzugezogener Helfer personell kaum realisierbar gewesen. Dabei schreckten die Deutschen nicht einmal davor zurück, die jüdischen Institutionen in ihre Verbrechen miteinzubeziehen.«[44]

Gerade die schon erwähnten jüdischen Institutionen sind ein besonders heikles Thema. Gemeint sind die Judenräte und der jüdische Ordnungsdienst. Durch sie sollten sich die jüdischen Gemeinden weitgehend selbst verwalten und so die deutschen Stellen entlasten. Im Zuge der Radikalisierung der Judenpolitik mutierten diese Institutionen immer mehr zu Helfern und Zuarbeitern ihrer Unterdrücker, besonders durch ihre erzwungene Beteiligung an der Aktion Reinhardt. Vor allem traf dies auf den jüdischen Ordnungsdienst zu. Ursprünglich eine Art jüdischer Gettopolizei zur Aufrechterhaltung der Ordnung wandelte er sich zu einem verlängerten Arm der Gestapo. Er wurde zum Beispiel zum Aufspüren der Verstecke von untergetauchten Juden eingesetzt. Der Geruch der Kollaboration, der sich bald bei ihren Mitjuden einstellte, entwickelte sich zunehmend auch gegenüber den von den Deutschen eingerichteten und besetzten Judenräten. Wie schwer ihr Überleben tatsächlich war, zeigen die entsprechenden Artikel des Plakats und auch tatsächlich daraufhin erfolgte Erschießungen von Judenräten.

Gestapo-Außenstelle Stalowa Wola

Nach der Rückkunft vom Lehrgang der Sicherheitspolizei im Dezember 1941 war Josef F. noch einige Monate an seiner Dienststelle in Jaroslaw tätig. Im April, spätestens Mai, übernahm er die Leitung der KdS-Außenstelle in Stalowa Wola. Das klingt großartiger, als es war. Denn die in einem konfiszierten Gebäude untergebrachte Dienstelle war noch kleiner als die in Jaroslaw. Sie dürfte nicht mehr als drei oder vier Beamte gezählt haben. Wie viele es genau waren, ließ sich nicht eruieren. Auf jeden Fall gehörten zusätzlich ein volksdeutscher Dolmetscher und ein Dienstwagen mit Fahrer dazu. Außerdem ermöglichte die Übernahme der Leitung auch eine Beförderung zum Kriminalsekretär.

Stalowa Wola, heute eine Stadt mit etwa 70000 Einwohnern, ist ein seltsamer Name für eine Stadt. Er bedeutet nämlich »Stählerner Wille«. Das erklärt sich leicht, denn es ist der Name für das Stahlwerk »Huta Stalowa Wola«, mit einer etwas martialischen Bezeichnung. Die polnische Regierung baute ab Mitte der 1930er-Jahre ein Rüstungszentrum in Zentralpolen auf, wovon diese Hütte ein wichtiger Teil war. Sie wurde erst 1937 eröffnet und war damit von modernster Bauart. Die Stadt existierte zu dieser Zeit noch nicht. Der Ort dieses Namens bestand nur aus dem Werk, den gleichzeitig für die Arbeiter errichteten Wohnsiedlungen und dem kleinen Dorf Plawo. Außerdem lag der seit 1973 eingemeindete Ort Rozwadow in der Nähe.

Dieses Stahlwerk fiel im Septemberkrieg 1939 unbeschädigt in die Hände der vorrückenden Wehrmacht. Ein Bericht der Deutschen Arbeitsfront DAF beschreibt das Werk. »Das bedeutendste bisher errichtete Industriewerk sind die Südwerke, auch Stalowa Wola (Stählerner Wille) genannt. Es umfasst Hütten, Stahlwerke, Walzwerke, Maschinen- und Konstruktionshallen und beschäftigt bereits tausend Arbeiter.«[45] Nach dem üblichen Verfahren erhielt ein großer deutscher Rüstungskonzern die Treuhänderschaft über solch einen Staatsbetrieb. In diesem Fall waren das die »Stahlwerke Braunschweig«, ein Tochterunternehmen der »Reichswerke Hermann Göring«. Die Kontrolle der Rüstungsfertigung übte die Wehrmacht aus. Dazu diente eine Rüstungsinspektion im Generalgouvernement mit nachgeordneten Rüstungskommandos und Industriebeauftragten vor Ort. Wo es um Industrie und Arbeiter ging, hatte also die Wehrmacht immer mitzusprechen, wenn nicht gar das entscheidende Wort.

Der Betrieb beschäftigte etwa 4000 polnische Arbeiter und 400 deutsche Fachkräfte und Angestellte. Bis dahin spielten jüdische Zwangsarbeiter noch keine Rolle. Hauptsorge und Grund für die Einrichtung einer eigenen Nebenstelle der Gestapo war deshalb die Gewährleistung der Sicherheit in einem Rüstungsbetrieb dieses Ausmaßes.

Gleichzeitig hatte der polnische Staat für sein neues zentrales Industriegebiet noch andere Projekte verwirklicht. Von besonderer Bedeutung war ein ebenfalls neugebautes Flugzeugwerk in Mielec. Dieses übernahmen die Heinkel-Flugzeugwerke als Treuhänder. Dort bauten 5000–6000 polnische Arbeiter Flugzeugteile für die Bomber He 111 und He 177 und übernahmen die Wartung von Transportflugzeugen des Typs Ju 52. Seit britische Flugzeuge die Heinkel-Stammwerke in Rostock 1942 angegriffen hatten, wurden die sicheren polnischen Standorte weiter ausgebaut. Sie lagen nicht in Reichweite der Bomber und wurden deshalb immer wichtiger. Eine weitere Übernahme war das Flugmotorenwerk Reichshof in Rzeszow. Als Treuhänder fungierten die deutschen Firmen Daimler und Henschel. Hier stellten polnische Arbeiter Teile für Flugmotoren her und setzten komplette Motoren für Flugzeuge der Firma Messerschmitt in Stand.

Damit waren fast alle Namen der deutschen Flugzeugindustrie vertreten und einige zehntausend Polen arbeiteten in dieser vermeintlich kriegsentscheidenden Fertigung.[46]

Diese Firmen beteiligten sich auch an streng geheimen Projekten wie der Entwicklung und Produktion der sogenannten Wunderwaffen, die bis in die letzten Kriegsmonate den Glauben an den Endsieg bei der Bevölkerung retten sollten. Beispiele sind der Umbau des Salzbergwerks in Wieliczka bei Krakau in eine unterirdische Fabrik für Strahlflugzeuge oder die Erprobung der Fernrakete A4/V2 auf dem Luftwaffengelände des Truppenübungsplatzes Debica. Angesichts dieser Dichte von rüstungswichtigen Fertigungsstätten im Distrikt Krakau, besonders im Dreieck Stalowa Wola, Mielec und Rzeszow ist es einsichtig, warum gerade hier eigene, wenn auch kleine KdS-Nebenstellen eingerichtet wurden. Sie dienten nicht der Überwachung der eher unbedeutenden Landbevölkerung, ihre Aufgabe lag in der Sicherung der kriegswichtigen Produktionsstätten.

Dass an diesen Orten zunehmend große Arbeitslager für Juden und auch Polen eingerichtet wurden, verweist auf einen zweiten sicherheitspolizeilichen Aufgabenbereich. Denn die den Produktionsstätten zugeordneten Lager hatten in der Regel eine erhebliche Größe und es existierten viele davon. Im Juni 1943 gab es im Generalgouvernement 300–400 Zwangsarbeitslager (ZAL), in denen etwa 120000 Juden arbeiten mussten. Die größeren 50 bis 60 davon hatten zeitweise 1000 Insassen oder mehr.[47] Diese Lager dienten allerdings nicht nur der Ausnützung der Arbeit der Inhaftierten, sie hatten eine zentrale Funktion bei der Unterdrückung und Vernichtung der Juden. Es wird zu klären sein, ob und wie auch dabei eine KdS-Außenstelle beteiligt war, innerhalb oder außerhalb der Lager.

Die Hauptaufgaben eines Außendienststellenleiters der Sicherheitspolizei sind also klar definiert:

Er hatte dafür zu sorgen, dass in seinem Zuständigkeitsbereich keine Sabotageakte im Bereich der Produktion und der Infrastruktur stattfanden. Dabei mussten vorhandene Untergrundorganisationen aufgespürt und bekämpft werden. Ebenfalls galt es, Spionageakte zu verhindern und die Kommunikation mit den in der Regel englischen Auftraggebern aufzuspüren.

Falls es im Einsatzbereich Arbeitslager mit Polen oder Juden gab, musste er diese sicherheitspolizeilich betreuen. Dies galt besonders für Lager, die nicht der SS unterstanden und anderweitig organisiert waren.

Er musste auch für die Einhaltung der den Juden auferlegten allgemeinen Zwangsmaßnahmen sorgen und im Rahmen der »Aussiedlungsaktionen«, also der Vernichtung der Juden, zur Verfügung stehen.

Für die Beantwortung der Frage, welche konkreten Maßnahmen, Vorkommnisse und Tätigkeiten in der Zeit des Josef F. an seiner Dienstelle erfolgten, ist die Quellenlage relativ günstig. Berücksichtigt man das allgemein eher geringe Wissen über die untere Ebene der Tätigkeit der Gestapo, erscheint sie sogar sehr günstig. Denn für den Bereich Stalowa Wola, Rozwadow und Mielec fanden in der Bundesrepublik zwei sehr umfangreiche und aufsehenerregende Strafprozesse statt. Sie erlauben mithilfe der Zeugenaussagen teils sehr genaue Einblicke. Es geht hier nicht um die strafrechtliche Würdigung, lediglich um die inhaltliche Ebene. Natürlich werden auch die Informationen aus den Verfahren gegen Josef F.[48] herangezogen, auf die noch ausführlicher und unter anderen Gesichtspunkten einzugehen ist. Gegen den ehemaligen SS-Oberscharführer Walter Thormeyer wurde im Jahr 1967 am Landgericht Freiburg[49] verhandelt, gegen den ehemaligen SS-Hauptscharführer Josef Schwammberger erst im Jahr 1992 am Landgericht Stuttgart.[50] Es besteht ein dienstlicher, örtlicher und persönlicher Zusammenhang zwischen diesen drei Protagonisten. Schwammberger war 1942 Kommandant des ZAL Rozwadow, das seine Arbeiter in das Werk Stalowa Wola schickte. Ein fast täglicher dienstlicher wie persönlicher Umgang mit Josef F. ist also anzunehmen. Thormeyer leitete die benachbarte KdS- Außenstelle in Mielec, dem Standort des Heinkel-Werks. Telefonate, gegenseitige Informationen und Absprachen mit Josef F. sind belegt. Grundsätzlich ist wegen des gemeinsamen Arbeitsschwerpunkts der Betreuung eines Industriekomplexes und der Sabotagebekämpfung eine engere Verbindung anzunehmen.

Bei dem Aufgabenkomplex der sicherheitspolizeilichen Tätigkeit sind vorab zwei Hinweise angebracht. Der erste betrifft den Begriff des Partisanen, der sicherlich von deutscher Seite regelmäßig missbraucht wurde. Denn der Begriff »Partisaneneinsatz« war ähnlich wie »Aussiedlung« oder »auf der Flucht erschossen« oft eine Verbrämung zur Vertuschung unangemessener verbrecherischer Tötungsdelikte von deutscher Seite. Gleichzeitig gilt aber, dass in Polen wie fast nirgends im deutsch besetzten Bereich ein gut organisierter und zahlenmäßig beeindruckender Widerstand vorhanden war. Darauf weist schon hin, dass nirgendwo außer in Polen, nämlich in Warschau im August 1944, eine Widerstandsbewegung es wagte, sich den deutschen Besatzern im offenen Kampf entgegenzustellen. Aber auch die Zahlen von Erfolgen der Polen im versteckten Untergrundkampf sind beeindruckend. Einheiten der Heimatarmee haben in der Zeit vom 1. Januar 1941 bis zum Juni 1944 unter anderem 732 Züge zum Entgleisen gebracht, fast 40 Eisenbahnbrücken gesprengt, 19 000 Waggons und rund 6900 Lokomotiven beschädigt, rund 25 000 Sabotageaktionen in Rüstungsfabriken durchgeführt, 130 Waffen- und Ausrüstungslager sowie 1200 Tankwagen in Brand gesetzt, fünf Öltürme zerstört, drei Hochöfen außer Betrieb gesetzt, rund 5700 Anschläge auf Funktionäre verschiedener Polizeiformationen verübt.[51] Das ist eine beeindruckende Bilanz, auch wenn sich das meiste davon erst im Vorfeld der sich abzeichnenden deutschen Niederlage ereignete. Wie vor dem Hintergrund dieser Zahlen Thormeyer und Josef F. mit ihren zehn bis 20 Helfern es schaffen konnten, die fast 10 000 polnischen Arbeiter bei Stalowa Wola und Heinkel zu überwachen und von unerwünschten Aktionen abzuhalten, muss ein Rätsel sein.

Die Ausführungen zur Lage der Gestapo im Reich haben aber gezeigt, dass es dort kaum anders war. Auch hier war der Sicherheitsapparat von den Zahlen her unzulänglich, aber die Ruhigstellung der Fremdarbeiter und der Bevölkerung gelang. Erfolgreiches Mittel war die Kombination von Abschreckung durch Terror und Ausnutzung der Bereitschaft zur Denunziation in der Bevölkerung.

In Polen war das gar nicht so anders. Zur Abschreckung durch Terror muss nicht viel gesagt werden. Die Deportationen der Juden fanden am offenen Tag vor den Augen der polnischen Mitbürger statt. Die Kollaboration mit den Besatzern und die Bereitschaft zum Denunzieren und Bespitzeln waren auch unter den Polen verbreitet, ein Gegenstück zu ihrer Widerstandskraft. Ein prominenter polnischer Historiker beschreibt das so:

> »Zu den Kollaborateuren zählte weiter eine selbst in groben Umrissen unbekannte und schwer zu schätzende Zahl von Zuträgern, V-Männern,

Erpressern oder gelegentlichen Helfern, die in der Regel anonym blieben und die man der Denunziation verdächtigte. Aus den (wenigen) Hinweisen zu diesem Thema scheint hervorzugehen, daß das Denunziantentum im besetzten Polen eine später in Vergessenheit geratene bzw. verdrängte Blüte erreicht hat.«[52]

In der konkreten Tätigkeit bei der Überwachung des Werkes und der Untergrundaktivität der Umgebung war der Erfolg nicht sehr erheblich. Es ging um einzelne Verhaftungen, die konkreten Haftgründe sind meist nicht bekannt. Als Begründung wurde in der Regel die Zugehörigkeit zum örtlichen Untergrund angegeben. Dies konnte sich aus eigener Ermittlungsarbeit oder auch durch Meldungen des Werkschutzes ergeben. Der zivile Werkschutz in Stalowa Wola mit einer Stärke von etwa 100 Männern konnte die Überwachung der Arbeiter intensiver vornehmen als die Gestapo mit ihrer geringen Zahl. Er war auch meist die erste Anlaufstelle für Denunzianten. Exekutive Befugnisse standen ihm nicht zu, er musste aber seine Beobachtungen und Beschwerden, zum Beispiel bei Arbeitsverweigerung an die Gestapo weitergeben. Diese entschied, wie weiter verfahren werden sollte in Abstimmung mit der KdS-Dienststelle in Krakau.

Ein typischer Verlauf ist genau dokumentiert, weil dabei zwei Personen zu Tode kamen. Am 17. Oktober 1942 verhaftete Josef F. zusammen mit drei weiteren Gestapoangehörigen in Bradwica drei Polen.[53] Sie standen in Verdacht, zum Untergrund zu gehören. Man brachte sie ins nächst gelegene Gefängnis nach Rozwadow. Dabei ging die Gruppe mit den Verhafteten durch ganz Rozwadow, denn das Gefängnis befand sich im Rathaus in der Mitte des Orts. Von dort informierte Josef F. auch die Außenstelle in Mielec. Auf dem Weg durch die Stadt wurden zwei Verhaftete erschossen. Ob sie fliehen wollten, ist nicht geklärt, ebenso wenig, ob der Verhaftende später Ermittlung und Verhör selbst durchführte. Der dritte Verhaftete hat auf jeden Fall überlebt und stand als Zeuge zur Verfügung.

Andere Fälle liefen wohl ähnlich ab. Bei der Durchsicht fallen drei besondere Aspekte auf. Es ging fast durchweg um Einzelaktionen. Nur einmal ist ein größeres Vorhaben angeführt, bei der es in Grabowie zu einer Massenverhaftung von 50 Untergrundkämpfern durch die Gestapo kam.

Eine erste Vermutung, dass die Fälle sich innerhalb des Werks ereignen würden, hat sich nicht bestätigt. Die Verhaftungen geschahen durchwegs in der näheren ländlichen Umgebung. Ein einfacher Grund dafür ist, dass die meisten Arbeiter in diesem weiteren Umkreis lebten und dieser für Untergrundaktivitäten bessere Bedingungen bot. Die Gestapo konnte sich also nicht einfach auf Stalowa Wola selbst konzentrieren. Diese notwendige Dislozierung erklärt auch die engere Zusammenarbeit mit Mielec.

Typisch ist das legalistische Verhalten gegenüber Polen, das für diese immerhin einen gewissen Rechtsrahmen bot. Verdächtige Polen wurden verhaftet, in ein Gefängnis eingeliefert und der Justiz übergeben. Der Umstand allein, dass ausreichend Zeugen überlebten, zeigt, dass für einen ethnischen Polen die Einlieferung in ein Gefängnis nicht automatisch bedeutete, erschossen zu werden. Das mag zynisch klingen, war aber zu diesem Zeitpunkt für Juden der Fall. Denn es gab bereits den sogenannten Erschießungsbefehl des BdS Eberhard Schöngarth, dass »derartig umherwandernde Juden sofort zu erschießen sind, wenn sie nur geringsten Widerstand leisten oder flüchten wollten.«[54] Dieser Befehl vom November 1941 war ein Dammbruch bei der Behandlung der Juden, der sie praktisch der Willkür der Polizei auslieferte, die sich seitdem bei Erschießungen von Juden nicht mehr zu verantworten hatte. Einigermaßen sicher waren sie nur noch innerhalb ihrer Sonderwohnbezirke, Gettos oder Lager.

Verhaftungen der eben beschriebenen Art hatten zur Voraussetzung, dass vorher ein begründeter Verdacht bestand. Die Mitarbeiter der Gestapo-Außenstellen konnten sich aber nicht nur auf die Denunzianten aus den Reihen der deutschen und polnischen Belegschaft des Werks und der Bewohner der umliegenden Dörfer verlassen. Sie gingen aktiv und gezielt mit den üblichen geheimdienstlichen Routinen vor. Gelegenheits-Spitzel und auch langfristig tätige V-Leute wurden in die Belegschaft und Untergrundzirkel eingeschleust. Knotenpunkte der Informationsbeschaffung waren deutsche Werkmeister und Vorarbeiter. Der Schwerpunkt der Überwachung lag bei den ehemaligen Offizieren der polnischen Armee. Es war bekannt, dass sie das Rückgrat des bewaffneten Widerstands bildeten. Über sie wurde beim KdS in Krakau eine eigene polnische Offizierskartei geführt. Ihre Betreuung besorgte später einmal auch Josef F. Es liegt in der Natur der Sache, dass über Einzelheiten dieses verdeckten Kampfes wenig bekannt ist, schon gar nicht auf der untersten Ebene einer KdS-Außenstelle. Um so aufschlussreicher erscheinen die Informationen über einen Fall, der anlässlich des Prozesses gegen Walter Thormeyer vom Landgericht Freiburg aufgerollt wurde:

> »Etwa im Februar/März 1943 wurde der Sipo-Dienststelle Mielec, deren Leiter damals der Angeklagte war, von einer anderen Dienststelle der Gestapo ein etwa 19 bis 20 Jahre altes jüdisches Mädchen übergeben. Das namentlich nicht bekannte Mädchen war etwa 1.65–1.70 gross, blond und blauäugig, hatte einen jiddischen Dialekt und sprach nur gebrochen deutsch. Auf Befragen erklärte es sich sofort bereit, für den Angeklagten als V-Person zu

arbeiten: als solche sollte sie die einheimische Bevölkerung bespitzeln und vorwiegend im Kampf gegen die polnische Widerstands- und Partisanenbewegung eingesetzt werden. Die mit polnischen Papieren versehene Jüdin erhielt den Decknamen ›Sophie‹. Der Angeklagte legte eine besondere Akte für sie an, meldete sie jedoch nicht seiner vorgesetzten Dienststelle als neuerworbene Agentin.
Nachdem die Jüdin über ihre Aufgaben belehrt worden war, liess der Angeklagte sie alsbald als scheinbar Inhaftierte mit dem speziellen Auftrag ins Mielecer Gefängnis bringen, eine Gruppe dort einsitzender und der Widerstandsbewegung verdächtiger Polen auszuhorchen. Wenige Tage später wurde das Gefängnis überfallen; die gefangenen Polen konnten fliehen. Das jüdische Mädchen, das zunächst ebenfalls verschwunden war, meldete sich nach etwa zwei bis drei Wochen unter ihrem Decknamen fernmündlich wieder und wurde daraufhin vom Angeklagten und dem Fahrer der Dienststelle, dem Zeugen Gla., mit dem Wagen nach Mielec zurückgeholt. Es gab dem Angeklagten bezüglich der Überfälle und der Flucht so gute Hinweise, dass dieser den Fall weitgehend aufklären konnte. Hierüber war er umso mehr erfreut, als ihm von seinen vorgesetzten Dienststellen in Reichshof und Krakau wiederholt Vorwürfe gemacht worden waren, dass er mit seinen Ermittlungen noch immer nicht weitergekommen sei.
Da für das Mädchen nicht sofort ein Zimmer gefunden werden konnte, blieb es zunächst für etwa drei bis vier Tage in der Dienststelle der Gestapo. Es wohnte dort in einem der Zimmer des Angeklagten, bis der Dolmetscher der Dienststelle, der Zeuge Rudi Zimmermann, der Jüdin mit Hilfe seines Vaters (des damaligen Bürgermeisters von Mielec) in der Nähe der Dienststelle ein möbliertes Zimmer besorgte. In der Folgezeit liess der Angeklagte das Mädchen durch Zimmermann mehrfach zu sich in seine Diensträume bestellen. Zumeist im Schutz der Dunkelheit kam es mindestens fünf bis sechsmal zur Sipo-Dienstelle, um dem Angeklagten Bericht zu erstatten oder von ihm neue Weisungen entgegenzunehmen. Im Verlauf dieser Zusammenkünfte entwickelte sich zwischen dem Angeklagten und seiner V-Person ein über rein dienstliche Beziehungen hinausgehendes, fast freundschaftliches Verhältnis; dass es hierbei auch zum Geschlechtsverkehr gekommen ist, konnte das Schwurgericht nicht feststellen.
Auf Grund mehrerer Vorkommnisse gewann der Angeklagte nach einiger Zeit den Eindruck, das Mädchen sei als V-Person nicht oder zumindest nicht mehr zuverlässig und arbeite auch für die Gegenseite. So erfuhr er, dass der Anführer jenes Überfalls auf das Mielecer Gefängnis sich in Barinow aufhalte. Die Jüdin erhielt den Auftrag, diesen Mann zu überwachen, und wurde zu diesem Zweck am Bahnhof Barinow abgesetzt; sie kam

jedoch nach einiger Zeit mit negativem Bescheid zurück. Als der Dienststelle Mielec freilich zu gleicher Zeit von der Gestapo in Stalowa-Wola gemeldet wurde, Barinow sei voll von Widerstandskämpfern und diese dort sehr aktiv, regten sich beim Angeklagten erste Zweifel. Er setzte daraufhin das Mädchen ein zweites Mal auf jenen polnischen Oberleutnant an. Durch das Fernglas beobachtete er, wie ›Sophie‹ mit dem Polen zusammentraf und gemeinsam mit ihm in einem nahe gelegenen Wald verschwand. Vom Angeklagten zur Rede gestellt, erklärte die Jüdin, sie habe mit dem Mann ein Treffen in Dembica verabredet. Dieses Treffen fand nicht statt; denn als der Angeklagte den Polen am nächsten Tag zur verabredeten Zeit und an der mit dem Mädchen angeblich vereinbarten Stelle festnehmen wollte, war dieser nicht gekommen. Die Zweifel an der Zuverlässigkeit seiner V-Person wurden für den Angeklagten zur Gewissheit, als in Mielec ein Waffenlager ausgehoben werden sollte und ›Sophie‹ mit der Überwachung des Hauses beauftragt wurde. Sie verneinte regen Personenverkehr in dieses Haus; als der Angeklagte das Waffenlager in der folgenden Nacht jedoch ausheben wollte, waren die Waffen verschwunden.
Zur gleichen Zeit – etwa im Sommer 1943 – gingen in der Dienststelle Meldungen und Gerüchte ein, das Mädchen verlange von der polnischen Bevölkerung unter drohendem Hinweis auf ihre guten Beziehungen zur Gestapo Lebensmittel und amerikanische Dollars. Zudem wurden dem Angeklagten Gerüchte über seine angeblich intimen Beziehungen zu der Jüdin zugetragen. Durch ihre vermutete Unzuverlässigkeit und auf Grund der Tatsache, dass sie in der polnischen Bevölkerung als Geheimnisträgerin der Gestapo galt und als Spitzel der Sipo bekannt war, wurde sie in den Augen des Angeklagten zur akuten Gefahr für die Sicherheitsinteressen der Deutschen. Von einem Verhör sah er ab, weil er von der Jüdin ohnehin keine Antwort erwartete; denn diese habe ja genau gewusst, das sie bei Verrat erschossen würde.«[55]

In der Tat erschoss Thormeyer daraufhin seine V-Person eigenhändig. Für ihn hatte das Ganze allerdings unangenehme Folgen. Nicht weil er das Mädchen erschoss, sondern wegen der in Krakau bekannt gewordenen Gerüchte über seinen zu persönlichen Umgang mit ihr. Vor dem SS- und Polizeigericht in Krakau vertuschte er den Vorgang weitgehend und die Mitarbeiter seiner Dienststelle hielten dicht, vor allem was die Tötung anging. Wegen zu engen Kontakts mit einer Jüdin und Verstoßes gegen bestehende Vorschriften bestrafte ihn das Gericht mit acht Monaten Gefängnis. Drei Monate verbrachte er in einem SS-Konzentrationslager, der Rest der Strafe wurde zur Frontbewährung bei der SS-Division Dirlewanger ausgesetzt.

Diese Episode illustriert in geradezu melodramatischer Weise Ausschnitte aus dem Leben des Opfers und des Täters. Daraus lassen sich auch einige Beobachtungen ableiten, die über den konkreten Fall hinaus festhaltenswert sind.

Zu allererst wird ein Licht auf die Rekrutierung der V-Leute geworfen, die wohl nur als Erpressung zu bezeichnen ist. Die Formulierung des Gerichts »Auf Befragen erklärte es sich sofort bereit …« trifft hier sicher nicht. Sie hatte nur die Wahl zwischen Mitmachen oder Erschossenwerden. Es war auch kein »Befragen«, sondern eine Erpressung. Eine Jüdin, die im Frühjahr 1943 außerhalb des ihr zugewiesenen Bereichs ergriffen und festgesetzt wurde, hatte keine Überlebenschance. Auf sie trifft sogar der Wortlaut des Schießbefehls von Schöngarth zu. War sie dann einmal eingegliedert, würde jedes abweichende Verhalten als »Verrat« gewertet und mit Erschießung bestraft werden. Also eine durchaus ausweglose Situation.

Das zwischen Mitmachen, nonkonformem Verhalten und vielleicht sogar Widerstand lavierende Verhalten des Mädchens ist angesichts ihrer ständigen Bedrohtheit und Todesnähe mit moralischen Kategorien kaum zu beurteilen. Ihr Fall ist prototypisch für viele Juden in ähnlicher Situation. Im Zusammenhang mit dem Verhalten mancher Judenräte, der jüdischen Gettopolizei und auch der Funktionsjuden in den Vernichtungslagern wurde dieses Dilemma vielfach und kontrovers diskutiert.[56]

Auf Seiten der Sicherheitspolizei wird in dem Fall erkennbar, dass auch in ihren Reihen zentrale Aspekte des NS-Wertesystems wenig galten. Denn Rassereinheit war ein höchstrangiges Rechtsgut und stark strafbewehrt. Bei Rassenschande war für den männlichen Teil sogar eine Zuchthausstrafe möglich. Für die gesamte Dienststelle war das offensichtlich nur ein praktisches Problem. Man hielt kameradschaftlich zusammen und versuchte durch Vertuschen den Schaden gering zu halten. Das trifft auch auf das SS-Gericht in Krakau zu. Denn viel Mühe scheint es sich mit dem Fall nicht gegeben zu haben und die Bestrafung kann nicht als rigide bezeichnet werden.

Der geschilderte Fall lässt auch Einblicke in die praktische Arbeit der KdS-Außenstellen Mielec und Stalowa Wola zu. Sie waren wirkliche Außenstellen, beschäftigt vor Ort mit konkreten polizeilichen Ermittlungen. Dabei war ihr Einsatzradius, der sich aus solchen Schilderungen gut abschätzen lässt, größer und mehr in die Fläche gehend als man von diesen beiden Dienststellen erwarten würde. Sie waren ja primär zur Betreuung der beiden Rüstungsfabriken eingerichtet. Auch die enge Zusammenarbeit der beiden Dienststellen ohne den Umweg über die Vorgesetzten in Krakau ist erkennbar: Man informierte und warnte sich. Das schien durchaus nötig, wie der Überfall auf das Gefängnis zeigt. Telefon und Dienstwagen waren offensichtlich hier wichtiger als die Karteikästen und Schreibmaschinen in der Zentrale in Krakau. Um die Entfernungen einschätzen zu können, kann der genannte Ort Barinow dienen. Er liegt fast genau in der Mitte zwischen Mielec und Stalowa Wola, von da aus jeweils an die 30 km von den Dienststellen entfernt.

Was den Aufgabenbereich eines KdS-Dienststellenleiters beim Arbeitseinsatz von Juden in Lagern angeht, muss sehr genau zeitlich differenziert werden. Zum einen gehörten bis zur Übernahme der Judenangelegenheiten durch die SS im Juni 1942 diese zum Zuständigkeitsbereich der Zivilverwaltung. Zum anderen war nach Abschluss der Aktion Reinhardt die Anzahl der im Distrikt Krakau lebenden Juden extrem stark zurückgegangen. 180 000 waren umgekommen, nur etwa 37 000 zum Jahreswechsel 1942/43 noch am Leben.[57] Dieser Rest wurde in wenigen Gettos und großen Arbeitslagern konzentriert. Viele der zwischenzeitlich nur provisorisch eingerichteten Lager existierten nur kurze Zeit. Das Zeitfenster der Tätigkeit der Sicherheitspolizei war also sehr eng. Außerdem waren die Zuständigkeiten und Unterstellungsverhältnisse kompliziert und unübersichtlich. Neben den reinen SS-Lagern bestanden auch Zwangsarbeitslager privater und staatlicher Unternehmen sowie in Arbeitslager umgewandelte Gettos und Gettoteile.

Der Aufenthalt Josef F.s in Stalowa Wola währte etwa vom Mai 1942 bis zum Oktober 1943. In dieser kurzen Zeit erlebte er alle drei Typen der jüdischen Zwangsarbeit. Schon bei seiner Ankunft arbeitete eine nicht exakt bezifferbare, aber erhebliche Zahl von jüdischen Arbeitern im Stahlwerk, wohl im Rahmen der Arbeitspflicht. Sie mussten aber nicht in einem Lager leben und gingen ihrer Arbeit von ihrem Heimatort aus nach. Dieser Zustand änderte sich mit der »Aussiedlung« der gesamten jüdischen Gemeinde Rozwadow im Juli 1942. Dabei konnte sich die Betriebsleitung der SS gegenüber nicht durchsetzen und verlor alle jüdischen Arbeiter. Durch eine Intervention beim Rüstungskommando der Wehrmacht erhielt das Werk eine Kompensation zugestanden. Die SS richtete in der Nähe des Orts Rozwadow ein Zwangsarbeitslager (ZAL) für etwa 1000 Juden ein. Diese arbeiteten ausschließlich für das Stahlwerk. Das Lager bestand nur sehr kurze Zeit von Anfang September 1942 bis zum Ende des Jahres. Danach wurde ein Teil der Häftlinge in ein neues, innerhalb des Werksgeländes gelegenes werkseigenes Lager verlegt. Die SS gab das bisherige Lager auf.

Ein ZAL der SS war kein Konzentrationslager herkömmlichen Typs. Es gab nämlich keine Vorschriften, Lagerordnungen usw. Was geschehen sollte und durfte, bestimmte allein der Kommandant. Und dieser wurde allein vom zuständigen SSPF eingesetzt und instruiert. In diesem Fall war das Julian Scherner, der Vollstrecker der Judenvernichtung im Distrikt. Er bestimmte den Unterscharführer der Waffen-SS, Josef Schwammberger, zum Lager-

Die Dienststelle der Gestapo in Stalowa Wola

Das Personal der Dienststelle 1943, Josef F. links

leiter. Dass die Zustände im Lager sich unter seiner Führung so schrecklich gestalteten, lag an seiner Persönlichkeit ebenso wie an der Instruktion und Rückendeckung durch Scherner. Denn das Unterstellungsverhältnis war äußerst direkt. Zwischen dem SS-Oberführer Scherner und dem Unterscharführer Schwammberger lagen acht Dienstgradstufen. Bei der Wehrmacht entsprach das der Spanne vom Oberst zum Unteroffizier. Warum Scherner gerade diesem Mann ein Lager mit über 1000 Insassen anvertraute, ist ein Rätsel. Schwammberger hatte als alter Nationalsozialist innerhalb von Partei und SS, denen er schon seit 1933 angehörte, einen bescheidenen Aufstieg erlebt. Er war Mitglied der Waffen-SS, aber wegen körperlicher Einschränkungen nicht kriegsdienstfähig. Zu dieser Zeit saß er auf einem Verlegenheitsposten beim SSPF in Krakau und verrichtete subalterne Büroarbeit.

Im Lager standen ihm ein Stellvertreter und eine Gruppe von etwa zehn Trawnikis zur Verfügung. Im Werk selbst bestand ein eingespielter Werkschutz von etwa 100 Mann unter Führung eines Werkschutzleiters und Sicherheitsbeauftragten. Die Trawnikis brachten die Juden morgens ins Werk, holten sie nach dem zwölfstündigen Arbeitstag wieder ab und bewachten das Lager.

Obwohl an dieser Stelle nur die Tätigkeit des Leiters der KdS-Außenstelle zur Frage steht, sollen doch die Zustände im Lager und Schwammbergers Anteil daran kurz gestreift werden.[58] Die Zustände im Lager waren katastrophal. Schon nach nur zwei Monaten schrumpfte die Belegung von etwa 1200 auf 570 Zwangsarbeiter. Die Ursachen waren vielfach. Im Werk mussten sie schwerste Arbeit vor allem beim Entladen von Eisenbahnwagen mit Schrott, Erz und Kohle leisten. Im Lager waren die Baracken überbelegt, die Ernährung und die hygienischen Verhältnisse unzureichend. Der hohe Krankenstand rührte wohl vor allem daher. Zum Beispiel suchten Insassen nachts nicht die Latrinen auf und verrichteten ihre Notdurft in oder an den Baracken, weil die Trawnikis aus Spaß auf sie schossen. Erschießungen waren überhaupt eine ständige Bedrohung und wurden vor allem vom Stellvertreter, einem jungen SS-Mann unbekannten Namens, vorgenommen. Auch Schwammberger selbst schoss, zum Beispiel auf Kranke, die länger als drei Tage nicht arbeiten konnten. Das ging auf einen persönlichen Befehl Scherners zurück.

Die Werksleitung sah das alles nicht gerne, weil sie an der Arbeitskraft der ihr zugeteilten Juden interessiert war. Zudem bestand ein finanzielles Interesse. Immerhin führte das Werk für jeden Arbeiter pro Arbeitstag fünf Zloty an die SS ab.

Durch Intervention an verschiedenen Stellen erreichte die Werksleitung, dass ihr die Einrichtung eines eigenen Werkslagers genehmigt wurde, ein zu dieser Zeit ungewöhnlicher Erfolg. Es bedeutete gleichzeitig eine Auflösung des SS-Lagers. Dazu wurde am 15. November eine Selektion anberaumt, bei der die gesamte Belegschaft anzutreten hatte. Der Werksleiter selbst und seine Abteilungsleiter wählten dabei 250 Juden aus. Sie siedelten in das inzwischen vorbereitete Lager innerhalb des Werks um. Überlebende berichteten über eine deutliche Verbesserung ihrer Lebensumstände dort. Fast alle nicht Ausgesuchten, meist Kranke, ließ Schwammberger durch Trawnikis erschießen. Seine persönliche Beteiligung dabei konnte nicht nachgewiesen werden.

Wie sah die Beteiligung von Josef F. aus?

Sie scheint grundsätzlich möglich gewesen zu sein, befanden sich doch Werk und Lagergelände in seinem Zuständigkeitsbereich. Außerdem war Josef F. ranghöher, wenn auch nicht erheblich. Zu bedenken gilt es auch, dass kaum jemand, den es nach einer Tötung oder Misshandlung von Juden drängte, zurückgehalten worden wäre. Paragrafen und Dienstränge spielten dann eine eher untergeordnete Rolle. Bestes Beispiel dabei sind die volksdeutschen Dolmetscher, auf die schon hingewiesen wurde.

Trotzdem sprechen gewichtige Gründe gegen eine Beteiligung der Dienststelle, besonders die Befehlsstruktur. Es wurde ausführlich dargestellt, dass die Befehlsstränge der Sicherheitspolizei mit BdS und KdS deutlich von denen der SS mit HSSPF und SSPF getrennt waren. Das gemeinsame Dach des Reichssicherheitshauptamtes ändert daran wenig. Es wurde auch schon darauf hingewiesen, dass der Befehlsstrang vom HSSPF zum SSPF gezielt im Zusammenhang mit der Aktion Reinhardt eingerichtet und ausgebaut wurde. Zweck war eine Vereinfachung und Zusammenfassung der Befehlsgebung mit Primat der SS. Das hieß im Distrikt: Der SSPF hatte zumindest in Judenangelegenheiten das letzte Sagen.

In diesem Sinne gab Scherner an Schwammberger eine ziemlich klare Beschreibung seiner Aufgaben und Kompetenzen. Der Lagerleiter war zuständig für alle Angelegenheiten im Zusammenhang mit dem Arbeitseinsatz der Juden. Damit gab es keine Konkurrenz mit dem Werkschutz und der Gestapo. Zusätzlich hatte er regelmäßig Scherner Bericht zu erstatten, über Einzelheiten der Belegzahlen und der Abgänge. Auch die Ablieferung der Vermögenswerte und des sonstigen Nachlasses der Verstorbenen an die SS sollte über den Lagerleiter erfolgen. Weitere ausgearbeitete Vorschriften waren nicht vorhanden. Scherner scheint weitgehend Vertrauen zu Schwammberger gehabt zu haben und er ließ ihm freie Hand.

Der Lagerleiter war deshalb ein kleiner König und er nutzte das auch zu seinem persönlichen Vorteil aus, zum Beispiel bei der Annahme von Bestechungen und Unregelmäßigkeiten bei der Abführung von Wertgegenständen. Auf den umfangreichen Bestand von abgezweigten Wertgegenständen bei der

Verhaftung Schwammbergers in Innsbruck im Jahr 1945 wurde bereits hingewiesen.

In der Praxis gab es keine Kompetenzstreitigkeiten, weder mit dem Werkschutz, der Werksleitung oder der KdS-Dienststelle. Die umfangreichen Zeugenaussagen in dem langdauernden Prozess gegen Schwammberger, die bisweilen sehr in Details gingen, geben keine Hinweise auf die Dienstfunktion oder den Namen von Josef F. Solche wären zum Beispiel zu erwarten gewesen bei der großen Selektion vom 15. November oder der letzten Selektion anlässlich der Schließung des Lagers am 2. Dezember. Das war aber nicht der Fall. Josef F. scheint sich nicht in die Angelegenheiten Schwammbergers eingemischt zu haben. Umgekehrt versuchte Schwammberger an keiner Stelle in seiner Verhandlung etwas auf Josef F. abzuschieben. Wie das persönliche Verhältnis war, lässt sich nicht feststellen. Von Laufbahn und Lebensweg her gesehen waren sich die beiden wenig ähnlich.

Nach der Auflösung des Lagers Rozwadow änderte sich die Situation für die Gestapo-Dienststelle. Denn im Werk waren immerhin noch an die 250 jüdische Arbeiter und die Aufsicht und Zuständigkeit der SS waren entfallen. In Sicherheitsfragen und allgemeinen Judenangelegenheiten war nun allein die Gestapo zuständig. Mit dem eingespielten Werkschutz gab es offensichtlich keine größeren Probleme, er kam mit der Situation weiterhin zurecht. Schwierig wurde es erst, wenn Bestrafungen und Ähnliches anstanden. Denn dann durfte er nicht selbstständig handeln und musste die Gestapo, das heißt bei der gegebenen Personalsituation den Dienststellenleiter, heranziehen. Dabei konnte es durchaus um Leben und Tod gehen, zum Beispiel bei der Frage der Arbeitsfähigkeit. Der Befehl Scherners, was mit arbeitsunfähigen Juden zu geschehen hatte, bestand ja weiterhin. Ähnlich stand es bei Fluchtversuchen. Es gibt in den Gerichtsakten Schwammbergers Hinweise wenig genauer Art, dass noch nach der Auflösung des ZAL im Werk 22 Häftlinge erschossen wurden und deshalb ersetzt werden mussten. Genauere Umstände dazu wurden nicht bekannt. Auf Josef F. bezogen war die Lage nach dem Weggang Schwammbergers nun die, dass er solche Entscheidungen vorzunehmen oder zumindest als Dienststellenleiter die Verantwortung dafür zu tragen hatte.

Ähnlich schwierig konnte die Situation auch dann sein, wenn er in dieser Eigenschaft an kollektiven Einsätzen teilzunehmen hatte. Es wurde bereits gezeigt, dass der Ablauf der Aktion Reinhardt nur als kollektives Verbrechen beschrieben und verstanden werden kann. Bei den vorbereitenden Einsatzbesprechungen und den nachfolgenden Abläufen wurden die Leiter der Gestapo-Dienststellen als örtliche Experten regelmäßig herangezogen. Lediglich die einzelnen Beteiligungsakte fielen unterschiedlich aus. Typische Aufgaben der Gestapo waren die Hilfe bei der Arbeitskartenstempelung und der Durchsuchung der Quartiere nach versteckten Juden. Es ist also immer von einer Beteiligung auszugehen, wenn im Dienstbereich eine Deportation anstand. Davon konnten nur begründete Abwesenheiten wie Urlaub oder Krankheit entbinden. Eine Überprüfung ist meist leicht möglich.

Das betrifft auch die Frage, ob in der Zeit zwischen dem Mai 1942 und dem Oktober 1943, also der Zeit Josef F.s als Dienststellenleiter, solche Deportationen stattfanden.

In Stalowa Wola und seiner Arbeitersiedlung waren Juden kaum vertreten, die Arbeiter in der Regel ethnische Polen. Im Ort Rozwadow dagegen stellte die jüdische Bevölkerung die Mehrheit, zumindest bis zum Einmarsch der Deutschen. Exakte Zahlenangaben sind seit diesem Zeitpunkt kaum mehr möglich. Denn im Oktober 1939 wurden die Mitglieder der jüdischen Gemeinde über den Fluss San in den sowjetischen Einflussbereich vertrieben. Sie konnten aber nach dem Vormarsch der Wehrmacht in die Sowjetunion wieder zurückkehren. Darüber, wie viele das taten, bestehen unterschiedliche Vorstellungen. Die Zahlen schwanken zwischen 400 und 1700. Auf jeden Fall bestand im Sommer 1941 wieder eine größere jüdische Gemeinde, vertreten durch einen neu eingerichteten Judenrat.[59] Die jüdische Gemeinde konnte auf eine lange Tradition zurückblicken. Vor dem Krieg war Rozwadow ein »Stetl« mit einer deutlichen jüdischen Dominanz von etwa 70 Prozent der Bevölkerung gewesen. Der 21. Juli 1942 brachte das Ende dieses jüdischen Lebens. An diesem Tag musste sich die gesamte jüdische Bevölkerung auf dem Marktplatz versammeln und wurde ohne weiteres Aufheben, sogar ohne Selektionen, abtransportiert. Der Zug ging nicht direkt nach Belzec, dafür war die Zahl der Deportierten wohl zu gering. Einige 100 wurden in ein Sammellager nach Debica verbracht und dort später in andere Lager oder nach Belzec weiter verteilt. Im ZAL Rozwadow, das erst Wochen später eingerichtet wurde, gab es keine Juden aus Rozwadow. Der Grund, warum das Lager eingerichtet wurde, war die Deportation auch der jüdischen Arbeiter aus dem Werk gewesen.

An der Beteiligung Josef F.s an dieser »Aussiedlung« besteht kein Zweifel. Er hat das selbst zugegeben. Auch Zeugen konnten sich erinnern und haben Einzelheiten geschildert. Die Art seiner Beteiligung blieb allerdings unklar. Eine besondere Rolle hat die örtliche Gestapo aber nicht übernommen.

Anmerkungen zum Kapitel 3

1 Dieter Schenk, Hans Frank. Hitlers Kronjurist und Generalgouverneur, Frankfurt am Main 2006, S. 163
2 Schenk 2006, S. 290
3 Heinz Höhne, der Orden unter dem Totenkopf, München 1984, S. 275f.
4 Vgl. Schenk 2006, Kapitel VI, S. 256ff.
5 https://de.wikipedia.org/wiki/Galizien [zuletzt geöffnet am 19.11.2019]
6 https://de.wikipedia.org/wiki/Zweite_Polnische_Republik [zuletzt geöffnet am 19.11.2019]
7 Keith Lowe, Der wilde Kontinent, Europa in den Jahren der Anarchie 1943–1950, Stuttgart 2014. Hier vor allem Teil 3 – Ethnische Säuberung, S. 235ff.
8 Lowe 2004, S. 269
9 Sammelbegriff für deutsche Bevölkerungsgruppen, die im Gegensatz zu den »Reichsdeutschen« nicht innerhalb der Grenzen des Deutschen Reichs lebten. Im Rahmen einer aktiven Volkstumspolitik, betrieben vor allem durch Heinrich Himmler in seiner Eigenschaft als »Reichskommissar für die Festigung des deutschen Volkstums«, wurden Angehörige deutscher Minderheiten unterschiedlicher Nationen umgesiedelt und sollten die Einheimischen verdrängen. Der eingebürgerte Begriff ist aber wenig trennscharf. Denn eigentlich waren viele als Volksdeutsche bezeichneten und in verschiedensten Funktionen im Generalgouvernement Tätige gar keine Volksdeutschen mehr. Solche aus Westpreußen und anderen ehemaligen Gebieten des polnischen Staats waren 1939 »heim ins Reich« gekommen und rechtlich vollgültige Reichsbürger.
10 Lowe 2014, S. 274
11 IPN GK 678/52 Strona 38
12 Melanie Hembera, Die Shoah im Distrikt Krakau. Jüdisches Leben und deutsche Besatzung in Tarnow 1939–1945, Darmstadt 2016, Anm. 99, S. 49
13 Vergleiche zum Beispiel die Aussage vor der polnischen Militärmission im Lager Dachau vom Juni 1947, IPN Warschau Rz 357/87 t.2, III K 327/48, Strona 39
14 Zahlen aus: www.zentrale-stelle.de [zuletzt aufgerufen am 15.4.2019]
15 Christiaan F. Rüter/Dick W. de Mildt (Hrsg.), Amsterdam 1968–2012 und www.junsv.nl [zuletzt geöffnet am 15.11.2019]
16 Hembera 2016
17 Klaus-Michael Mallmann, »Mensch, ich feiere heut' den tausendsten Genickschuß«. Die Sicherheitspolizei und die Shoah in Westgalizien, in: »Aktion Reinhardt«. Der Völkermord an den Juden im Generalgouvernement, herausgegeben von Bogdan Musial, Osnabrück 2004, S. 356
18 JNSV, Bd. 32, Lfd. Nr. 710a, S. 326
19 JNSV, Bd. 37, Lfd. Nr. 775, S. 303
20 JNSV, Bd. 37, Lfd. Nr. 775, S. 303
21 Mallmann 2004, S. 362
22 JNSV, Bd. 26, Lfd. Nr. 655, S. 312
23 Die Benennungen Außenstelle oder Nebenstelle, auch Außenposten wurden nicht streng einheitlich gebraucht in dem Sinn, dass eine Außenstelle ranghöher war.

Selbst kleine Nebenstellen traten im Schriftverkehr als Außenstellen auf. Zu beobachten war auch eine Entwicklung. Neugegründete Dienststellen wurden zunächst von einer schon bestehenden Außenstelle betreut, bis sie selbstständig wurden. Zuweilen blieb die Abhängigkeit bestehen, zum Beispiel im Fall von Mielec. In der Praxis war das von geringerer Bedeutung, da zwischen den Außenstellen und auch zwischen Außenstellen und KdS-Zentrale häufig Versetzungen stattfanden. Man kann durchaus von Rotation sprechen.

24 Mallmann 2004, S. 360

25 Mallmann 2004, S. 361

26 Mallmann 2004, S. 361

27 Christopher R. Browning, Judenmord. NS-Politik, Zwangsarbeit und das Verhalten der Täter, Frankfurt am Main 2001, S. 266, spricht von einer »gewichtigen Minderheit, nicht Mehrheit«.

28 Mallmann 2004, S. 369

29 Reinhold Friedrich, Nationalsozialismus im bayerischen Oberland, Norderstedt 2011, Kapitel »Der König von Polen«

30 www. simon-wiesenthal-archiv.at [zuletzt aufgerufen am 15.4.2019]

31 JNSV, Bd. 26, Lfd. Nr. 655, S. 326

32 Mallmann 2004, S. 366

33 Hervorzuheben sind: Dieter Pohl, Nationalsozialistische Judenverfolgung in Ostgalizien 1941–1944, München 1996; Bogdan Musial, Deutsche Zivilverwaltung und Judenverfolgung im Generalgouvernement, Wiesbaden 1999; Thomas Sandkühler, »Endlösung« in Galizien, Bonn 1996; Markus Roth, Herrenmenschen. Die deutschen Kreishauptleute im besetzten Polen, Göttingen 2009; Melanie Hembera, Die Shoah im Distrikt Krakau, Darmstadt 2016

34 JNSV, Bd. 27, Lf.Nr. 667a, S. 350ff.

35 JNSV, Bd. 27, Lf.Nr. 667a, S. 351ff.

36 Werner Präg/Wolfgang Jacobmeyer (Hrsg.), Das Diensttagebuch des deutschen Generalgouverneurs in Polen 1939–1945, Stuttgart 1975, S. 232

37 Zitiert nach Dieter Pohl, Von der »Judenpolitik« zum Judenmord, Frankfurt am Main 1993, S. 94

38 Hembera 2016, S. 106

39 Mallmann 2004, S. 367

40 Die Auseinandersetzung um die Schreibweise scheint geklärt zu sein. Der Vorname Heydrichs wurde seinerzeit, auch im offiziellen Briefverkehr, oft falsch mit »dt« geschrieben. Der Bezug zu Heydrich ist nicht mehr fraglich, im weiteren wird die gebräuchliche Schreibweise der Aktion verwendet.

41 Norbert Kampe, Dokumente zur Wannsee-Konferenz, in: Die Wannsee-Konferenz am 20. Januar 1942, herausgegeben von Norbert Kampe und Peter Klein, Köln 2013, S. 17ff.

42 Siehe Hembera 2016, S. 189–199

43 Institut für Zeitgeschichte (IfZ), Fb 95/70, Bl. 126

44 Hembera 2016, S. 21

45 Arbeitswissenschaftlichen Institut der Deutschen Arbeitsfront Polen (Hrsg.), Geschichte und Wirtschaft, Berlin 1939, S. 56

46 Ingo Loose, Kredite für die NS-Verbrechen. Die deutschen Kreditinstitute und die Ausrottung der polnischen und jüdischen Bevölkerung, München 2007, S. 399

47 Dieter Pohl, Die großen Zwangsarbeitslager der SS- und Polizeiführer für Juden im Generalgouvernement 1942–1945, in: Die nationalsozialistischen Konzentrationslager – Entwicklung und Struktur, herausgegeben von Ulrich Herbert, Karin Orth und Christoph Dieckmann, Bd. I, Frankfurt am Main 2002, S. 415

48 IPN Rz 357/87 T.2, Strona 180ff.

49 JNSV, Bd. 26, Lfd. Nr. 655

50 JNSV, Bd. 48, Lfd. Nr. 911

51 Zahlen aus https:/de.wikipedia.org/wiki/Polnische_Heimatarmee und www.polishresistance-ak.org/Essays_Betrage.htm, darin Beitrag 2 von Marek Ney-Krawicz [zuletzt aufgerufen am 2.12.2019]

52 Wlodzimierz Borodziej, »Hitleristische Verbrechen«. Die Ahndung deutscher Kriegs- und Besatzungsverbrechen in Polen, in: Transnationale Vergangenheitspolitik, Der Umgang mit den deutschen Kriegsverbrechen in Europa nach dem Zweiten Weltkrieg, herausgegeben von Norbert Frei, Göttingen 2006, S. 403

53 Vorwürfe Staatsanwaltschaft, vgl. Anm. 48

54 Zitiert nach Hembera 2006, S. 71

55 JNSV, Bd. 26, Lfd. Nr. 655, S. 326ff.

56 Hembera 2016, S. 124ff.

57 Hembera 2016, S. 185f.

58 Das ist allein deshalb angebracht, weil der Fall Schwammberger in der Geschichte der Strafverfolgung von NS-Verbrechen in der Bundesrepublik eine hervorgehobene Rolle spielt. Das Medieninteresse war hoch, nicht nur der verhandelten Inhalte wegen. Das Interesse an Schwammberger rührte auch daher, dass sich Schwammberger lange und erfolgreich durch eine abenteuerliche Flucht und Untertauchen in Argentinien bis 1991 der Justiz entzogen hatte.

59 www.kehilalinks.jewishgen.org/yiskor/rozwadow [zuletzt aufgerufen am 16.4.2019]

Kapitel 4
Opfer und Täter

Die Strafverfolgung in Polen

»Lieber tot als an die Polen ausgeliefert.« Unter dieser Überschrift berichtete »Die Zeit« am 28. Oktober 1948 in einem langen Artikel über einen Hungerstreik im englischen Internierungslager Fallingbostel:

> »Um dagegen zu protestieren, daß immer noch Internierte an Polen ausgeliefert werden, sind die Insassen des Lagers X in Fallingbostel in Hungerstreik getreten, – nachdem zwei Gefangene auf die Nachricht, ihr Abtransport stünde bevor, sich umgebracht haben, während ein dritter einen Selbstmordversuch unternahm.
> Wer dieser v. Malottki war – wir können es nicht entscheiden. Er hat versichert, daß er unschuldig sei. Er habe keine Verbrechen begangen; er habe allerdings den Bolschewismus bekämpft. Seine Eltern wurden von polnischen Bolschewisten erschlagen, seine Kinder getötet, seine Frau wieder und wieder vergewaltigt und mit Syphilis angesteckt. Er selbst ist aus dem Kriege als Krüppel heimgekehrt. Die Polen beantragten seine Auslieferung; er habe Verbrechen gegen die Menschlichkeit begangen. Wie gesagt: wir können's nicht entscheiden. Er selbst, dem die Polen – das wird man zugeben müssen – einiges angetan haben, war nicht überzeugt, daß man ihn in Polen, sollte es dort auch noch gerechte Richter geben, ungeschoren lassen werde.«[1]

Dieser Artikel ist in mehrfacher Hinsicht bemerkenswert. Zuerst zeigt er die Stimmung in der Bevölkerung, die der Journalist der »Zeit« hier bedient. Man fühlte sich den potenziellen NS-Tätern deutlich näher als den jetzigen Polen, denen man als Bolschewisten misstraute. Zudem zeigt sich deutlich, dass die Grenzen zwischen Tätern und Opfern verschwammen, beziehungsweise sich sogar umgekehrt haben, Deutsche als Opfer, Polen als Täter. Die Fakten spielten dabei eine untergeordnete Rolle oder wurden heruntergespielt: Otto von Malottki war bei der Gestapo in Tarnow tätig und bildete mit Hans Nowak ein eigenmächtig handelndes Tätergespann an der Dienststelle.[2] Mehrere

Gerichtsverfahren in Deutschland und Polen befassten sich später mit den Zuständen in Tarnow und Malottki wusste wohl am besten, welch geringe Chancen er in Polen vor Gericht gehabt hätte.

Zum ersten Mal begegnet hier auch das Phänomen der Aufrechnung von Schuld, wenn auch noch recht versteckt. Denn die geschilderten Leiden der Familie Malottkis können sich nur auf der Flucht beziehungsweise bei der Vertreibung aus ihrem Familiensitz in Hinterpommern ereignet haben und hatten keinen direkten Zusammenhang mit der Tätigkeit Malottkis bei der Sicherheitspolizei und ihren Opfern.

Hier interessiert aber zunächst die Stimmung im Land zur Zeit der Auslieferung Josef F.s an Polen. Sie erfolgte im Herbst 1947, das war deutlich früher als die in der »Zeit« behandelten Fälle. Diese dürften die letzten in den westlichen Besatzungszonen gewesen sein. Die Amerikaner hatten schon im Frühjahr des Jahres 1947 die Hürden für die Auslieferung erhöht und nahmen dann ab dem Jahresende keine Auslieferungsanträge mehr an.

Die deprimierte Stimmung unter den auf ihre Auslieferung Wartenden und noch mehr unter den Ausgelieferten hatte auch objektive Gründe. Die Nachrichten, die aus Polen in den Westen gelangten, trugen wesentlich zu dem negativen Bild über Polen bei, das den »Zeit«-Artikel prägte. Denn die Zustände in Polen boten keinen Anlass zum Optimismus.

Zwar war die Vertreibung der Deutschen aus den neuen, im Rahmen der Westverschiebung durch die Siegermächte Polen zugeschlagenen Gebieten weitgehend abgeschlossen. Aber die ethnische Flurbereinigung in Polen hielt an. Sie betraf etwa Hunderttausend im Inneren lebende Volksdeutsche, rückkehrwillige Juden und in den östlichen Landesteilen lebende Ukrainer. Die Probleme des multiethnischen Vorkriegspolens wurden bereits angesprochen, waren aber nun verschärft vorhanden. Die Rache für die während der Besatzung erlittenen Verbrechen verband sich untrennbar mit den nationalen Fragen. Sie richtete sich pauschal gegen die Volksdeutschen und Ukrainer polnischer Staatsbürgerschaft, die als Mittäter, Kollaborateure und Nutznießer während der deutschen Besatzung tätig waren. Zu diesen, nun als Volksverräter Verfolgten, gehörte auch der volksdeutsche Sonderdienst und die blaue polnische Polizei der Regierung des Generalgouvernements. Sie wurden häufig in Straflager eingewiesen und außerhalb der ordentlichen Gerichtsbarkeit verfolgt. Die mit den Rachegelüsten verbundenen Übergriffe waren zahlenmäßig und von der Art her mit den schlimmsten Verbrechen der Besatzungszeit vergleichbar. Denn die Zustände in berüchtigten Lagern wie Zogda oder Lambinowice glichen denen in deutschen Konzentrations- und Arbeitslagern. Die Taten des polnischen Öffentlichen Sicherheitsdienstes UBP waren scheußlich und die Zahl der Opfer hoch. Nach den jüngsten polnischen Forschungsarbeiten betrug die

Gesamtzahl der Gefangenen allein in Lambinowice etwa 6000, von denen rund 1500 umkamen. 1462 sind namentlich bekannt. In Zogda starben von den schätzungsweise 6000 Deutschen, die das Lager durchlaufen hatten, ausweislich der amtlichen Zahlen 1855, also fast jeder Dritte.[3] Es ist schwierig, in diesem Bereich mit Zahlen zu operieren. Die Angaben differieren teilweise erheblich, besonders wenn man die Angaben von polnischer mit denen von deutscher Seite vergleicht. Auf jeden Fall durchliefen diese Lager rund 200000 Deutsche und die Gesamttodesrate schwankte zwischen 20 und 50.[4] Dabei erscheinen die Zahlen weniger wichtig als der Umstand, dass die Geschichten über diese Vorkommnisse Eingang ins deutsche kollektive Gedächtnis gefunden haben und dort auch bis heute vorhanden sind.

Verstärkt wurde die Wirkung dieser Erzählungen durch die gleichzeitig stattfindende Umgruppierung der gesamtpolitischen Konstellation in Europa, weg vom Zusammenhalt der alliierten Siegermächte und hin zum Ost-West-Gegensatz. Die Deutschen im Westen mit ihren neuen, demokratisch organisierten Ländern wurden relativ schnell in die sogenannte freie Welt integriert. Die sowjetisch besetzten Gebiete gerieten zunehmend auch politisch unter den Einfluss der siegreichen Sowjetunion unter Stalin. In Polen und in den deutschen Westzonen war der Prozess im Jahr 1948 noch nicht abgeschlossen, aber durchaus greifbar. Wer nach Polen ausgeliefert wurde, wechselte zu dieser Zeit auch die politischen und gesellschaftlichen Welten. Was dort vor sich ging, wusste man nicht so genau. Nicht umsonst war für die Schwelle zwischen diesen beiden Welten bald Churchills Bild vom »Eisernen Vorhang« in Gebrauch: Was dahinter war, wusste man nicht, es konnte aber nichts Gutes sein. Mutmaßliche NS-Täter konnten sich offensichtlich im westlichen Teil dieser Welt sicherer fühlen. Die Zeichen der Amerikaner waren deutlich: Sie übergaben die Strafverfolgung den neu gegründeten Ländern, schlossen ihre Internierungslager und schritten kaum ein, als die Entnazifizierung unter der Regie der Länder ihren ursprünglichen Schwung verlor. Im Zeichen der neuen politischen Grundkonstellation gewann der Antibolschewismus immer mehr Gewicht im Vergleich zum Antifaschismus. Das alles wusste Malottki. Zu seiner Angst vor dem Ungewissen kam sicher auch noch die Enttäuschung, so kurz vor einem möglichen positiven Ausgang doch noch zur Verantwortung gezogen zu werden. Bezeichnend ist auch, auf welcher Seite der Schreiber des Artikels stand. Denn zwischen den Zeilen war deutlich zu lesen: Die Deutschen hätten nun genug gelitten, die Verfolgung der NS-Täter sollte aufhören, vor allem wenn sie im Osten stattfände, dem nicht zu trauen sei.

Die diffusen Ängste vor der Auslieferung nach Polen und die konkreten Befürchtungen im Falle einer Strafverfolgung dort werden bei Josef F. nicht anders gewesen sein als bei Malottki.

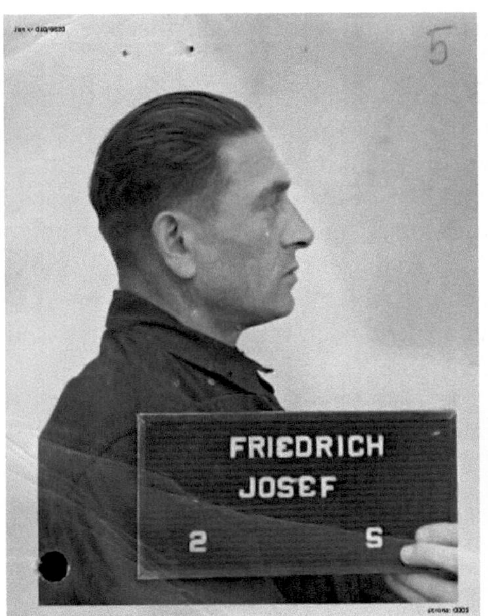

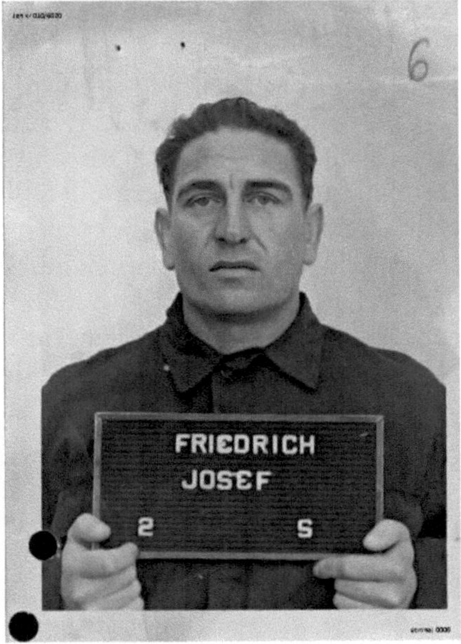

Fahndungsfoto der Staatsanwaltschaft Krakau

Die Auslieferung selbst geschah spätestens im Herbst 1947. Dabei brachte ein Kapitän der polnischen Militärmission Josef F. und einen anderen Auszuliefernden nach Polen. Der Vorgang war bürokratisch geregelt. Der Kapitän musste ein Übergabeprotokoll unterzeichnen. Es enthielt unter anderem die Verpflichtung Polens, innerhalb von sechs Monaten ein Gerichtsverfahren abzuschließen. Anderenfalls müsste eine Rückführung erfolgen. Zusätzlich wurden einige Beweismittel mitgegeben, unter anderem das Geständnis aus Natternberg einschließlich des Widerrufs. Damit war für die Amerikaner der Fall abgeschlossen.

Was dann in Polen folgte, entsprach nicht den erwarteten Befürchtungen. Es gab für Josef F. keinen Lageraufenthalt oder ähnliche »wilde« Verfolgungen. Er musste ins Gefängnis und wurde im Rahmen einer üblichen Strafverfolgung einem Staatsanwalt übergeben. Die Familie, die amerikanische Militärverwaltung oder Behörden in Deutschland erhielten darüber keine Informationen. Offensichtlich herrschten zu dieser Zeit in Polen wenig effektive Verhältnisse im Justizbereich. Auch die Abstimmung mit den Amerikanern funktionierte nicht oder nicht mehr. Erst nach mehreren Monaten und Nachfragen der Ehefrau bei verschiedenen Stellen kam im Januar ein offizielles Schreiben aus Warschau:

»Oberstaatsanwalt Warschau, den 2.1.1948
beim obersten Volksgerichtshof

Akt.Z. 258/48

An Emi F.
13b Landshut/Bay
Nikolastrasse 23/II

In Erledigung des Briefs v. 11. Jan. 1948 teile ich Ihnen mit, dass Josef F. im Gefängnis in Przemysl einsitzt unter dem Vorwurf, Kriegsverbrechen begangen zu haben.

Die Strafverfolgung in dieser Sache führt der Staatsanwalt des Bezirksgerichts in Przemysl durch. Je nach dem Ergebnis der Ermittlungen wird entweder Anklage erhoben und Verhandlungstermin anberaumt oder auch das Verfahren eingestellt. Im Falle der Ansetzung einer Gerichtsverhandlung wird F. ein Verteidiger von Amt aus zugeteilt.

Gleichzeitig teile ich mit, dass ein Briefwechsel mit F. erlaubt ist. Die Post an ihn ist entweder an die Anschrift der Oberstaatsanwaltschaft beim Bezirksgericht in Przemysl zu richten oder an die Geschäftsstelle der Staatsanwaltschaft beim Obersten Volksgerichtshof in Warschau.

Der Oberstaatsanwalt, gez. Stefan Kurowski«[5]

Der nächste offizielle Brief kam erst im Januar 1950, nicht aus Warschau, sondern vom Bezirksgericht in Rzeszow. Ansonsten lief alles wie vom Oberstaatsanwalt angekündigt. Die Akten des Verfahrens wurden nach Deutschland nicht weitergegeben und konnten auch auf Rückfragen, zum Beispiel des Oberversicherungsamts in Landshut vom August 1949[6] oder der Hauptspruchkammer in München, nicht beschafft werden.

Auch die private Kommunikation gestaltete sich in der Realität nicht so, wie es der Brief des Oberstaatsanwalts erscheinen ließ. Bezeichnend dafür ist, dass die Ehefrau fast ein halbes Jahr auf ein erstes Lebenszeichen warten musste. Es sind nur zwei private Briefe erhalten. Sie gleichen den stereotypen offiziell zensierten kurzen Briefen aus Dachau und enthalten keine nennenswerten Informationen. Da wegen der Kontrolle eine Übersetzung ins Polnische erfolgen musste, wurden sie auch nicht eigenhändig geschrieben, lediglich mit einer persönlichen Unterschrift versehen.

Inzwischen sind die Gerichtsakten über das Archiv des Instytutu Pamieci Narodowej in Warschau verfügbar[7] und erlauben einen Nachvollzug des eingeleiteten Strafverfahrens.

Das oberste Gericht übergab, wie der Staatsanwalt mitteilte, das Verfahren an örtlich zuständige Gerichte. Erste Station war die Staatsanwaltschaft in Krakau. Während des Verfahrens saß Josef F. im Gefängnis in Przemysl ein, wohl weil die dortige Staatsanwaltschaft spätestens Ende 1947 das Verfahren übernahm. Diese führte das Ermittlungsverfahren bis zum September 1948 zu Ende und lieferte eine Anklageschrift mit Zeugenliste ab. Anfang Januar 1949 beauftragte dann das Appellationsgericht Krakau das Bezirksgericht in Rzeszow mit der Einleitung eines Prozesses auf der Grundlage des Ermittlungsberichts der Staatsanwaltschaft Przemysl. Der Prozess selbst fand im August statt. Der Ablauf des Verfahrens folgte also den herkömmlichen Regeln eines Strafverfahrens, das sich in vier Phasen gliedert: Ermittlungsverfahren, Eröffnungsverfahren, Hauptverfahren und Vollstreckungsverfahren.[8]

Der örtliche Ablauf erscheint kompliziert, hatte aber seine Berechtigung. An allen genannten Orten war Josef F. im Einsatz gewesen. Bei Krakau ist es offensichtlich. Jaroslaw liegt in der Nähe von Przemysl, Rzeszow war für Stalowa Wola zuständig. Da die Hauptarbeit der Staatsanwälte aus dem Ausfindigmachen und Befragen von Zeugen bestand, erleichterte diese örtliche Arbeitsteilung ihre Suche.

Diese Zuständigkeit der örtlichen Gerichte entsprach in dieser Zeit dem üblichen Vorgehen beim Umgang mit Ausgelieferten. Von anfänglichen Verfahren vor einem eigens geschaffenen Nationaltribunal und Sondergerichten war man inzwischen abgegangen.

Auffällig ist aber auf jeden Fall die lange Dauer der Prozessvorbereitung. Die Sechsmonatsfrist, zu der sich Polen verpflichtet hatte, wurde auch nicht annähernd eingehalten. Die Amerikaner beharrten nicht weiter auf dieser Frist. Bei einer ordentlichen Prozessführung wäre sie ohnehin nicht einzuhalten gewesen.

Denn es gab viele Schwierigkeiten. Die vielleicht wichtigste lag darin, dass die üblichen Rechtsnormen eingehalten werden sollten und der vorhandene polnische Justizapparat dazu nicht in der Lage sein konnte; auf jeden Fall nicht innerhalb einer solchen Frist. Haupthinderungsgründe waren der Mangel an qualifiziertem Personal und die hohe Zahl der zu bearbeitenden Fälle. Zum Ende der deutschen Besatzung waren 57 Prozent der Anwälte und 21,5 Prozent der Richter tot. Denn die nationalsozialistische Ausrottungspolitik hatte schwerpunktmäßig die polnischen Juden und die polnische Intelligenz getroffen.[9] Die Zahl der Ausgelieferten erreichte im Jahr 1947 mit über 1000 ihren Höhepunkt. Allein 868 davon kamen aus der amerikanischen Besatzungszone.[10]

Der Hauptaufwand bestand in der Ermittlung geeigneter Zeugen. Zwar wandte sich der Krakauer Staatsanwalt an das »Jüdische historische Komitee« und das »Polnische historische Komitee«, aber mit wenig Erfolg. Das ist verständlich wegen des weitgehenden Fehlens von Dokumenten. Solche hatte die Sicherheitspolizei kaum hinterlassen, im Falle der Judenverfolgung überhaupt nicht angelegt. Erfolgreich war ein anderer Versuch. Sofort nach dem Eintreffen in Krakau wurde Josef F. fotografiert und sein Bild in der Krakauer Zeitung »echo krakowa« veröffentlicht mit der Bitte, dass sich Zeugen zur Verfügung stellen sollten.[11] Daraufhin gab es eine größere Zahl von Meldungen. Die Staatsanwaltschaft verfertigte Protokolle der Zeugenaussagen und nahm sie zu den Akten. Etwas verwunderlich in diesem Zusammenhang ist die Auswahl des Bildes. Es zeigt einen abgemagerten Mann ohne Kopfbedeckung in Häftlingskleidung. Dass Zeugen darauf den Josef F. sicher identifizieren konnten, ist wenig wahrscheinlich. Wenn überhaupt, hatten sie ihn vermutlich immer nur in Uniform mit Mütze und in wohlgenährtem Zustand gesehen. Ein Bild Josef F.s in SS-Uniform mit Mütze aus dem Jahr 1943 lag dem Staatsanwalt vor, wurde aber nicht genutzt.

Insgesamt kann der Ablauf der staatsanwaltschaftlichen Ermittlungen und der Prozessvorbereitung als typisch angesehen werden. In etwa 50 durchgesehenen Fällen ähnlicher Art, wurden die Prozesse im großen und ganzen nach rechtsstaatlichen Prinzipien geführt: »Die Beweiserhebung entsprach in ihrer Qualität ähnlichen Verfahren im Westen.«[12] Das ganz ähnlich gelagerte Verfahren gegen Wilhelm Rommelmann beim Bezirksgericht Tarnow wurde von Bogdan Musial auf das angewandte prozessuale Verfahren hin untersucht. Es ähnelt bis in einzelne Details dem von Josef F. Auch er kommt zum Schluss, dass »die allgemeinen Regeln eines geordneten und rechtsstaatlichen Strafverfahrens in Theorie wie in Praxis eingehalten wurden«.[13] Anders verhält es sich mit den Definitionen der Straftatbestände und Strafen. Hier wird der Prozess der Umgestaltung Polens in eine Volksdemokratie kommunistischer Prägung deutlich, der sich 1947 noch in voller Entwicklung befand. Reste des alten Systems mit westlicher Orientierung standen in Konkurrenz zu den neuen Normen der von den sowjetischen Besatzern eingesetzten kommunistischen Regierung. Tatsache ist, dass die polnischen Gerichte in Verfahren gegen ausgelieferte NS-Täter nach rechtsstaatlichen Prinzipien vorgingen. Die Methoden, mit denen die neuen Machthaber mit brutaler Härte und Skrupellosigkeit gegen die politische Opposition in Polen vorgingen, waren dagegen alles andere als rechtsstaatlich. Beamte des Sicherheitsdienstes erpressten unter Anwendung von psychischer und physischer Gewalt Geständnisse von sogenannten Klassen- und Systemfeinden. Auf solcher Grundlage fällten Gerichte Tausende von Todesurteilen. Die gerichtliche Verfolgung von NS-Verbrechern trat dagegen in den Hintergrund. Speziell eingerichtete Militärgerichtshöfe verhängten gegen politische Gegner 4400 mal die Todesstrafe. Gegen NS-Verbrecher sprachen ordentliche Gerichte 193 Todesurteile aus, bei 1670 Ausgelieferten.[14] Dabei ist allerdings zu berücksichtigen, dass sich bei den Verfolgern nationale und klassenkämpferische Motive zuweilen bis zur Ununterscheidbarkeit mischten. Die beschriebenen Straf- und Arbeitslager füllten Volksdeutsche, Kollaborateure und Klassenfeinde gleichermaßen.

Aber auch gegen die ausgelieferten Tatverdächtigen wurde nicht mehr nach dem polnischen Strafgesetzbuch von 1932 vorgegangen. Ein Dekret des Polnischen Komitees der Nationalen Befreiung vom 31. August 1944 ersetzte es. Dieses von den Sowjets zuerst in den befreiten Gebieten eingesetzte Komitee beanspruchte für sich, das gesamte polnische Volk zu vertreten.

Das sogenannte August-Dekret, eine Art Strafgesetz von wenigen Seiten Umfang, bildete die Grundlage für jegliche Strafverfolgung von NS-Tätern in Polen.

»Dekret vom 31. August 1944
über die Strafzumessung für faschistisch-hitleristische Verbrecher, die der Tötung und Mißhandlung von Zivilpersonen und Kriegsgefangenen schuldig sind und für Verräter des polnischen Volkes

– Dz URP 1944 Nr. 4, Pos. 16 –
in der Fassung des Dekrets vom 16. Februar 1945, vom 10. Dezember 1946, vom 22. Oktober 1947.

Art. 1. Wer zur Förderung der Behörden des deutschen oder eines mit ihm verbündeten Staates

1. an der Tötung von Zivilpersonen, Wehrmachtsangehörigen oder Kriegsgefangenen

teilgenommen hat,

2. durch Anzeige oder Festnahme zum Nachteil von Personen tätig war, die aus politischen, nationalistischen, religiösen oder rassischen Gründen durch die

Behörden gesucht oder verfolgt wurden

– wird mit dem Tode bestraft.

Art. 2. Wer zur Förderung der Behörden des deutschen oder eines mit ihm verbündeten Staates in anderer Weise oder unter anderen Umständen, als den in Art 1 vorgesehenen zum Nachteil des polnischen Staates, einer polnischen juristischen Person oder von Personen aus den Reihen der Zivilbevölkerung, der bewaffneten Streitkräfte oder der Kriegsgefangenen gehandelt hat,

– wird mit Gefängnis nicht unter 3 Jahren oder lebenslänglich oder mit dem Tode bestraft.

Art. 3. Wer unter Ausnutzung der Kriegsverhältnisse Leistungen erzwungen hat mit der Drohung, Verfolgung seitens der Behörden des deutschen oder eines mit ihm verbündeten Staates zu veranlassen, oder in anderer Weise zum Nachteil von Personen gehandelt hat, die von diesen Behörden gesucht oder verfolgt wurden

– wird mit Gefängnis nicht unter 3 Jahren oder lebenslänglich bestraft.

Art. 4. § 1 Wer an einer verbrecherischen Organisation teilgenommen hat, die von den Behörden des deutschen oder eines mit ihm verbündeten Staates oder einer politischen Körperschaft, die im Interesse des deutschen Reichs oder eines mit ihm verbündeten Staates ins Leben gerufen oder anerkannt war

– wird mit Gefängnis nicht unter 3 Jahren oder lebenslänglich oder mit dem Tode bestraft.

§ 2 Eine verbrecherische Organisation im Sinne des § 1 ist eine Gruppe oder Organisation:

a. die sich Verbrechen gegen den Frieden, Kriegsverbrechen oder Verbrechen gegen die Menschlichkeit zur Aufgabe gemacht hat,

b. die sich zwar eine andere Aufgabe gestellt hat, ihre Ziele aber unter Begehung der zu Punkt a. genannten Verbrechen zu erreichen sucht.

§ 3 Verbrecherisch ist besonders die Teilnahme:
a. in der Nationalsozialistischen Deutschen Arbeiterpartei (NSDAP) in allen leitenden Stellungen
b. in den Schutzstaffeln (SS)
c. in der Geheimen Staatspolizei (Gestapo)
d. im Sicherheitsdienst (SD)
Art. 5. § 1 Ein Handeln oder Unterlassen infolge von Nötigung, Befehl oder Anweisung befreit nicht von der strafrechtlichen Verantwortlichkeit.
§ 2 In einem solchen Falle kann das Gericht eine außerordentliche Strafmilderung unter Berücksichtigung der Person des Täters oder der Tatumstände zubilligen.«[15]

Bei einer ersten Sichtung fallen vor allem zwei Umstände auf. Die Formulierungen für die Straftatbestände im entscheidenden Artikel 1 sind sehr allgemein gehalten, die Zuteilung des Strafmaßes dagegen hart, zwingend und nicht interpretationsfähig. Dieser Artikel 1 war zusammen mit dem Artikel 4 die Grundlage für die Verfolgung von ausgelieferten Sicherheitspolizisten.

Spielräume bei der Strafzumessung bestehen lediglich bei den nachfolgenden Artikeln. Hier erscheint das Strafmaß im Vergleich zu den Straftaten unverhältnismäßig: Den sehr allgemein formulierten Straftatbestand »Handeln zur Förderung des deutschen Staates zum Nachteil von Polen« konnten die Richter sehr frei interpretieren und sogar mit der Todesstrafe ahnden. Dieser Artikel 2 und auch Artikel 3 waren ein Freibrief für die Verfolgung von Kollaborateuren und Profiteuren der Besatzung. Für die Angehörigen der Sicherheitspolizei kam er wenig in Betracht. Er bezieht sich auf die im Gesetzestitel angesprochenen »Verräter des polnischen Volkes«.

Der Artikel 4 wurde im Zusammenhang mit den Nürnberger Prozessen novelliert und nimmt den dort erstellten Katalog für die »Verbrecherischen Organisationen« auf. Dieser Begriff war auch die Grundlage für den automatischen Arrest gewesen, der 1945 zur Internierung von Josef F. geführt hatte.

Das August-Dekret stand in krassem Gegensatz zu den Maximen der Strafverfolgung in Deutschland. Hier galten weiterhin die Maximen und Traditionen des deutschen Strafrechts. Das ist nicht positiv gemeint und eines der großen Probleme der deutschen Nachkriegsgeschichte. Es wird hier nicht weiter ausgebreitet, soll aber wenigstens kurz und konkret in Art einer Illustrierung am konkreten Beispiel vorgestellt werden. Als Schlagwort könnte eine Abwandlung des Diktums »Lieber tot als an Polen ausgeliefert« in »Lieber vor einem deutschen Richter als vor einem polnischen«. Von zwei Männern gleicher Dienststellung und am gleichen Einsatzort wurde einer in Polen, einer in der Bundesrepublik angeklagt und verhandelt. Es geht um die Stabsführer beim SSPF Julian Scherner in Krakau, die beide maßgeblich und persönlich an der Deportation und Vernichtung der Juden des Distrikts beteiligt waren. Martin Fellenz erhielt von einem deutschen Strafgericht eine Freiheitsstrafe von sieben Jahren, sein Nachfolger im Amt Willi Haase nach seiner Auslieferung in Polen dort die Todesstrafe. Die Beispiele ließen sich fortsetzen. In der Bundesrepublik waren auch Freisprüche durchaus nicht selten. Das lag nicht nur an den speziellen politischen und gesellschaftlichen Bedingungen der Nachkriegszeit und ihrer Richterschaft.

Es bestanden auch besondere Regelungen im Strafrecht, die bis in die jüngste Zeit oft einer konsequenten Verfolgung von nationalsozialistischen Verbrechen im Wege standen. Erinnert sei daran, dass das BGH-Urteil im Fall des »Auschwitz-Buchhalters« Oskar Gröning erst im Jahre 2016 erging.[16] Es korrigierte ein BGH-Urteil aus dem Jahr 1969, das eine Strafverfolgung immer von der Tat eines einzelnen in einem konkreten Fall abhängig machte. Weitere Besonderheiten waren das Geltendmachen von Befehlsnotstand nach §47 des ehemaligen Militärstrafgesetzbuches und der gesamte Komplex um die »Beihilfe zum Mord«. Er verminderte in der Regel die Strafzumessung für NS-Täter oder setzte sie gar ganz aus. So konnte es geschehen, dass die Befehlshaber bei Mordaktionen wie Martin Fellenz mit milden Gefängnisstrafen davonkamen, während ihre Untergebenen wegen Verstrickungen bei den Aktionen selbst mit lebenslangen Strafen büßen mussten.[17]

Im August-Dekret war eine Unterscheidung zwischen Beihilfe und selbstständiger Tat nicht vorhanden. Im Falle eines Tötungsdelikts nach Art. 1.1 genügte eine Teilnahme, weiter wurde nicht differenziert. Im Falle einer Anzeige oder Festnahme nach Art. 1.2 reichte das Tätigsein. Die Berufung auf einen Befehlsnotstand schloss der Art. 5 ausdrücklich aus. Ob also zum Beispiel bei einer Tötung der Angeklagte selber schoss, lediglich dabei war oder auf Befehl handelte, machte für die zwingend vorgeschriebene Todesstrafe keinen Unterschied. Unter diesem Aspekt sind die Differenzen bei der Strafzumessung zwischen polnischen und deutschen Gerichten erklärbar. Das August-Dekret ließ den polnischen Richtern weniger Spielraum als das Strafgesetzbuch den deutschen. Das erklärt nicht alles, war aber sicher ein wichtiger Faktor.

Das Bezirksgericht in Rzeszow setzte den Prozess gegen Josef F. für den 25. Mai 1949 an und übernahm die vorbereiteten Anklagepunkte des Staatsanwalts. Dazu waren per Aufforderungen mit Rückschein die Teilnehmer einschließlich der vom Staatsanwalt vorgesehenen Zeugen geladen. Das Gericht selber bestand aus einem Berufsrichter und zwei Laienrichtern. Ein Verteidiger und ein Dolmetscher sind im Protokoll nicht vermerkt. Ein Dolmetscher musste aber anwesend gewesen sein, weil die Urteilsbegründung Einlassungen des Angeklagten vermerkt, der des Polnischen nicht mächtig war. Der Verteidiger Edward Brydak, ein Rechtsanwalt aus Rzeszow, war offiziell geladen worden und auch noch später für den Angeklagten tätig. Sein Anteil am Prozess ist nicht feststellbar. Der Urteilsspruch des Gerichts lautet:

»Nr. akt. IV Ksn.18/49
Urteilsspruch

Bezirksgericht in Rzeszow Polen
25. Mai 1949
Vorsitzender Richter Robert Sitek
Schöffen J. Brudek und W. Blazej,
Protokollant T. Bodzinski
In Gegenwart des Vizestaatsanwalts St. Zabierowski wurde am 25. Mai 1949 verhandelt gegen:
Josef F., geboren in Ingolstadt Bayern am 27.4.1907, wohnhaft in Landshut Bayern, Sohn des Josef und der Aloisia Winkelmaier, deutscher Staatsangehörigkeit, Sekretär der Kriminalpolizei.

Er wird angeklagt:

I/vom April 1942 bis September 1943 als Leiter der Dienststelle der Gestapo in Stalowa Wola auf eigene Faust und im Namen des deutschen Staats an Morden an der Zivilbevölkerung teilgenommen zu haben, im besonderen:

1/Im Winter 1942/43 hat er in Stalowa Wola den Rechtsanwalt Filip Huttinger und zwei Juden unbekannten Namens, die sich im Lager Rozwadow befanden, ermordet. Er hat Dutzende Männer jüdischer Herkunft des Lebens beraubt, indem er Selektionen selbst vorgenommen hat.
2/Im Oktober 1942 hat er zusammen mit anderen Gestapoangehörigen in Rozwadow den Stanyslaw Kochan und den Wladyslaw Jarosz umgebracht, welche in Bradwica verhaftet wurden, Bezug zu Art. 1 pkt.1 des Dekrets vom 31.8.1944 r.w. brzmieniu dekretu z dnia, 10/12, 1946 r.. Dz.UR.Nr. 69, Poz 377.
II/in der Zeit vom April 1942 bis September 1943 auf eigene Faust und im Namen des deutschen Staats als Leiter der Dienststelle der Gestapo in Stalowa Wola Menschen geschädigt zu haben, die vom deutschen Staat wegen ihrer Rasse, ihres Glaubens oder ihrer Nationalität gesucht und verfolgt wurden.
1/Zu einer nicht genau festlegbaren Zeit hat er in Grabowie an der Verhaf-

tung von Wladyslaw Stepienia und 50 anderen Kämpfern der polnischen Untergrundorganisation teilgenommen und nach Rzeszow ins Gefängnis gebracht.
2/Im Jahr 1943 hat er in Stalowa Wola die Verhaftung von Stanislaw Dabrowski, Piotr Zwik und anderen Angehörigen der polnischen Untergrundorganisation angeordnet und durchgeführt.
3/Im Jahr 1943 hat er in Charzewice den gesuchten Kämpfer der polnischen Untergrundorganisation Jersey Koba verhaftet und ins Gefängnis gebracht.
4/Im Jahr 1942 hat er in Rozwadow an den Deportationen von Juden in verschiedene Konzentrations- und Arbeitslager teilgenommen, d. h. Verbrechen art.1 pkt 2 des o. a. Dekretes.
5/Er hat Gefangene misshandelt, unter anderen N. Kania, Stanislaw Dabrowski und Piotr Cwik. Er hat sie während des Verhörs geschlagen und misshandelt, d. h. Verbrechen art 2 des o. a. Dekrets.
III/Vom 1. September 1939 bis Anfang 1945 war der Beschuldigte auf dem Gebiet Deutschlands und Polens Mitglied der Geheimen Staatspolizei, eingerichtet durch die Regierung des deutschen Staats, und handelte in ihrem Namen und handelte als Teil dieser verbrecherischen Organisation, welche Kriegsverbrechen und Morde an der Zivilbevölkerung zum Ziel hatte, d. h. Verbrechen art 4 des o. a. Dekrets.«[18]

Ebenso differenziert wie die Anklage und genau auf die Artikel des August-Dekrets bezogen war auch das Urteil selbst.
Zu den Punkten I/1 und 2, II/3 und 4 sowie III wurde auf schuldig erkannt. Zu den Punkten II/1 und 2 und 5 erfolgte ein Freispruch. Bei Punkt I/1 bezog sich der Schuldspruch nur auf den ersten Teilbereich, im zweiten wurde freigesprochen.
Als Gesamtstrafmaß verhängte das Gericht die Todesstrafe.

»Urteilsbegründung
Auf der Grundlage der Aussagen der Zeugen König und Nathan Dienstag wurde festgestellt, dass im Winter 1942/43 im Dezember 1942 ein Transport von Juden aus Przemysl nach Stalowa Wola erfolgte, welche persönlich auf Wertgegenstände untersucht wurden. Zuerst wurde befohlen die Wertsachen von sich aus abzugeben. Bei der Personenkontrolle wurden bei zwei Juden Dollars in den Schuhen gefunden. Sie wurden zur Seite gestellt und auch der Rechtsanwalt Huttinger, welcher zur Sammlung getragen wurde, weil er nicht laufen konnte. Die drei Juden wurden erschossen. Bei dieser Durchsuchung hat auch der Angeklagte Josef F. teilgenommen, welcher zu diesem Zeitpunkt Kommandant der Gestapo-Stelle Stalowa Wola war. Der

Zeuge König hatte bei seiner Vernehmung als Augenzeuge behauptet, dass der Angeklagte Huttinger und die beiden unbekannten Juden erschossen hat. Aber bei der Verhandlung sagte er aus, dass er diese Schießerei nicht gesehen hat. Er hat nur später gehört, dass der Gestapo-Mann Nowak die drei Juden erschossen hat. Aber der Zeuge erklärt, dass der Angeklagte über das Leben der Juden entschieden hat. Der Zeuge König hat den SS-Obergruppenführer Schelte gebeten, er solle den drei Juden das Leben schenken. Aber Schelte hat ihn zum Angeklagten geschickt. Der Angeklagte wollte ihn nicht anhören, hat nur mit der Hand eine Bewegung gemacht, dass der Zeuge und seine Kollegen vom Judenrat, welche sich auch an ihn wendeten, sich von den Juden entfernen sollten. Der Zeuge Dienstag hat ausgesagt, dass diese Untersuchung drei Gestapo-Angehörige führten und der Angeklagte dabei war, weil er ihn am Gesicht erkannte. Zeuge Dienstag hat auch ausgesagt, dass er gesehen hat, dass einer der Gestapo-Angehörigen zuerst die zwei Juden erschossen hat, die die Dollar hatten. Dann habe er gehört, dass der Angeklagte F. geschossen habe. Es besteht kein Zweifel, dass der Angeklagte bei der Untersuchung dabei war und auch bei der Erschießung dieser Juden. Wenn man in Betracht zieht, was der Zeuge König über Schelte ausgesagt hat, nämlich dass König zum Angeklagten gegangen sei, und der Angeklagte der Kommandant der Gestapo-Stelle war, dann besteht kein Zweifel, dass der Angeklagte den drei Juden das Leben genommen oder wenigstens wie auch immer an der Erschießung teilgenommen hat.
Bezug zu art.1.pkt. des Dekrets.
Die Schuld des Angeklagten für die Verhaftung und Erschießung von Stanislaw Kochan und Wladyslaw Jarosz hat das Gericht teilweise nachgewiesen auf Grund der Aussagen des Angeklagten und auf Grund der Zeugenaussagen des Franziszek Pilat und der Waleria Kochan. Der Zeuge Pilat hat ausgesagt, dass er am 17. Oktober 1942 zusammen mit Stanislaw Kochan und Wladyslaw Jarosz durch vier Gestapo-Angehörige aus Stalowa Wola verhaftet wurde, welche sie nach Rozwadow gebracht haben. In Rozwadow an der Kreuzung Ulic Szkolnej und Sobieskiego hat einer der Gestapo-Angehörigen befohlen, sie sollten sich zur Wand drehen und in dem Moment ist ein Schuss gefallen, durch den Kochan auf die Erde gefallen ist. Auch Jarosz ist hingefallen, aber schon bevor die Gestapo geschossen hat. Dann, als Jarosz schon am Boden lag, hat einer der Gestapo-Angehörigen geschossen. Zeuge Pilat hat bei der Verhandlung den Angeklagten nicht erkannt. Aber dass er einer der Gestapo-Männer war, die ihn verhaftet haben, geht aus der Aussage von Waleria Kochan hervor. Sie hat ausgesagt, dass sie den Angeklagten als einen der Gestapo-Männer erkannt hat, die ihren Mann verhaftet haben. Der Angeklagte hat erklärt, dass er sich an

diesen Fall von Verhaftung beim San-Fluss erinnert und er die Verhafteten nach Rozwadow gebracht hat. Aber er hat erklärt, dass er, als er mit den Verhafteten in Rozwadow war, zum Posten der P.P. gegangen ist, um die Gestapo in Mielec über die ausgeführte Verhaftung zu benachrichtigen. Seinen Untergebenen habe er befohlen, dass sie die Verhafteten zum Gefängnis bringen sollten. Und als er auf dem Posten der P.P. war, habe er Schüsse gehört. Später habe er von den zwei Untergebenen erfahren, dass die Verhafteten fliehen wollten und deshalb erschossen wurden.

Zu dieser Erklärung des Angeklagten sagte der Zeuge Pilat, sie sei eine Lüge, er habe nicht gesehen, dass einer der Gestapo-Angehörigen weggegangen sei, bevor der erste Schuss fiel. Aber er könne sich erinnern, dass alle vier Gestapo-Angehörigen dabei waren, als sie zur Ul. Sobieskiego kamen. Das Gericht stellte fest, dass der Zeuge Roman Markut ausgesagt hat, dass der Posten der P.P. damals auf dem Marktplatz im Rathausgebäude war und das Gericht und Gefängnis sich da befanden, wo sie auch heute sind. Also war das Ausgesagte so nicht möglich. Der Zeuge, der von Bradwica kam und sich bei Ul. Sobieskiego befand, musste den Marktplatz und auch das Rathausgebäude durchqueren.

Also besteht kein Zweifel, dass der Angeklagte Kochan und Jarosz verhaftet hat und es besteht auch kein Zweifel, dass der Angeklagte an der Erschießung teilgenommen hat und es nicht zugeben möchte.

Den Tatbestand der Verhaftung des Jerzy Koby durch den Angeklagten hat das Gericht durch die Aussage des Zeugen Jozef Magda festgestellt, der Augenzeuge der Verhaftung von Koby war. Der Zeuge kannte den Angeklagten schon damals und hat ihn im Gerichtssaal erkannt. Koby gehörte in Jaroslaw zur Untergrundorganisation, musste sich verstecken, weil er von den Deutschen gejagt wurde.

Die Schuld des Angeklagten bei der Teilnahme an der Deportation der Juden aus Rozwadow 1942 hat das Gericht auf Grund der Aussagen der Zeugen Wiktoria Komada und Eugenia Wrzos festgestellt. Der Angeklagte hat zu diesem Punkt geäußert, dass er nur zufällig in Rozwadow war, wo er erst durch einen Offizier erfuhr, dass die Juden deportiert wurden. Die Aktion führte die SS aus Krakau und die Gestapo aus Mielec. Er hat mit einem der Offiziere circa 5 Minuten gesprochen und ist nach Stalowa Wola abgefahren. Der Erklärung des Angeklagten widerspricht die Aussage von Komada und Wrzos, die ausgesagt haben, dass sich der Angeklagte in der Gruppe der deutschen Würdenträger befand. Denn es waren auch Beamte der Eisenbahn, Vorarbeiter und Vertreter der Stadtverwaltung anwesend und der Angeklagte ist mit ihnen auf dem Markt zusammen gewesen.

Der Prozess konnte nicht klären, welche Rolle der Angeklagte bei der

Deportation der Juden gespielt hat. Aber man muss berücksichtigen, dass der Angeklagte Kommandant der Dienststelle der Gestapo war und die Gendarmerie die Juden auf dem Markt bewacht und bis zum Bahnhof eskortiert hat. Die Gestapo war die übergeordnete Behörde für die Gendarmerie und der Angeklagte ist auf dem Platz herumgegangen. Es besteht kein Zweifel, dass er bei dieser Aktion anwesend war und sogar aktiv beteiligt und nicht nur Zuschauer.

Tatsache ist, dass der Angeklagte Angehöriger der Gestapo war. Die Aussagen aller Zeugen beweisen das. Man muss dem nichts mehr hinzufügen.

Das Gericht hat festgestellt, dass der Angeklagte die ganzen oben beschriebenen Taten begangen hat. Auf alles, was der Angeklagte begangen hat, steht nach dem Dekret die Todesstrafe und es hat für die begangenen Taten eine einmalige Gesamtstrafe verhängt.

Von den anderen Anschuldigungen hat ihn das Gericht freigesprochen wegen mangelnder Beweise an der Schuld.

Besonders wurde freigesprochen von der Anschuldigung der Teilnahme an der Ermordung Dutzender Männer jüdischer Abstammung in Stalowa Wola im Winter 1942/43. Der Zeuge König hat in der Verhandlung ausgesagt, dass bei der Selektion von 63 Juden der Angeklagte zusammen mit dem Gestapo-Angehörigen Nowak hinten im Auto gesessen habe. Erst später habe er von den jungen Burschen, die die getöteten Juden vergruben, erfahren, dass die beiden Gestapo-Angehörigen, die hinten im Wagen saßen, geschossen hätten. Der Angeklagte und Nowak haben vor Gericht ausgesagt, dass diese Selektion von Morrick und Richter durchgeführt wurde und diese mit dem Angeklagten, der sich in der Kommandantur aufhielt, in Verbindung standen. Auch der Zeuge Natan Dienstag hat ausgesagt, dass die Selektion Morrick und ein zweiter Gestapo-Angehöriger durchgeführt haben. Der Angeklagte sei nicht dabei gewesen.

An der Verhaftung des Wladyslaw Stepienia und 50 Mitgliedern der Untergrundorganisation ist der Angeklagte unschuldig. Zwar hat der Zeuge Wladyslaw Stepienia im Ermittlungsverfahren den Angeklagten auf einer Fotografie erkannt, aber er hat bei der Verhandlung erklärt, dass er Zweifel hat, ob der Angeklagte derjenige ist, welchen er in Grabowie bei der Massenverhaftung gesehen hat.

Von der Anschuldigung der Anklage betreffend II.Punkt 2/ und 5/ wird der Angeklagte freigesprochen, weil bei der Verhandlung die Zeugen Piotr Cwik, Stanislaw Dabrowski, Roman Markut und Pawel Domaszewski ausgesagt haben, dass sie den Angeklagten nicht erkannt haben, nicht von ihm verhaftet und auch nie von ihm verhört wurden.«[19]

Die Organisation der Anklagepunkte und deren Formulierungen bezogen sich bis ins Detail auf die Vorgaben des August-Dekrets. Das galt auch für die Strafzumessung. Ansonsten folgte die Prozessführung den üblichen Gepflogenheiten in Strafprozessen. Aus der Begründung geht deutlich hervor, dass bei der Verhandlung die geladenen Zeugen intensiv befragt und gehört wurden. Das betrifft auch den Angeklagten selbst. Warum keine Entlastungszeugen geladen und gehört wurden, kann ebenso wenig festgestellt werden wie die Rolle des Pflichtverteidigers während des Prozesses. Bei der Befragung durch die polnische Militärmission in Dachau 1945 konnte Josef F. seinerzeit nur eine einzige mögliche Entlastungszeugin angeben, eine Frau aus Nisko. Das war vor zwei Jahren gewesen. Es ist gut möglich bei den turbulenten Zuständen nach Kriegsende, dass sie nicht mehr lebte, nicht auffindbar war oder sich nicht kompromittieren wollte. Wenn sie zugunsten eines angeklagten möglichen Kriegsverbrechers ausgesagt hätte, wäre sie unter Umständen selbst gefährdet gewesen.

Das Prinzip der Mündlichkeit der Verhandlung wurde durchgehend eingehalten. Die zwei belastenden Dokumente aus der Zeit der amerikanischen Internierung lagen der Staatsanwaltschaft vor. Sie wurden in der Verhandlung nicht eingebracht, nicht einmal erwähnt. Der Vorwurf einer Tätigkeit in Lemberg erwies sich offensichtlich als Verleumdung. Schon die Staatsanwälte der Vorermittlung verfolgten ihn nicht weiter und nahmen ihn deshalb nicht in die Anklage auf. Auch der Vorwurf der Gefangenenmisshandlung des erpressten Geständnisses aus Natternberg war nicht enthalten. Das konnte mit dem Widerruf oder den fragwürdigen Umständen der Entstehung zusammenhängen. In diesem Fall waren die ermittelnden Staatsanwälte den Vorwürfen nachgegangen, konnten sie aber nicht beweisen. Das damalige Geständnis bezog sich explizit auf Krakau und das Gefängnis Montelupich. Selbst die Beweisführung für Verhaftungen und Misshandlungen an anderen Orten, die der Staatsanwalt unter Punkt II/2 und 5 aufnahm, gelang nicht. Die Zeugen entlasteten den Angeklagten in einer für den Staatsanwalt fast beschämenden Weise. Übrig und beweisbar war zu diesem Komplex nur ein einziger Fall einer Verhaftung in Punkt II/3. Auch Vergehen gegen eine größere Anzahl von Personen, wie sie in Punkt 1/1 und II/1 im Falle von »Dutzenden Männern jüdischer Herkunft« und »50 anderen Kämpfern der polnischen Untergrundorganisation« vorgeworfen wurden, waren nicht beweisbar.

Wie aus dem Umfang der Urteilsbegründung deutlich hervorgeht, konzentrierte sich die Prozessführung auf die zwei vorgeworfenen Tötungsdelikte nach Art. 1.1 des August-Dekrets.

Der erste Fall bezog sich auf Vorgänge im Lager Stalowa Wola. Die beiden überlebenden jüdischen Zeugen Dienstag und König konnten sich offensichtlich genau erinnern, nannten die Namen von Opfern und Tätern. Lediglich die Zeitangabe war mit »im Winter 1942/43« sehr vage. Sinn ergeben die Schilderungen der Umstände nur, wenn man davon ausgeht, dass mit »Lager Rozwadow« das interne Werkslager gemeint war. Es löste das von Schwammberger geleitete ZAL Rozwadow Ende November 1942 ab. Dann war der »Transport von Juden aus Przemysl« ein Nachschub für das Werkslager. Dass bei der Ankunft solcher Transporte eine Untersuchung auf Wertsachen erfolgte und dass dafür die örtliche Sicherheitspolizei zuständig war, ist bekannt. Bekannt ist auch, dass ein Befehl bestand, nach dem nicht arbeitsfähige Juden wie Huttinger zu erschießen waren. Das wurde hier alles bereits dargestellt. Die Anwesenheit Josef F.s und seines Dolmetschers Nowak war also in einem solchen Fall normal und plausibel. Lediglich die Anwesenheit eines SS-Obergruppenführers Schelte ist klärungsbedürftig. Einen SS-Obergruppenführer dieses Namens gab es nämlich nicht. Obergruppenführer war der höchste Rang eines SS-Generals. Einen solchen hatte im gesamten Generalgouvernement nur der HSSPF Krüger. Am wahrscheinlichsten ist eine Unsicherheit oder gar Unkenntnis der Dienstgrade und Uniformen der SS bei den Zeugen. So etwas war durchaus üblich, sogar im Reich. Erinnert sei an die Verwechslung des Dienstgrads in der Anzeige gegen Josef F. beim CIC 1945. Sie wies dem Sturmscharführer Josef F. den Rang eines Sturmbannführers zu. Am wahrscheinlichsten ist, dass der Transport von einem SS-Mann aus Przemysl begleitet und abgeliefert wurde. Dieser war bei der Einlieferung noch anwesend und hatte einen höheren Rang, eventuell sogar einen Offiziersrang. Deshalb sah der Zeuge in ihm einen »Ober«-Gruppenführer und wandte sich mit seiner Bitte an ihn. Der gab aber die Entscheidung an Josef F. zurück. In diesem Fall wäre der Unterschied zu dem rangniedrigeren, aber doch nicht untergebenen Hauptscharführer von Bedeutung gewesen. Josef F. hätte sich beobachtet oder gar bei seiner Entscheidung beeinflusst fühlen können, eine Art von mildem Befehlsnotstand. Dafür spräche auch die vom Zeugen beobachtete beschwichtigende Geste Josef F.s. Es könnte aber genau so gut der Fall gewesen sein, dass der »Obergruppenführer« nur einen relativ einfachen Dienstrang der SS hatte, dem Leiter der Dienststelle unterstand und die Bittsteller an diesen zurückverwies. Die Uniformen der SS und der Sicherheitspolizei waren kaum zu unterscheiden. Das Gericht ist dem Problem nicht weiter nachgegangen oder hat es gar nicht bemerkt. Für die Strafzumessung war es nicht relevant. Ähnlich stand es mit der Frage, ob eine Eigentäterschaft, bloße Beteiligung oder nur Anwesenheit gegeben war. Die Klärung dieser Frage hätte in einem deutschen Strafprozess ersten Rang gehabt. Nach dem August-Dekret war sie für die Schuldfrage nicht von Bedeutung. Hatte es in der Anklageschrift noch geheißen »er hat ermordet«, stand in der Urteilsbegründung nun, »daß der Angeklagte den drei Juden das Leben genommen hat oder wenigstens wie auch immer an der Erschießung teilgenommen hat«. Die Zeugen hatten ihre Meinung geändert und zurückgenommen, dass sie Josef F. selbst schießen gesehen hatten.

Beim zweiten Vorwurf für ein Tötungsdelikt war es etwas anders. Hier handelte es sich um zwei von Angehörigen der Sicherheitspolizei Stalowa Wola erschossene polnische Widerstandskämpfer. Die zeitlichen und örtlichen Bedingungen waren genau bekannt. Josef F. wurde dazu gehört und er hat alle Rahmenbedingungen bestätigt: Ort, Zeit und beteiligter Personenkreis samt seiner eigenen Person. Es bestand lediglich ein Dissens in einem entscheidenden Punkt. Der überlebende Zeuge behauptete nicht, dass Josef F. selbst geschossen habe, er sei aber bei der Tat anwesend gewesen. Josef F. sagte dagegen, die beiden Opfer seien in seiner Abwesenheit auf der Flucht erschossen worden. Auch hier waren die Zeugenaussagen nicht so, dass sie den Vorwurf »er hat umgebracht« zweifelsfrei erhärten konnten. In diesem Fall erkannte der überlebende Zeuge Josef F. im Prozess nicht einmal. Außerdem analysierte das Gericht die Angaben, die der Zeuge zum örtlichen Ablauf des Geschehens machte, und erschütterte seine Glaubwürdigkeit durch eine konträre Zeugenaussage dazu. In der Urteilsbegründung blieb es deshalb bei einem vagen »dass der Angeklagte an der Erschießung teilgenommen hat«. Auch hier reichte nach dem August-Dekret der Schuldnachweis für die Todesstrafe. Das Gericht hat die Formulierung »an der Erschießung teilgenommen hat« wörtlich aus dem August-Dekret übernommen.

Ein dritter Komplex wurde in der Urteilsbegründung ausführlicher gewürdigt, wenn auch nicht so umfangreich wie bei den beiden Tötungsdelikten. Er betrifft den Vorwurf der Teilnahme an der Deportation der Juden aus Rozwadow im Jahr 1942 auf der Grundlage des Art I/2/ des August-Dekrets. Auch für Vergehen zu diesem Tatbereich war einzig die Todesstrafe vorgesehen.

Zwei Zeuginnen bestätigten die Anwesenheit von Josef F. auf dem Sammelplatz der Juden in Rozwadow und berichteten Einzelheiten. Es wurde ausgesagt, dass die Deportation von der SS aus Krakau geleitet wurde und die Gestapo aus Mielec und auch der Angeklagte beteiligt waren. Josef F. gab seine Anwesenheit zu, behauptete aber nur zufällig und kurze Zeit vor Ort gewesen zu sein. Das Gericht glaubte ihm nicht, verzichtete aber auf eine genauere Klärung der Umstände. Es war wohl auch nicht in der Lage, die Zusammenhänge der Zuständigkeiten und Abläufe genauer zu würdigen. Das war bei dem allgemeinen Kenntnisstand dieser Zeit auch nicht zu erwarten. Zum Beispiel stand in der Urteilsbegründung, die örtliche »Gestapo war die übergeordnete Behörde für die Gendarmerie«. Das war sicher nicht der Fall. Andererseits ist die Aussage des Angeklagten, er sei nur zufällig fünf Minuten vor Ort gewesen, völlig unglaubwürdig. Die Deportation in Rozwadow war die größte Aktion im Zusammenhang der Judenvernichtung während seiner Dienstzeit und in seinem Zuständigkeitsbereich in Polen. Es ist deshalb mit Sicherheit anzunehmen, dass seine Anwesenheit nicht zufälliger oder privater Natur war. Die Teilnahme der Dienststellenleiter der örtlichen Sicherheitspolizei bei Einzelunternehmen der Aktion Reinhardt war ebenso die Regel wie die Leitung durch den SSPF oder seinen Vertreter. Der Angeklagte war mit diesem und anderen höherrangigen Beteiligten im Gespräch. Das hat eine Zeugin ausdrücklich bestätigt. Dass er »aktiv beteiligt war«, wie es in der Urteilsbegründung heißt, steht im Widerspruch zur Zusammenfassung der eigenen Erkenntnisse des Gerichts: »Der Prozess konnte nicht klären, welche Rolle der Angeklagte bei der Deportation der Juden gespielt hat.«

Für den Verurteilten folgte dann eine längere Zeit der Ungewissheit. Zuerst hoffte er auf einen Erfolg eines Revisionsverfahrens beim obersten Kassationsgericht. Das Verfahren, schon einen Tag nach dem Urteil vom Verteidiger eingeleitet, hatte ebenso wenig Erfolg wie danach ein Gnadengesuch beim Präsidenten der Republik. Deshalb wurde das Urteil am 10. Januar 1950 in Rzeszow vollstreckt. Dass das Gnadengesuch abgelehnt wurde, erfuhr die Witwe gleichzeitig mit der Mitteilung über das Todesurteil und seine Vollstreckung erst Ende Januar 1950. Sie erhielt eine knappe amtliche Mitteilung ohne weitere Erklärungen und Schriftstücke. Auf die Art der Vollstreckung wurde nicht eingegangen. Wie schlecht die Sache stand, wusste sie allerdings aus anderer Quelle schon vorher. Schon Anfang Juni, also kurz nach dem Prozess, hatte ihr der Verteidiger Brydak den schlechten Ausgang mitgeteilt und eine Revision angekündigt. Als letztes persönliches Lebenszeichen ihres Mannes erhielt sie Mitte Dezember 1949 einen kurzen Brief. Darin äußerte er seine Hoffnung auf einen Erfolg des Gnadengesuchs.

Polizisten als Täter

Es hat sich eingebürgert, das Wort Täter in der Sprachbedeutung zu verengen. Meist meint man bei seinem Gebrauch nicht, dass jemand etwas tut, sondern dass er einem anderen etwas antut, im Sinne von schädigt. Diese geschädigte Person wird als Opfer bezeichnet. Die Täter-Opfer-Interaktionen finden meist unter natürlichen Personen statt.

In der Geschichtsschreibung über die Zeit des Nationalsozialismus ist der Begriff hoch aufgeladen. Er verbindet sich besonders mit den Angeklagten der Prozesse, die in der ersten intensiven Aufarbeitungsphase durch die Justiz ab den 1960er-Jahren geführt wurden. Adolf Eichmanns Prozess in Jerusalem war ein globales Medienereignis. Martin Fellenz und Josef Schwammberger sind bekannte Beispiele für die Bundesrepublik, ebenfalls unter höchster Medienbeachtung. Sie prägten das Bild des NS-Täters als Überzeugungstäter in SS-Uniform. Von besonderer Bedeutung dabei war, dass ein seit Ende des Kriegs in der Bevölkerung herrschendes Vorstellungs- und Interpretationsmuster bestätigt und verstärkt wurde. Es betrifft die Aufspaltung in Nationalsozialisten und gewöhnliche Deutsche. Zu den letzteren rechneten sich nach diesem Deutungsmuster fast alle. Sie seien allenfalls gezwungen oder verführt worden und als bloße Mitläufer nie voll hinter dem System gestanden. Die Nationalsozialisten seien die Bösen gewesen, allen voran die NS-Täter, für die sie nun alle ohne wirkliche Schuld büßen müssten. Es spielte keine Rolle, dass dieses Muster die realen Verhältnisse der Verankerung und Unterstützung des Nationalsozialismus in der deutschen Bevölkerung auf den Kopf stellte. Es war eine Lebenslüge, das heißt, es ermöglichte ein Weiterleben nach der Katastrophe, mit welchen Folgen auch immer.

Das Erscheinen eines Buchs des amerikanischen Historikers Christopher R. Browning im Jahr 1992 und die sogenannte Wehrmachtsausstellung des Hamburger Instituts für Sozialforschung[20] in den Jahren ab 1995 markierten eine Wende. Die Ausstellung erschütterte den Glauben an den tapferen deutschen Soldaten, der im Gegensatz zur SS immer sauber gekämpft habe und anständig geblieben sei. Brownings Buch[21] wies nach, dass die Polizisten des Hamburger Polizeibataillons 101 direkt und intensiv die Erschießung Tausender polnischer Juden durchgeführt hatten. Beides war mit dem lange gepflegten kollektiven Selbstbild nicht vereinbar, in dem sich eine brave Bevölkerungsmehrheit von einer bösen Minderheit von Nationalsozialisten absetzen wollte. Besonders traf das auf Browning zu, der schon im Titel provozierte. Denn die untersuchten »Ordinary Men«, also »Ganz normale Männer«, waren wirklich solche und als eingezogene aktive Polizisten oder Reservisten nach Polen geschickt worden. Dass die braven deutschen Landser in Russland Verbrechen begangen haben sollten, führte in vielen Städten zu massiven Protesten gegen die Wanderausstellung. Auf eine andere Art von Protest wird hier nicht weiter eingegangen. Er begann als Debatte unter Historikern, fand dann aber in der deutschen Öffentlichkeit ähnlich hohe Beachtung wie die Wehrmachtsausstellung. Brownings amerikanischer Kollege Goldhagen teilte den Befund über die Taten der Polizisten weitgehend, fand aber die Erklärung unzureichend und antwortete mit seinem viel beachteten Buch.[22] Browning sah in der Gehorsamsbereitschaft und im Gruppenzusammenhang dieser Polizisten den Schlüssel für das Verständnis ihrer Taten. Goldhagen war radikaler und nahm eine generelle Disposition der Deutschen an. Auf der Grundlage eines tief sitzenden kollektiven Antisemitismus habe eine Bereitschaft zur Vernichtung der Juden bestanden, die nur auf eine Situation zur Auslösung wartete.

Erst in den 1990er-Jahren brachen also diese Entlastungsnarrative von der sauberen deutschen Mehrheit zusammen. In der unmittelbaren Nachkriegszeit waren sie noch wie selbstverständlich in den Köpfen vorhanden. Sie steuerten die Tradierung der NS-Zeit im Familiengedächtnis und bildeten auch das Hauptrepertoire für die judizielle Entlastung. »Wir haben nichts davon gewusst« und »wir mussten das alles tun, sonst wären wir selbst dran gewesen« waren andere Stränge der Entlastungsargumentationen.[23]

Die Jahre seiner Internierung in Dachau und besonders der Gefangenschaft in Polen schlossen Josef F. von diesen Prozessen kommunikativ weitgehend aus, sie beherrschten aber seine Gedankenwelt. Mehr noch trifft das auf seine Frau zu. In verschiedenen Briefen an amerikanische und polnische Stellen der Justiz versuchte sie ihrem Mann zu helfen und gebrauchte dabei immer die gleichen Argumente, die auch er bei den wenigen Vernehmungen verwendete: Er hat sich »in keiner Weise je etwas zu Schulden kommen lassen«, »die Dienstleistung bei der Gestapo war keine freiwillige« und »der ihm zur Last gelegte Dienstgrad bei der SS war [...] lediglich eine Dienstgradangleichung, die bei Beamten der Polizei stets vorgenommen wurde.«[24] Es geht hier in diesem Zusammenhang nicht darum, inwieweit diese Argumentation zutrifft. Das wurde bereits ausführlich diskutiert und geklärt. Es zeigt aber überdeutlich das Bemühen zur Mehrheit der braven Deutschen gerechnet zu werden, »die sich nichts haben zu Schulden kommen lassen«. Das ging weit über strafrechtliche Fragen hinaus. Die Ehefrau wollte, dass sie und ihr Mann auf der Seite der Mehrheit der braven Deutschen gesehen wurden. Deshalb konnte sie sich sogar erlauben, an das »Vertrauen auf die Gerechtigkeit« zu appellieren.

War Josef F. solch ein normaler Mann und Polizist?

Die Zuordnung zum »Normalen« bezieht sich zumindest auf drei Merkmale. Der »ordinary man« konnte kein über das übliche Maß in der deutschen Bevölkerung hinausgehendes Engagement im nationalsozialistischen System gehabt haben. Eine einfache Mitgliedschaft in der NSDAP oder einer ihrer Massenorganisationen reichte dazu nicht. Die Grenzlinie dürfte bei der Mitgliedschaft in der allgemeinen SS oder einer Leiterfunktion in der NSDAP gelegen haben, um dissensfrei als »echter Nazi« zu gelten. »Nicht normal« waren natürlich auch eine Führungsstelle im NS-System oder die Zugehörigkeit zur NS-Prominenz. Der Volksmund hat dafür den Ausdruck »Parteibonze« verwendet. Nicht vereinbar mit der Position eines normalen Deutschen waren wohl auch soziale Sondergruppen wie die Prominenten und die funktionalen Eliten der Wirtschaft, Politik usw. gewesen, die heute meist unter dem Begriff der Oberschicht zusammengefasst werden. Mit zum Normalen gehörten auch die Freiheit von Kriminalität und die Teilung der üblichen Lebensweisen und Lebensumstände. Deshalb hat Emmi F. ihren Gesuchen in Polen auch ein polizeiliches Führungszeugnis und eine Meldebestätigung beigelegt.

Unter all diesen Aspekten wäre Josef F. nach den bisher gewonnenen Informationen als ein »normaler Mann« einzuordnen gewesen, sogar als »normaler Polizist«. So sah er sich selbst und so wollte er gesehen werden. Dem vernehmenden Offizier der polnischen Militärmission gab er im Juni 1947 zu Protokoll: »Von Beruf bin ich Polizeibeamter. Bis zum Ausbruch des Kriegs war ich Kriminaloberassistent in Augsburg. Im Okt. 1939 kam ich nach Polen und zwar nach Jaroslaw.«[25] In den nachfolgenden Zeilen zum Aufenthalt in Polen kommen weder das Wort SS noch der SS-Dienstgrad eines Vorgesetzten vor. Alles bleibt innerhalb des normalen Polizeibetriebs. Man kann das nur als Taktik und Selbstschutz ansehen. Es gibt aber auch einen Einblick in das Selbstbild, wie es zumindest bis in die ersten Jahre in Polen bestand.

Unglaubwürdig und brüchig wird eine solche Selbstdarstellung erst nach dem Einsatz in Jaroslaw und der Rückkehr aus dem Lehrgang der Sicherheitspolizei. Bis dahin war Josef F. als typischer Weimarer Laufbahnbeamter vor allem mit spezifisch polizeilichen Aufgaben beschäftigt gewesen, gehörte nicht zu den Scharfmachern in der Dienststelle und fiel deshalb auch nicht weiter in späteren strafrechtlichen Ermittlungen in der Bundesrepublik auf. Das bestätigten die Ermittlungen der polnischen Staatsanwaltschaften und der Prozessausgang. Dieser steht nicht in Widerspruch zu der bisher hier erfolgten Einschätzung für die Zeit in Jaroslaw.

Danach veränderten drei unterschiedliche, aber in dieselbe Richtung gehende Umstände die Situation. Denn die Radikalisierung der Judenpolitik durch die Aktion Reinhardt, der Beitritt zur SS und die Berufung zum Dienstellenleiter einer KdS-Außenstelle erfolgten innerhalb weniger Monate. Aus dem eingekleideten, lediglich im Dienstrang angeglichenen und nur formalen SS-Mitglied war ein regulärer SS-Mann geworden, der dies bei seiner Hochzeit später stolz der heimatlichen Öffentlichkeit präsentierte.

In der Konsequenz bedeutete dies in der strafrechtlichen Aufarbeitung in Polen den Schuldspruch in gleich mehrfacher Hinsicht. Als Mitglied der Gestapo und der SS, besonders als Dienststellenleiter wurde er verantwortlich gemacht für die Verbrechen, die er persönlich begangen hatte, aber auch für die, die er als Auftragsempfänger weitergegeben oder befohlen hatte. Dabei ging es nicht mehr nur um die bisher von ihm vorgenommenen Aktionen im Rahmen der Überwachung und Bekämpfung des polnischen Widerstands. Diese ließen sich im weiteren Sinn immerhin noch als klassische Aufgaben einer Staatspolizei auffassen, wenn sie sich nicht gegen fremde Staatsbürger in einem illegal besetzten Land gerichtet hätten. Seine Teilnahme an den Deportationen der Juden von Rozwadow im Rahmen der Aktion Reinhardt verweist auf eine andere Dimension. Das betrifft auch die Tätigkeit bei der Ausbeutung der jüdischen Zwangsarbeiter im Stahlwerk. Gerade hier sind die Vorwürfe konkret. Ob der nicht arbeitsfähige Zwangsarbeiter Huttinger von Josef F. persönlich erschossen wurde, er den direkten Auftrag dazu gab oder sein Untergebener das in einem Akt von vorauseilendem Gehorsam oder eingespielter Routine ohne ausdrücklichen Befehl für ihn besorgte, macht keinen entscheidenden Unterschied. Josef F. war auf jeden Fall direkt an der Durchführung des Holocaust beteiligt und das bei beiden Varianten: der indirekten Vernichtung durch Arbeit und der direkten durch die Deportationen in die Vernichtungslager. Beides hat mit Polizeiarbeit nichts zu tun. Seine Selbsteinschätzung, er habe sich nichts zu Schulden kommen lassen, erweist sich also als nicht haltbar. Daran ändert auch der Umstand nichts, dass er vor einem deutschen Gericht, wenn überhaupt, dann mit einer erheblich milderen Strafe hätte rechnen können. Auch die fragwürdigen Umstände, die mit der Behandlung in der amerikanischen Internierungshaft und der Auslieferung verbunden waren, können die grundlegende Schuld nicht aufheben.

Es bleibt die Frage, wie es dazu kommen konnte. Das heißt besonders, wie der harmlose, unbescholtene »normale Polizist« der Zeit vor dem Krieg zu diesem im großen und ganzen gut funktionierenden Teil des Massenverbrechens werden konnte. Das war die entscheidende Frage Brownings gewesen. Zumindest in zwei Punkten bestand ein erheblicher Unterschied. Die Polizisten des Hamburger Polizeibataillons erlebten die Veränderung als abrupten Bruch und waren sich dessen auch bewusst. Berührend ist der Augenblick, als der Bataillonskommandeur Major Trapp vor der angetretenen Front seiner Männer mit den Tränen kämpfte, als er ihnen beim ersten Erschießungseinsatz mitteilte, was sie erwarten würde. Umso verwunderlicher ist, wie schnell sich die meisten daran gewöhnten, selbst in extrem belastenden Situationen, als sie in den Erschießungsgruben buchstäblich bis zum Stiefelrand im Blut wateten. Bei Josef F. war das nicht der Fall. Er hat offensichtlich nicht selbst zur Pistole gegriffen und seine Fäuste benutzt. Das konnte ihm auch das Gericht mit hohem Zeugenaufwand nicht nachweisen. Zumindest unter diesem Aspekt blieb er ein sauberer Polizist und hat sich nicht die Hände schmutzig gemacht. Auch ein abrupter Bruch trat weder in seiner Erlebniswelt noch in seiner Selbstauffassung auf. Seine Wandlung war vielmehr ein allmählicher, schleichender, vielleicht nicht einmal ihm selbst bewusster Prozess. Dieser dürfte schon vor dem Krieg beim Übertritt zur Gestapo begonnen haben und führte über die SS-Einkleidung zum SS-Eintritt. Die dienstliche Tätigkeit im besetzten Polen und die Dynamik der Judenvernichtung dort beschleunigten die Entwicklung. Würde man dies als Bild oder Grafik darstellen, wäre das eine schiefe Ebene oder eine bis 1941 sanft abfallende Kurve. Bei den Ordnungspolizisten müsste eine solche Kurve eine abrupte Wende mit einem nachfolgenden steilen Abfall aufzeigen.

Dieser tiefe Fall trat bei Josef F. erst im Mai 1945 ein. Ab dieser Zeit teilte er eine weitere psychische Befindlichkeit mit den meisten Deutschen innerhalb und außerhalb der Lager. Fast alle fühlten sich als Opfer. Das war einesteils eine Folge der schon beschriebenen Selbsteinschätzung in Bezug auf den Nationalsozialismus. Andererseits waren die objektiven Umstände in der unmittelbaren Nachkriegszeit auch wirklich schlecht. Als unschuldige Opfer müssten sie nun ausbaden, was die Nationalsozialisten angerichtet hatten. Diese Fiktion war so mächtig, dass sie den Blick auf die wirklichen Opfer trübte und weit in die nächsten Generationen hinein wirkte. Selbst »in der Vorstellung der Kinder und Enkel erscheinen die Eltern und Großeltern im Zusammenhang der nationalsozialistischen Zeit in erster Linie als Leidende – der sozialen Umstände, der Kriegsgefangenschaft, der Besatzung, des Militärdienstes.«[26] Die eigenen Taten verschwanden hinter diesen Opfergeschichten und damit weitgehend auch die Opfer. Sie spielten in den privaten Briefen von Josef F. nach Hause keine Rolle. Deshalb waren auch Einsicht oder Reue kein Thema.

Angesichts dieses weitgehenden Konsenses zwischen den wirklichen Tätern und den vermeintlichen Opfern ist es schwierig, sich der Frage zu nähern, ob nicht wirkliche Täter auch wirkliche Opfer sein konnten.

Die Frage ist auch in umgekehrter Konstellation nicht einfach, das heißt ob Opfer gleichzeitig Täter sein konnten. Sie wurde bei der Rolle der Judenräte und Funktionshäftlinge in den Konzentrationslagern thematisiert und erreichte zum Beispiel im Bereich der Racheakte nach der Befreiung in den besetzten Ländern größere Dimensionen. Nationale oder politische Rücksichten führten in der Regel schnell zu Tabuisierungen solcher Fragen, bis heute. »In Wahrheit hat der moralische Sumpf, den der Krieg erzeugte, niemanden verschont. Alle Nationalitäten und alle politischen Richtungen waren – selbstverständlich in unterschiedlichem Maße – sowohl Opfer als auch Täter zugleich.«[27] Zumindest in Beziehung auf Deutsche und Juden erscheint diese Einschätzung den Deutschen gegenüber sehr freundlich. Das zeigen schon die Zahlen: In Polen wurde über deutsche Kriegsverbrecher 192 mal die Todesstrafe verhängt, die Zahl allein der jüdischen Opfer unter den Polen geht in die Millionen. Auch müssten die Opfer ein Gesicht bekommen und die Taten und Täter konkret werden, um solche Fragen angemessen zu behandeln. Deshalb wurde hier in den Fällen Filipp Huttinger, Wladyslaw Jarosz, Stanislaw Kochan die Urteilsbegründung des Rzeszower Gerichts wörtlich wiedergegeben. Erst so können die Personen und die genaueren Umstände jenseits der bloßen Zahlen einigermaßen nachvollzogen werden. Besonders trifft das auf den Fall der V-Frau mit dem Decknamen Sophia aus Mielec zu. Denn hier zeigt sich, wie die moralischen Kategorien ins Schwimmen kommen, nicht nur auf einer Seite.

Unter den beschriebenen Vorbehalten darf also gefragt werden, inwiefern der Appell an die Gerechtigkeit durch Emmi F. zumindest Ansätze von Berechtigung hat. Denn die Auslieferung erfolgte auf der Grundlage eines erpressten Geständnisses, das sich noch dazu als unberechtigt erwies. Auch die Anzeige aus dem Verwandtenkreis stellte sich als Verleumdung heraus. Beide Schreiben waren aber die Grundlage für die Auslieferung nach Polen. Und dass erst diese Auslieferung Josef F. das Leben kostete, kann als ebenso sicher gelten wie die Wahrscheinlichkeit einer wesentlich milderen Bestrafung, wenn nicht gar Straffreiheit in der Bundesrepublik.

Dem steht gegenüber, dass die Bestrafung, die Josef F. in Deutschland zu erwarten gehabt hätte, in keinem Verhältnis zu den Taten stand, wie sie in Polen vor Gericht nachgewiesen wurden. Er hätte lediglich von den Schwächen der deutschen Nachkriegsjustiz der Adenauer-Zeit profitiert. Die damaligen Strafnormen und die Rechtspraxis waren nicht gerechter als die in Polen. Das zeigt sich besonders daran, dass sich seitdem das Recht in Deutschland dem damaligen Recht in Polen angenähert hat, nicht umgekehrt. Das schon erwähnte BGH-Urteil aus dem Jahr 2016 im Falle des KZ-Aufsehers Oskar Gröning legt das nahe. Nach diesen Normen war das Urteil in Rzeszow bei den Tötungsdelikten und der Deportierung in Ordnung. Auf das Strafmaß, vor allem die Verhängung der Todesstrafe, trifft das weniger zu.

Zurück zur Lebensgeschichte von Josef F. Der Wandel in seinem Leben geschah während der Kriegszeit unter den besonderen Umständen in Polen. Nur in diesem Rahmen ist er erklärbar.

Für die Polizisten der Ordnungspolizei hat Browning deren Tatbereitschaft vor allem durch zwei Faktoren zu erklären versucht. Es sollen ihre ausgeprägte Bereitschaft zum Gehorsam und ein intensiver Korpsgeist entscheidend gewesen sein. In der Forschung wurden noch andere mögliche Gründe für die Beteiligung ganz normaler Männer an derartigen Verbrechen genannt: Eine Brutalisierung in Kriegszeiten, ein ausgeprägter und tief sitzender Rassismus, arbeitsteiliges Vorgehen und wachsende Routine, Karrierismus, Autoritätsgläubigkeit, ideologische Indoktrinierung, Alkoholexzesse verbunden mit einer immer fortschreitenden Abstumpfung gegenüber Gewalttaten und anderes mehr.[28] Diese Liste zeichnet sich dadurch aus, dass von den angeführten Erklärungen jede in irgendeiner Form zutrifft, mehr oder weniger, von Person zu Person. Im Falle einer individuellen Biografie wäre durch Schwerpunktsetzung, Selektierung und Ergänzung ein Ergebnis erreichbar. Das würde aber davon wegführen, immer auch im Auge zu behalten, inwiefern eine individuelle Geschichte typisch für einen Polizisten seiner Zeit und seiner Generation war.

Ein Ansatz, der schwerpunktmäßig die Polizei als Organisation in den Mittelpunkt stellt, soll den Rahmen für eine abschließende Zusammenfassung abgeben. Er sieht die Polizisten nicht als Individuen und berücksichtigt auch die üblichen sozialen Parameter kaum. Wichtig ist allein ihre Zugehörigkeit zur Organisation der Polizei, im vorliegenden Fall zur Sicherheitspolizei. Die Ergebnisse von konkreten Analysen mit diesem Denkansatz auf dem Feld der Holocaustforschung[29] sind noch wenig ausgeprägt. Das ist weniger wichtig, weil er nur als Rahmen für die bisherigen Einzelergebnisse dienen soll.

> »In der Soziologie geht man davon aus, dass die Arbeitsaufgaben, die einem Organisationsmitglied übertragen werden, bei dessen Eintritt in die Organisation noch nicht im Detail bekannt sind. Im Moment des Eintritts wird lediglich ein Rahmen abgesteckt, innerhalb dessen die Übernahme der zugewiesenen Aufgaben als vereinbart gilt. Ob eine konkrete Aufgabe übernommen wird, hängt dann davon ab, ob sie als durch die Mitgliedschaft abgedeckt verstanden und behandelt werden kann.«[30]

Auf die Mitglieder der Sicherheitspolizei bezogen heißt das, ob die Beteiligungen an der Unterdrückung der Polen und der Vernichtung der Juden für sie als jeweils akzeptable Anweisungen galten. Dabei kommt dem Konzept der sogenannten Indifferenzzone eine besondere Bedeutung zu. Demnach hat jedes Mitglied einer Organisation bei seinen Verhaltenserwartungen eine Zone, innerhalb der es die Anweisungen von Vorgesetzten pauschal und unhinterfragt akzeptiert. Sie umfasst also eine pauschale Gehorsamsbereitschaft, die das Mitglied mit seinem Eintritt der Organisation zugesteht. Natürlich gibt es Grenzen und Unsicherheiten für das Akzeptieren, den Graubereich, und auch für das Mitglied völlig inakzeptable Verhaltenserwartungen. Die Grenzen zwischen den Bereichen sind fließend. Das Ausmaß und die Ausgestaltung des Indifferenzbereichs werden vor allem dadurch bestimmt, wie das Mitglied seine eigenen Erwartungen als erfüllt sieht. Das hängt wiederum »davon ab, wie weit die mit der Organisationsmitgliedschaft verbundenen Vorteile im Vergleich mit ihren Nachteilen für das Mitglied überwiegen«.[31] Soweit die Theorie. Festzuhalten ist, dass die Folgebereitschaft Teil eines dynamischen Prozesses ist, in der sie innerhalb eines gegebenen Organisationsrahmens durch die Mitglieder selbst interpretiert wird. Daraus ergeben sich eine hohe Dynamik und Anpassungsfähigkeit des Systems. Grundlegende und pauschal vorhandene Gehorsamsbereitschaft und Korpsgeist, wie Browning es annimmt, erscheinen in Vergleich zu diesem Konzept zu statisch und angesichts der realen Vielfältigkeit der Zustände zu eng im Ansatz zu sein. Das heißt nicht, dass diese beiden Faktoren nicht aussagekräftig sind. Eher im Gegenteil. Denn für die Ausgestaltung der Indifferenzzonen von Mitgliedern der Organisation Polizei sind sie sehr bedeutsam. Der Indifferenzrahmen ist zu Beginn der Mitgliedschaft ja weitgehend leer und füllt sich mit der Zeit. Was ausgebildete und berufserfahrene Polizisten für akzeptabel hielten, unterschied sich sicher von den Indifferenzrahmen anderer Organisationen oder der breiten Bevölkerung. Wenn von einem Weimarer Laufbahnpolizisten gesprochen wurde, beinhaltete das deutliche quantitative und qualitative Parameter mit Einfluss auf die Indifferenzzone, gerade was Korpsgeist und Gehorsamsbereitschaft angeht. Wie bei Josef F. reichte ihre polizeiliche Sozialisation weit in die Weimarer Zeit zurück in den Bereich der kasernierten Polizei. Hier herrschte unter dem Kommando ehemaliger kaiserlicher Offiziere das Prinzip von Befehl und Gehorsam. Und selbstverständlich wuchs in einer solchen langjährigen Sozialisation mit einer Probezeit von zwölf Jahren und intensiven Lehrgangsphasen und Prüfungsritualen so etwas wie Korpsgeist. Das kann bei den Quereinsteigern in die Gestapo, die aus allen möglichen Berufsbereichen kamen, nicht gewachsen sein. Noch weniger kann das bei den Kriminalangestellten wie den Dolmetschern der Fall gewesen sein, weil sie erst nach Kriegsbeginn Teil der Sicherheitspolizei wurden. Gemeinsam ist allen der Umgang mit Gewalt. Gerade das war ja in der konkreten Tätigkeit in Polen ein dominantes Tätigkeitsfeld. Die Laufbahnpolizisten hatten eine entsprechende Ausbildung in Rechtskunde und eine Berufspraxis unter, in Friedenszeiten, noch einigermaßen legalen Bedingungen. Sie mussten mit ihrer gewohnten Indifferenzzone zumindest in den ersten Zeiten relativ schnell an die Grenzen ihrer Akzeptanz gekommen sein. Bei den Quereinsteigern aus den Reihen der alten Nationalsozialisten und der SS dürfte die Akzeptanzschwelle wesentlich anders ausgefallen sein, besonders wenn es um den Umgang mit Juden ging. Wenn ein erwartetes Verhalten in den Graubereich rutschte, konnte das nicht nur damit zusammenhängen, dass es den Indifferenzrahmen eines Polizisten sprengte. Es hatte auch mit anderen Feldern zu tun. Eine naive Moral mit einer innerlich tief verankerten Unterscheidung von Recht und Unrecht oder persönliche Erfahrungen aus dem familialen Umfeld gehörten dazu. Zum Beispiel geht aus den Aussagen von Angehörigen des Hamburger Polizeibataillons 101 hervor, dass diese Polizisten in die größten Akzeptanzschwierigkeiten gerieten, wenn es um die Erschießung von Kindern ging und sie selbst Familienväter waren. Die größte Entlastung für in Zweifel geratene Polizisten leistete die Moral des Ausschlusses. Das meint, dass es zwar eine Moral gab, diese aber nicht universell für alle da war. Ganz besonders galt das für den Umgang mit Juden. In solchen Fällen drehten sich die moralischen Normen sogar ganz. Zum Beispiel war die Tötung eines Juden nach dem Schernerschen Schießbefehl nicht nur nicht unmoralisch, sie wurde zur Dienstaufgabe und erhielt damit einen moralisch positiven Anstrich. Ein anderes Beispiel für die unterschiedlichen Moralwelten ist die bereits ausführlicher behandelte V-Frau Sophia. Dabei wurde der Sicherheitspolizist Thormeyer vor ein Polizeigericht gestellt, weil er die internen SS-Normen verletzt hatte. Dem universalen moralischen Verstoß, nämlich der Tötung der Sophia, wurde nicht nachgegangen. Sie war nur eine Jüdin. Welch große Bedeutung diese neue Moraldefinition gerade für Polizisten hatte, darf man nicht unterschätzen. Denn Polizisten waren ja aufgrund ihrer Berufsposition Spezialisten im Umgang mit Recht und Gewalt. Ihr Indifferenzrahmen wurde maßgeblich trotz der eben erfolgten Relativierung durch die gesetzlich gedeckten Formen der Gewaltanwendung bestimmt. Und in diesem Bereich hätten zumindest theoretisch die größten Probleme bei der Folgebereitschaft bestehen müssen. Umso wichtiger wäre eine Entlastung durch die neu definierte Moral gewesen. In der Praxis war das allerdings nicht von erheblicher Bedeutung. Die Hamburger Polizisten wurden ausdrücklich darauf aufmerksam gemacht, dass sie sich bei den Erschießungen von ihrer Gehorsamspflicht entbunden sehen konnten. Nur ein verschwindend geringer Teil hat davon Gebrauch gemacht. Im Bereich der Sicherheitspolizei erfolgte keine solche aktive Belehrung. Es ist aber auch kein einziger Fall bekannt, dass ein Polizist in solch einem Zusammenhang verfolgt wurde.

Ein Unrechtsbewusstsein konnte also nicht so stark ausgeprägt sein, dass die Folgebereitschaft infrage gestellt oder gar ausgesetzt wurde. Warum das so war, kann am besten durch das Phänomen der »shifting base lines« erklärt werden. Die Deutschen dieser Zeit bemerkten »die tiefe Veränderung ihrer Welt und ihrer Moral selbst gar nicht« und waren »die ganze Zeit über in der Lage, ihre gegenmenschlichen Haltungen mit dem Selbstbild in Einklang zu bringen, gute Menschen zu sein«.[32] Die »shifting base lines« beschreiben eine Wahrnehmungsverfälschung. Sie besteht darin, dass Menschen »immer exakt jenen Zustand ihrer Umwelt für den natürlichen halten, der mit ihrer aktuellen Lebens- und Erfahrungszeit zusammenfällt. Dabei sind die Veränderungsprozesse in so kleine Einzelschritte aufgeteilt, dass dem Einzelnen gar nicht auffällt, wie er seine Wahrnehmungen und Einstellungen mit seiner sich verändernden Welt selbst verändert«. Damit wird erklärbar, warum die Sicherheitspolizisten im Jahr 1942 Taten verübten und Anweisungen befolgten, deren Ausführung sie wenige Jahre vorher für sich nicht akzeptabel gehalten hätten. Ihre Referenzpunkte, die »base lines«, hatten sich für sie fast unmerklich verschoben.[32] Wenn also Josef F. und seine Frau immer wieder beteuerten, er habe sich in Polen nichts zu Schulden kommen lassen, kann das nicht als bloßer Selbstschutz abgetan werden. Zur fraglichen Zeit und am fraglichen Ort galten andere Referenzpunkte und das Verhalten war insofern regelkonform und mit seinem Selbstbild als normaler Polizist vereinbar.

Wenn eine Verhaltenserwartung für ein Mitglied fraglich wurde, sich also nicht mehr im Bereich der Indifferenzzone befand, war der Bezugspunkt die Abschätzung der Vorteile der Mitgliedschaft in Abgleich mit den Nachteilen. Damit wurde das Gratifikationssystem einer Organisation zu einem wichtigen Bezugspunkt, besonders im Falle einer gefährdeten Folgebereitschaft. Einfach ausgedrückt heißt das, dass die Organisation Sicherheitspolizei ihren Mitgliedern handfeste Vorteile bieten musste, und zwar in Relation zur Akzeptanz der Aufträge. Je gefährdeter diese war, umso mehr musste durch das Gratifikationssystem ausgeglichen werden. Zu berücksichtigen ist dabei auch, dass die Sicherheitspolizei ein symbiotisches System aus Polizei- und SS-Mitgliedschaft war und damit auch eine Summierung der Gratifikationen möglich war. Längst ist die Bedeutung erkannt, die die materiellen Vorteile für die Stabilisierung des NS-Systems leisteten. Daran hatten die Sicherheitspolizisten als Volksgenossen sowieso Anteil. Zum Beispiel verfügten die Deutschen noch in den letzten Kriegsjahren über den höchsten Lebensstandard in Europa und die Familien der eingezogenen Soldaten erhielten als Ausgleich 85 Prozent des letzten Nettoeinkommens des Mannes.[33] Bei der Sicherheitspolizei war der Übertritt in die SS mit Laufbahnvorteilen verbunden. Und seit den Erfahrungen mit der Arbeitslosigkeit am Ende der 1920er-Jahre war der Beamtenstatus der Polizisten ein begehrtes Privileg. Das galt vor allem für die Quereinsteiger aus den Reihen der SS, die zusätzlich zum Beamtenstatus noch ihren SS-Rang angeglichen bekamen. Im besonderen Ausmaß profitierten die Beamten vom Auslandseinsatz. Sie lebten in einem Lebensstil, den sie bisher nicht gekannt hatten und von dem sie wussten, dass sie ihn zu Hause nicht weiter führen konnten. Die KdS-Dienststellen residierten in der Regel in konfiszierten Villen, hielten, wie schon beschrieben, eigenes Hauspersonal und verfügten über ein Automobil samt Fahrer sowie ein Telefon. Solche Vorteile waren zu dieser Zeit selbst in der gehobenen Mittelschicht in der Regel nicht vorhanden. Das hohe Gratifikationsniveau auf der deutschen Seite hatte sein Pendant auf der diskriminierten Gegenseite. Die konfiszierten Villen und Autos stammten meist von vormals jüdischen Besitzern. All diese Anreize und Vorteile gewährten offensichtlich eine genügende Stabilisierung der Folgebereitschaft. Das war selbst in schwierigen Bereichen bei der Durchführung der Aktion Reinhardt der Fall. Wie bei den Polizei-Bataillonen kam es auch bei der Sicherheitspolizei nirgends zu einer krisenhaften Situation.

Im Gegenteil standen in der Regel genügend Kräfte zur Verfügung, die die Aufgaben über die bloße Dienstpflicht hinaus und oft freiwillig übernahmen.

Dies verweist auf einen weiteren Aspekt, zu dem die Organisationssoziologie einen besonderen Beitrag zur Erklärung leisten kann. Denn die Organisation Sicherheitspolizei erwies sich selbst in den belastenden Situationen des Einsatzes in Polen als außerordentlich robust, stabil und gleichzeitig wandlungsfähig.

Es wurde schon beschrieben, dass die Sicherheitspolizei in Polen entgegen dem von ihren Uniformen geprägten äußeren Erscheinungsbild einen sehr diffusen und improvisiert wirkenden Charakter hatte: Arbeitsteilung und sonstige Formen der Bürokratisierung waren kaum vorhanden und das Personal wirkte aus unterschiedlichen Sparten zusammengewürfelt. Die Dienststellen wurden von oben an einer langen Leine geführt. Die meist nur mündlich oder telefonisch ausgegebenen Befehle ließen Spielraum für Interpretation und setzten auf Eigeninitiative. Meist wird das eher abschätzig als eine Spielart des im NS-System üblichen Polyfunktionalismus abgetan oder aus den gegebenen materiellen Beschränkungen abgeleitet. Es herrschte wirklich Personalnot und alles musste schnell erledigt und aufgebaut werden. Mit einer formalisierten Bürokratie wie in Friedenszeiten wäre das nicht zu bewältigen gewesen.

Die Eigentätigkeit der Mitglieder wurde so zu einem wesentlichen Element für das Funktionieren des Polizeiapparates. Dies betraf dessen Effizienz, in besonderem Maße auch dessen Grundbedingung, die Folgebereitschaft seiner Mitglieder. Zweifel, zusätzliche Rechtfertigungen und Ausnahmen weisen darauf hin, dass in den kritischen Bereichen des Einsatzes die entsprechenden Befehle, Appelle und Anweisungen nicht flächendeckend als unproblematische und selbstverständliche Erwartungen behandelt wurden. Sie wurden eher der Grauzone zugerechnet, beziehungsweise die Grenze zwischen Grau- und Indifferenzzone war fließend geworden. Das betraf bei der Ordnungspolizei die Erschießungsaufträge, bei der Sicherheitspolizei die Beteiligungen an den Deportationen. Trotz der Zweifel wurden die Befehle aber letztlich befolgt.

Das war nur möglich, weil das System offenbar flexibel genug und in der Lage war, in solchen Situationen gerade durch die Beteiligung seiner Mitglieder diese Zweifel aufzufangen. Einige Beispiele sollen das verdeutlichen:

Im Falle der Erschießung der beiden jungen Burschen und Huttingers in Rozwadow ging es darum, ob Josef F. als Dienststellenleiter selbst geschossen hatte. Wie sich herausstellte, hat das der Dolmetscher Nowak getan. Das war nicht in seinem Aufgabenbereich als Dolmetscher, er tat das offensichtlich gerne oder es hatte sich so eingespielt. Das könnte auf die oft beobachtete Aggressivität volksdeutscher Dolmetscher oder auf eine Führungsschwäche des Dienststellenleiters zurückgeführt werden. Das trifft nicht den Kern. Aus der Sicht der Polizeiorganisation wurde das Ziel der Tötung erreicht, wie das zu geschehen hatte, lag bei den Ausführern. Jeder der beiden konnte im Rahmen seiner Indifferenzzone handeln. Für Nowak war das persönliche Erschießen akzeptabel, für Josef F. mit seinem traditionellen Selbstbild als Polizist weniger.

Auch der offensichtlich nur mündlich gegebene Befehl Scherners, dass arbeitsunfähige Juden in den Lagern zu erschießen seien, ließe sich auf traditionelle Weise deuten, nämlich dass der Befehl dann nachträglich nicht nachweisbar gewesen wäre. Das erklärt zu wenig. Denn der Befehl beinhaltete gerade in seiner unscharfen Form, die Aufforderung zur Eigeninitiative und Interpretation. Vorgegeben war nämlich nur das Ziel, wie es zu erreichen war, lag bei den Polizisten. Sie konnten ihre Wege finden und mussten im Rahmen ihrer Indifferenzzonen damit zurechtkommen.

Der Prozess des SS- und Polizeigerichts gegen Josef F.s Kollegen Thormeyer ist besonders bezeichnend. Denn er zeigt, dass Sanktionen gegen Polizisten im Falle von Vergehen nicht allzu bedrohlich waren. Die Mitglieder konnten also einen großen Spielraum für Interpretationen ihrer Indifferenzrahmen annehmen. Hauptsache, sie blieben insgesamt im Rahmen der Organisation. Der sogenannte Prozess hatte eher den Charakter einer Vertuschungsaktion und auch die Strafe war weder sehr erheblich noch schloss sie Thormeyer aus. Wichtig war, dass Verstöße möglichst überhaupt nicht thematisiert wurden.

Alle drei Beispiele verweisen auf den wichtigen Umstand, wie flexibel eine Organisation auf Bedrohungen der Folgebereitschaft reagieren kann und wie intensiv dabei die Mitglieder einbezogen werden können, »indem man Freiwillige die Aufgaben ausführen lässt und Wahlmöglichkeiten vorhält, Verweigerungen bei Erschießungen übersieht, vorgebrachte Entschuldigungen wie Krankheiten oder Schwäche akzeptiert oder die Nichterfüllung organisatorischer Erwartungen ohne weitere Folgen abmahnt«.[34]

Ähnlich flexibel und fast liberal stand es bei der Berücksichtigung der Motivlage der Polizisten, aus der heraus sie ihren Dienst versahen. Es herrschte ja keinesfalls die Gleichförmigkeit, die die einheitliche SS-Uniform nahelegte. Was Gruber/Kühl für die Ordnungspolizisten feststellten, galt sicher auch für die Sicherheitspolizei: »Manche Organisationsmitglieder mögen vorrangig wegen ihrer Identifikation mit der nationalsozialistischen Sache, manche wegen einer Freude an Exekutionen, manche wegen Möglichkeiten der Bereicherung und manche wegen der Loyalität mit ihren Kameraden geschossen haben – für die NS-Führung sind die Einzelmotive letztlich zweitrangig, da die Motivlagen der einzelnen Personen durch Organisation generalisiert waren.«[35]

Man muss aber nicht unbedingt organisationspsychologische Argumente bemühen, um zu erkennen, dass die vermeintlichen Schwächen bei Aufbau und Personal der Sicherheitspolizei in Polen in Wirklichkeit die Bedingungen ihres Erfolgs waren. Die wie überall im NS-Staat auch hier vorherrschende polykratische Organisationsstruktur führte eben nicht ins Chaos. Die fortwährende Möglichkeit, Interessensgegensätze auszutragen und die Frage nach dem besten Weg zu stellen, erklärt die Stärke des NS-Staates im Großen und des Polizeiapparats in Polen im Kleinen. »So ließen sich (radikalere) Alternativen entwickeln, administrative Pleiten vermeiden und eine hohe Praktikabilität der nach oft hochrangig ideologisierten Vorgaben beschlossenen Maßnahmen erreichen.«[36]

Auf die einzelnen Polizisten bezogen macht das erklärlich, warum sie zwei so unterschiedliche Pole ihrer Tätigkeit in einem einigermaßen kontingenten Selbstbild vereinen konnten: normaler Polizist, Ehemann und Vater auf der einen Seite, SS-Mitglied, Vollstrecker der Besatzungspolitik und Judenpolitik auf der anderen.

Anmerkungen zum Kapitel 4

1 www.zeit.de/1948/44/lieber-tot-als-an-polen-ausgeliefert [zuletzt aufgerufen am 8.3.2019]
2 Hembera 2016, S. 107
3 Lowe 2014, S. 176ff.
4 Lowe 2014, S. 185
5 Brief in Privatbesitz
6 Schreiben in Privatbesitz
7 IPN Kr 502/3330 und IPN RZ 357/87
8 Gerhard Köbler, Juristisches Wörterbuch, München 1994, S. 350
9 Bogdan Musial, NS-Kriegsverbrecher vor polnischen Gerichten, Vierteljahresschrift für Zeitgeschichte 47/1999, S. 45
10 Musial 1999, S. 40
11 IPN Kr 502/3330, Strona 46
12 Dieter Pohl, Nationalsozialistische Judenverfolgung in Ostgalizien, 1941–1944, München 1996, S. 392
13 Musial 1999, S. 52
14 Musial 1999, S. 54
15 Georg Geilke, Die polnische Strafgesetzgebung seit 1944, Berlin 1955, S. 85ff.
16 »Gröning und die neue BGH-Rechtssprechung zu NS-Verbrechen«, in: www.haufe.de/recht vom 29.11.2016 [zuletzt aufgerufen am 14.3.2019]
17 Hembera 2016, S. 287ff.
18 IPN Rz 357/87 t.1, Strona 180f., Übersetzung aus dem Polnischen Marysia Wepner
19 IPN Rz 357/87 t.1, Strona 182ff., Übersetzung aus dem Polnischen Marysia Wepner
20 Vernichtungskrieg. Verbrechen der Wehrmacht 1941–1944, Katalog Hamburg 1996
21 Christopher R. Browning, Ganz normale Männer. Das Reserve-Polizei-Bataillon 101 und die »Endlösung« in Polen, Reinbek 1993
22 Daniel Jonah Goldhagen, Hitlers willige Vollstrecker. Ganz gewöhnliche Deutsche und der Holocaust, Berlin 1996, S. 23
23 Harald Welzer / Sabine Moller / Karoline Tschuggnall, »Opa war kein Nazi«, Nationalsozialismus und Holocaust im Familiengedächtnis, Frankfurt am Main 2002, S. 134ff.
24 Brief der Emmi F. vom 15. April 1947, IPN Warschau, IPN III K 327/48, Strona 8
25 IPN III K 327/48, Strona 35
26 Welzer u. a. 2002, S. 87
27 Lowe 2014, S. 232
28 Alexander Gruber, Stefan Kühl, Autoritätsakzeptanz und Folgebereitschaft in Organisationen. Zur Beteiligung der Mitglieder des Reserve-Polizeibataillons 101 am Holocaust, in: Soziologische Analysen des Holocaust. Jenseits der Debatte über »ganz normale Männer« und »ganz normale Deutsche«, herausgegeben von Alexander Gruber und Stefan Kühl, Wiesbaden 2015, S. 7ff.
29 Siehe Gruber / Kühl 2015
30 Gruber / Kühl 2015, S. 218
31 Gruber / Kühl 2015, S. 18. Die Autoren übernehmen dieses Konzept von Chester I.

Barnard und führen es in Anlehnung an Niklas Luhmann fort. Die ebenfalls soziologisch orientierten neueren Arbeiten von Sven Deppisch, Täter auf der Schulbank, Baden-Baden 2017 und Rafael Behr, Cop Culture, Opladen 2000 liefern wertvolle Hinweise, lassen sich aber schwer auf die hier anstehenden Fragen beziehen, obwohl durchaus Berührungspunkte bestehen, besonders bei Deppischs materialreicher Arbeit über die Polizeischule in Fürstenfeldbruck. Immerhin hat auch Josef F. dort einen Lehrgang besucht. Es geht aber bei Deppisch ausschließlich um die Offiziersausbildung der Ordnungspolizei. Die Ausführungen von Behr über das männerbündische Milieu der untersten Polizeihierarche erinnern an das entsprechende Milieu der beschriebenen kleinen KdS-Außenstellen. Die Einbettung in das gesellschaftliche Umfeld moderner Zivilgesellschaften nach dem Muster der amerikanischen Streetcops macht diesen Ansatz für eine historische Transformierung aber wenig geeignet.

32 Harald Welzer, Gestern böse, heute normal, in: www.zeit.de/zeit-wissen/2017 [zuletzt aufgerufen am 18.3.2019]

33 Götz Aly, Hitlers Volksstaat, Frankfurt am Main 2005, S. 36

34 Gruber / Kühl 2015, S. 16

35 Gruber / Kühl 2015, S. 12

36 Aly 2005, S. 552

Anhang

Literaturverzeichnis

Aly, Götz: Hitlers Volksstaat, Frankfurt am Main 2005

Banach, Jens: Heydrichs Elite. Das Führerkorps der Sicherheitspolizei und des SD 1936–1945, Paderborn 1998

Behr, Rafael: Cop Culture – Der Alltag des Gewaltmonopols. Männlichkeit, Handlungsmuster und Kultur in der Polizei, Wiesbaden 2006

Black, Dieter: Die Trawniki-Männer und die »Aktion Reinhard«, in: Der Völkermord an den Juden im Generalgouvernement 1941–1944, herausgegeben von Bogdan Musial, Osnabrück 2004

Borodziej, Wlodzimier: »Hitleristische Verbrechen«. Die Ahndung deutscher Kriegs- und Besatzungsverbrechen in Polen, in: Transnationale Vergangenheitspolitik. Der Umgang mit den deutschen Kriegsverbrechen in Europa nach dem Zweiten Weltkrieg, herausgegeben von Norbert Frei, Göttingen 2006

Bretschneider, Heike: Der Widerstand gegen den Nationalsozialismus in München 1933–1945, München 1968

Browning, Christopher R.: Ganz normale Männer. Das Reserve-Polizei-Bataillon 101 und die »Endlösung« in Polen, Reinbek 1993

Ders.: Judenmord. NS-Politik, Zwangsarbeit und das Verhalten der Täter, Frankfurt am Main 2001

Broszat, Martin/Fröhlich, Elke/Wiesemann, Falk (Hrsg.): Bayern in der NS-Zeit, München 1977

Browder, George C.: Die frühe Entwicklung des SD. Das Entstehen multipler institutioneller Identitäten, in: Nachrichtendienst, politische Elite und Mordeinheit. Der Sicherheitsdienst des Reichsführers SS, herausgegeben von Michael Wildt, Hamburg 2003

Curilla, Wolfgang: Der Judenmord in Polen und die deutsche Ordnungspolizei 1939–1945, Paderborn 2010.

Dams, Carsten; Stolle Michael: Die Gestapo, Herrschaft und Terror im Dritten Reich, München 2008

Deppisch, Sven: Täter auf der Schulbank, Die Offiziersausbildung der Ordnungspolizei und der Holocaust, Baden-Baden 2017

Friedrich,Reinhold: Nationalsozialismus im bayerischen Oberland, Norderstedt 2011

Geilke, Georg: Die polnische Strafgesetzgebung seit 1944, Berlin 1955

Gellately, Robert: Die Gestapo und die deutsche Gesellschaft, Paderborn 1993

Goldhagen, Daniel Jonah: Hitlers willige Vollstrecker. Ganz gewöhnliche Deutsche und der Holocaust, Berlin 1996

Gruber, Alexander / Kühl, Stefan: Autoritätsakzeptanz und Folgebereitschaft in Organisationen. Zur Beteiligung der Mitglieder des Reserve-Polizeibataillons 101 am Holocaust, in: Soziologische Analysen des Holocaust. Jenseits der Debatte über »ganz normale Männer« und »ganz normale Deutsche«, herausgegeben von Alexander Gruber und Stefan Kühl, Wiesbaden 2015

Hammermann, Gabriele: Das Internierungslager Dachau 1945–1948, in: Dachauer Hefte 19, Dachau 2003

Harbou, Knud von: Wege und Abwege. Franz Josef Schöningh, Mitbegründer der Süddeutschen Zeitung, München 2013

Hembera, Melanie: Die Shoah im Distrikt Krakau. Jüdisches Leben und deutsche Besatzung in Tarnow 1939–1945, Darmstadt 2016

Heusler, Andreas: Ausländereinsatz. Zwangsarbeit für die Münchner Kriegswirtschaft 1939–1945, München 1996

Höhne, Heinz: Der Orden unter dem Totenkopf, München 1984

Horn, Christa: Die Internierungs- und Arbeitslager in Bayern 1945–1952, Frankfurt am Main 1992

Kampe, Norbert: Dokumente zur Wannsee-Konferenz, in: Die Wannsee-Konferenz am 20. Januar 1942, herausgegeben von Norbert Kampe und Peter Klein, Köln 2013

Klose, Alfred: Das Internierungs- und Arbeitslager Regensburg 1945–1948, in: www.heimatforschung-regensburg.de [zuletzt aufgerufen am 21.1.2018]

Kohlhaas, Elisabeth: Die Mitarbeiter der regionalen Staatspolizeistellen, in: Die Gestapo. Mythos und Realität, herausgegeben von Gerhard Paul und Michael Mallmann, Darmstadt 1995, S. 219ff.

Loose, Ingo: Kredite für die NS-Verbrechen. Die deutschen Kreditinstitute und die Ausrottung der polnischen und jüdischen Bevölkerung, München 2007

Lowe, Keith: Der wilde Kontinent, Europa in den Jahren der Anarchie 1943–1950, Stuttgart 2014

Mallmann, Klaus-Michael: »Mensch, ich feiere heut' den tausendsten Genickschuß«. Die Sicherheitspolizei und die Shoah in Westgalizien, in: »Aktion Reinhardt«. Der Völkermord an den Juden im Generalgouvernement, herausgegeben von Bogdan Musial, Osnabrück 2004

Ders. / Paul, Gerhard: Auf dem Weg zu einer Sozialgeschichte des Terrors, in: Die Gestapo. Mythos und Realität, herausgegeben von Gerhard Paul und Michael Mallmann, Darmstadt 1995, S. 4ff.

Dies.: Karrieren der Gewalt, Darmstadt 2011

Musial, Bogdan: NS-Kriegsverbrecher vor polnischen Gerichten, Vierteljahresschrift für Zeitgeschichte 47 / 1999, S. 45

Ders.: Deutsche Zivilverwaltung und Judenverfolgung im Generalgouvernement, Wiesbaden 1999

Paul, Gerhard: Ganz normale Akademiker, in: Die Gestapo. Mythos und Realität, herausgegeben von Gerhard Paul und Michael Mallmann, Darmstadt 1995, S. 236ff.

Ders.: Zwischen Selbstmord, Illegalität und neuer Karriere, in: Die Gestapo. Mythos und Realität, herausgegeben von Gerhard Paul und Klaus-Michael Mallmann, Darmstadt 1995, S. 325ff.

Pohl, Dieter: Von der »Judenpolitik« zum Judenmord. Der Distrikt Lublin des Generalgouvernements 1939–1944, Frankfurt am Main 1993

Ders.: Nationalsozialistische Judenverfolgung in Ostgalizien 1941–1944, München 1996

Ders.: Die großen Zwangsarbeitslager der SS- und Polizeiführer für Juden im Generalgouvernement 1942–1945, in: Die nationalsozialistischen Konzentrationslager – Entwicklung und Struktur, herausgegeben von Ulrich Herbert, Karin Orth und Christoph Dieckmann, Bd. I, Frankfurt am Main 2002

Präg, Werner/Jacobmeyer, Wolfgang (Hrsg.): Das Diensttagebuch des deutschen Generalgouverneurs in Polen 1939–1945, Stuttgart 1975

Roth, Markus: Herrenmenschen. Die deutschen Kreishauptleute im besetzten Polen, Göttingen 2009

Rüter, Christiaan F./de Mildt, Dick W. (Hrsg.): Sammlung deutscher Strafurteile wegen nationalsozialistischer Tötungsverbrechen 1942–2012, Justiz und NS-Verbrechen (JNSV), Amsterdam 1968–2012

Salomon, Ernst von: Der Fragebogen, Reinbek 1951

Sandkühler, Thomas: »Endlösung« in Galizien. Der Judenmord in Ostpolen und die Rettungsinitiativen von Berthold Beitz, Bonn 1996

Schenk, Dieter: Hans Frank. Hitlers Kronjurist und Generalgouverneur, Frankfurt am Main 2006

Wagner, Patrick: Hitlers Kriminalisten, München 2007

Welzer, Harald, Täter: Wie aus ganz normalen Menschen Massenmörder werden, Frankfurt am Main 2005

Ders./Moller, Sabine/Tschuggnall, Karoline, »Opa war kein Nazi«. Nationalsozialismus und Holocaust im Familiengedächtnis, Frankfurt am Main 2002

Wenzel, Mario: Ausbeutung und Vernichtung. Zwangsarbeitslager für Juden im Distrikt Krakau 1942–1944, in: Dachauer Hefte 23, Dachau 2007

Wildt, Michael, Generation des Unbedingten. Das Führungskorps des Reichssicherheitshauptamts, Hamburg 2002

Ders. (Hrsg.), Nachrichtendienst, politische Elite und Mordeinheit. Der Sicherheitsdienst des Reichsführers SS, Hamburg 2003

Wrochem, Oliver von (Hrsg.), Nationalsozialistische Täterschaften. Nachwirkungen in Gesellschaft und Familie, Berlin 2016

Abkürzungen

BA	Bundesarchiv Berlin
BdO	Befehlshaber der Ordnungspolizei
BdS	Befehlshaber der Sicherheitspolizei
BVP	Bayerische Volkspartei
CIC	Counter Intelligence Corps
DAF	Deutsche Arbeitsfront
Gestapo	Geheime Staatspolizei
HPSSF	Höherer Polizei- und SS-Führer
HStA	Bayerisches Hauptstaatsarchiv
IfZ	Institut für Zeitgeschichte
IPN	Institut für Nationales Gedenken Warschau
KdO	Kommandeur der Ordnungspolizei
KdF	Kraft durch Freude, NS-Organisation
KdS	Kommandeur der Sicherheitspolizei
Kripo	Sicherheitspolizei
NSDAP	Nationalsozialistische Deutsche Arbeiterpartei
OMGUS	Organisation der Militärregierung der amerikanischen Besatzungszonen
Orpo	Ordnungspolizei
RSHA	Reichssicherheitshauptamt
SA	Sturmabteilung
SD	Sicherheitsdienst der Schutzstaffel
Sipo	Sicherheitspolizei
SS	Schutzstaffel
SSPF	SS- und Polizei-Führer
StA	Staatsarchiv München
ZAL	Zwangsarbeitslager

Bildnachweis

Alle Abbildungen privat, außer:
Stadtarchiv München: S. 82 (DE-1992-FS-HB-II-a-0118)

Personenregister

Ortsregister